蓮實重彦

表象の奈落

——フィクションと思考の動体視力

青土社

表象の奈落——フィクションと思考の動体視力　目次

Ⅰ　墓の彼方の追想

Ⅱ　フーコーの世紀

表象の奈落——フィクションと思考の動体視力

à Chantal

I

墓の彼方の追想

倦怠する彼自身のいたわり

ロラン・バルト追悼

一枚の写真が一人の講演者を壇上に浮かび上がらせる。画面のほぼ中央に教壇、背後には黒板の一部がみえる。そして、真の被写体である講演者は、いま、その語りを中断している。教壇の表面には拡げられた何枚かの紙と小道具としての眼鏡が、口もとにそえられた左手首のさきにたれている。その眼鏡を持った方の腕は折りまげられ、その肘のところが教壇のはしに軽くそえられている。講演者の顔は、聴衆の方には向けられておらず、画面「よるべなさ、講演」というキャプションがそえられ、それに似た状況を示す数枚の写真とともに、次のような説明の文章で彼自身の病理学的な一側面を示す光景として提示されている。

子供の頃、私はしょっちゅう、しかもひどく退屈していた。あきらかに、それはきわめて早期にはじまり、私のこれまでの生涯を通して間隙的につづいた（次第にまれになって来たのは事実だが、それは仕事と友だちのおかげである）、そしてその退屈はいつも外面にあらわれてしまうのだった。それは恐慌のように襲う倦怠であり、よるべない苦しみにまで進む。たとえば、討論会、講演会、なじみのない夜の席、集団的な娯楽などで私が味わうような倦怠である。倦怠が外にあらわれ、《見られてしまう可能性のある》場所では、どこでもそれが生ずる。とすると、倦怠は私のヒステリーなのだろうか。（傍点、引用者）

よるべない苦しみとは、孤立無援の窮状に陥りながら、それを何とも処理しかねて耐えるほかはない、自信を欠いた防御手段である。それをヒステリーと呼ぶには、『彼自身によるロラン・バルト』（佐藤信夫訳、みすず書房）の彼自身であることがほぼ明かなあの写真の講演者は、あまりにも狂暴性を欠いている。彼の倦怠は、不断に流産されることで、ますます倦怠してゆく。そして彼自身には、その倦怠を、攻撃的に演じてみることさえできなかった。倦怠は、どんな場合も無媒介的で、自然発生的で、かりにその原因がはっきりと指定できる場合であろうと、反省の水準を通過することなくあらわれる。彼自身は、よるべない苦しみの底で、その倦怠を何とかだましだまし、不器用にあやしながら時間を耐えていることしかできなかった。また、そうした事態を、あらかじめ避けようともしなかったし、また、あえて探そうともしなかったのである。つまり、彼自身は、絶対に退屈せずにいる道を遂に発見しなかったのである。

そこに、制度への妥協を認めるべきであろうか。いや、そうではない。退屈し、倦怠し、よるべない苦しみへといたるバルト的な過程は、彼自身にとっては、ほとんど体質的に獲得された彼自身の生の一部なのである。だから、倦怠をだますことは、自分の生をだますことにほかならない。しかも彼自身は、自分の生をだますことに充分な自信も持ちえなかった。唯一、可能であったのは、自信のなさを、中性的に、あからさまに攻撃的でもなければまた防禦的にでもなく、洗練させることだけであった。大袈裟でもなければ慎ましくもなく、ただ倦怠をだますことが自分から倦怠を徹底的に排除することのない程度に、自信のなさを洗練すること。そこにかろうじてロラン・バルトという中庸の記号が形成される。だからバルトとは、紳士の記号だ。ヒステリーとして外形化される倦怠をいちはやく感知したものへのいたわりの心と、自信なさげに倦怠をだましつつある自分へのいたわりの心とが決して均衡を見失うことのない、やさしい記号といったらいいか。そのやさしさを、私自身はいくどとなく皮膚の表層に身をもってうけとめることができた。それは、彼自身と私自身とが、おたがいに、相手を愛の記号として意識することがなかったからであろう。当然のこととはいえ、私自身は彼自身にとって一つの異物にすぎない存在だった。個人的な手紙では、親しい友人と呼びかけてくれる仲ではあったが、そこには、フランスにおける書簡形式の伝統が踏襲されているだけのことであり、私自身はあくまで異物であった。その異物としての私自身と、異物を前にしていくぶんか戸惑いつつある彼自身への平等に分配されるいたわりの心、そしてその調和ある均衡ぶり、それこそ中庸の紳士の記号としてのロラン・バルトが社会に向ける表情である。そのことをいま、この一枚の写真を前にして、いくぶんか郷愁に湿ったやさしさとともに、改めて思いだす。というのも、この写真のよるべない講演者が、そのフレームの外に注いでいる視線の直接の対象となっているのは、この私自身にほかならないからである。講演者は、自分のパロールを中断してその中にわって入り、彼自身には理解しえない言葉へと翻訳してゆく一つの異物を瞳にとらえている。だから私自身は、この一枚の写真にあって、バルト的な退屈の主題の不可視の中心なのである。

実際、それがどれほど雄弁なかたちで展開されようと、講演という退屈な儀式にあって、その倦怠を講演者以上に生なましく感じとることのできるのは、通訳しかいない。通訳の唯一のつとめは、倦怠をとことん倦怠させずにあやし通すことで、その居心地の悪い不安定な状況を引きのばすことであろう。異質な言葉どうしの戯れをいかに納得のゆくかたちで組織しえた場合であろうと、そうなのだ。私は、そのことを公共の場ではじめて演じた通訳の折に実感した。そして、その最初の機会が、たまたま、一九六六年に来日された、ロラン・バルト氏の講演だったのである。

『彼自身によるロラン・バルト』を彩る一枚の写真、それも彼自身の病理学的な微笑の一つが社会化される特権的な写真で、よるべなき講演者の言葉と身振りとを宙に吊り、その倦怠をますますつのらせていた不可視の私自身は、彼自身を襲ったいたましい唐突な死を、あやしてはだましながら彼自身が引きのばしてきたその倦怠の真の終りとして、ほっとした思いでうけとめたい気持だ。実際、やさしく中庸の紳士的な記号ロラン・バルトは、そして彼自身もまたそうなのだが、何に対してであれ、自信を持つということがなかった。だからといって、たえず不安に襲われていたというわけではないが、退屈と倦怠とよるべなさとはどこにもあった。語る、という直接に肉体を社会化する場合ばかりでなく、書く場合もまたそうである。文壇への出世作となった『零度のエクリチュール』(渡辺淳、沢村昂一訳、みすず書房)から、遺作となった『明るい部屋——写真についての覚書』(花輪光訳、みすず書房)まで、彼自身は、一冊として同じ主題を扱った書物を発表したりはしなかった。また、ある著作が、前著の主題を有効に発展させ、それに新たな視点から言及するということもほとんどしていない。一つの関心事をとことん掘りさげて、その確乎たるイメージを提示するということもなかった。いつでもバルトは、その周囲を旋回し、表面に軽く触れ、対象を占有することなく離れてゆく。彼自身は、遂に何の専門家にもならなかった。なるほど「記号」は彼自身が倦まずに語った主題ではあったろうが、しかし彼自身は記号学者ではなかった。だいいち、その著作をちょっと読んでみさえすれば、著者に広くて深い記号学的な知識がそなわっているわけではないことはすぐにわかる。にもかかわらず、彼自身が記号に執着したのは、記号がどこまでも退屈でありながら、その退屈さが、退屈さの限界でその退屈さを遂に越えることがなく、その点で、彼自身に似ているからである。

バルトには、倦怠する記号に対するいたわりの心があった。そして倦怠を何とかなだめすかし、あやし、だましながら彼自身の倦怠をもいたわっていた。だから記号の多義性とは、倦怠する記号のまとう多数な表情にほかならず、記号を特権化する普遍的な性質ではいささかもない。それは、バルトのあくなき好奇心が開花させる記号の肯定的な資質ではないのだ。およそ好奇心と呼ばれる心の動きほど、彼自身から遠いものは存在しない。しばしば文化論的な日本滞在記と見なされる『表徴の帝国』(宗左近訳、新潮社)ほど、異質なる文化への好奇心を欠落させた書物もあるまい。好奇心とは、無自覚な倦怠が、記号へのいたわりを快く忘れるために演じてみせる独断にすぎない。

バルトは倦怠し、その倦怠に自信が持てない。そんな彼自身がはなばなしい時代の寵児のようなもてはやされ方をしてしまったのは、もっぱら、記号へのいたわりの心を持たぬ独断的な好奇心を持った一群がバルトの生の一部にほかならぬ自信のなさを、相対的な欠陥として攻撃するに至ったからだ。たとえば、ソルボンヌのラシーヌ学の権威レーモン・ピカール教授から浴せられたバルトの『ラシーヌ論』(渡辺守章訳、みすず書房)への批判。フランス国内はいうに及ばず、いくぶんかは日本にも波及するかたちで世界の文学研究者たちをバルト派とピカール派とに色わけすることになったこの批評をめぐる論争は、バルトに、倦怠を倦怠させずにおくための、またとない機会を提供した。これは、しばしば世間でいわれるように、新批評対ソルボンヌ流の文学研究、あるいは構造主義対実証主義といった方法的な論争ではなかった。倦怠する記号に対するいたわりの心と、記号に対する好奇心との葛藤というべきものである。バルトは、当然のことながら、独断に対する中庸を選んだ。そして、この中庸が逆に独断と映ってしまう記号の配置が堅持されていた文化的な環境の中で、独断的に見える中庸が勝利を占めたのである。自信のなさが、過剰な自信になりかわってしまったのは、だからバルトの魔術ではない。記号に対するいたわりを欠き、その倦怠に無自覚な文化的環境が、好奇心から、そうした事態を引き起してしまったのだ。

以後、中庸の記号としてのロラン・バルトは、二重化され社会化される。自信の欠落は、その二重化によって自信の過剰の同義語となる。バルトは栄光の絶頂で死んだとする文脈は、もっぱらその点から導きだされてくる。だが、これほど記号としてのロラン・バルトに対するいたわりを欠いた言説も存在しないだろう。自分を煽りたてた構造主義的な熱病にすっかりいやけがさして『テクストの快楽』(沢崎浩平訳、みすず書房)や『恋愛のディスクール・断章』(三好郁朗訳、みすず書房)に逃れたなどといってみても、事情は変わらない。快楽も、愛も、好奇心から生まれるものでないという点が重要なのだ。好奇心とは、感覚器官の粗雑さを忘れるために、知的に遂行されるストリップのごときものであり、自信にみちた心の動きだ。ニーチェにならって、「われわれは、精緻さが欠けているから、科学的になるだろう」とバルトが書くとき、科学の名で指し示されているのは、まだ見えていない隠されたものへの究明へと人を向かわせるものが好奇心だとする社会的な、それこそ粗雑きわまる暗黙の申しあわせのことである。中庸の記号バルトは、その申しあわせを荒々しくくつがえそうとするほど攻撃的でもなければ、それから必死に身をまもろうとするほど防御的でもない。というのも、彼は、異物の徹底的な排除を目論むことなく、異物と自分とに、いたわりの心を平等に分配することで、倦怠する記号の倦怠の過激化を遅らせ、彼自身の自信のなさを洗練する身振りを、体質的に獲得しようとしているからだ。精緻な器官を持つこと。存在そのものを繊細なものにすること。主体を微細な粒子にまで細分化し、それを複数の彼自身として世界に拡散させること。好奇心とは、特権的な感覚器官を粗雑なままに特権化し、主体を拡散と断片化の力学にさからわせようとする、知性の、独断的で退屈な拒絶の儀式にほかならない。ことによると、それは、無自覚なまま先取りされた死の実践であるかもしれぬ。自分に対しても、他者に対しても、いたわりを欠いた振舞いであるが故に、それは独断的なのだ。好奇心とは別の文脈に生きること。中庸の記号たるバルトの真の美しさは、そうした願望を、決定的な実現へと導くことなく、退屈と倦怠のよるべなさと戯れさせた点にある。それが、彼自身の生の倫理だ。

実際、そうした生の倫理を実践しつつある彼自身は、たえず自信がなかった。はじめての来日の折、羽田空港の薄暗い到着ゲートからスーツケースをぶらさげていささかやつれた表情とともに姿を見せた瞬間から、東京での講演会やゼミナール、そして夜のパーティーの席などで、また、パリでの、大教室を好まない高等学術研究所での授業でも、サン＝ジェルマン・デ・プレのカフェでも、細いセルヴァニドニ街の、あのエレベーターのない七階の仕事部屋でも、彼自身は、一貫して自信を示さなかった。楽譜をのせたままの開かれたピアノも、きれいに洗われた絵筆も自信なさげな小道具だった。その言葉は、肉体から鋭角的に離れてこちらにつきささらぬまま、いくぶんか濁った響きで周囲に漂い、表情も、仕草も、何ごとかを断ち切ってみせる確信を素描することはなく、それ以前にこちらの同調を誘っているかにみえた。そこには、われわれが漠然とフランスの知性として想像するものとは違う、無類のやさしさがあり、そのやさしさが、対話における彼自身の特権化をさまたげていた。私自身は、このやさしさを愛し、何とも限定しえない多くのものをそこから学んだ。おそらく、それを無理に言説化してみるなら、好奇心を起点としてくりひろげられる言葉の無自覚な退屈さに対する感受性といったことになろうか。それがゆきつくさきは、精緻さを装った精緻さの欠如、無自覚な独断の世界である。だが、だからといって、ロラン・バルトは、好奇心に対する倦怠の擁護を試みているわけでもないし、また、倦怠こそが、書き、読み、そして思考することを支える精神の糧なのだといった自信ありげな時代錯誤にどこまでもこだわろうというのでもない。彼自身が倦怠することをことさら好んでいるわけでは決してない。ただ、倦怠は存在する。そして、その倦怠ととりかわす親密な対話を無駄な浪費とは考えず、むしろ、倦怠に注ぐべき感性をどこまでも洗練させることの方が、倦怠を排除すべくいたずらに好奇心をとぎすませてみたりすることより、いたわりの心をもって記号と接する姿勢を正当化することになるだろう、というだけのことだ。ロラン・バルトにとっての「記号学」とは、記号への、こうした繊細な心遣い以外の何ものでもない。退屈している記号を敏感に察知して、その記号に対する思いやりと、記号を前にした自分への思いやりとを、平等に分配すること。それが、彼自身にとってのコミュニケーションを意味する。したがって、純粋に科学的な言語学の側から発せられる批判は、しごくもっともなものである。というのも、こうしたいたわりの心の共有が支えるバルト流の「記号学」は、その構造と機能の記述による方法確立の試みではなく、文字通り繊細さの実践にほかならぬからである。そして、その繊細さの実践として生きられるかぎりにおいて、その「記号学」は、コミュニケーションの実践ともなるだろう。記号をめぐるさまざまな異なった視点の間に成立する〈知〉的なコミュニケーションではなく、退屈と、倦怠と、よるべなさとに境を接し合ったかたちで遂行される記号そのものとのコミュニケーション。もちろん、この場合、記号とは世界のありとあらゆる表情のことだ。世界をめぐるいくつもの視点を接近させたり排斥させあったりする関係は、いたわりの心がなくとも、いつでも可能である。そしていつでも可能な葛藤や連帯は、きまって抽象的であり、倦怠を行動の領域からあっさり追放してしまう。ロラン・バルトは、この追放に同調せず、むしろ、それこそが唯一の現実的な連帯にほかならぬというように、倦怠の培養という、いささか倒錯的ともみえる姿勢に閉じこもる。

たとえば、ロラン・バルトが雑誌『テル・ケル』の八二号に発表した日記の断片に描きだされている「むなしい夜」の光景。その日記は、もちろん、日記をつけるという日課を持ってはいない彼自身が、日記を公表することをめぐる「解消されがたい疑念」と、日記が日記を超えるために必須の条件をめぐる、文字通り自信のない心のうちを記述した「日記論」ともいうべき文章を前後に伴って発表された一九七九年四月二五日付の日記なのだが、夜の七時すぎに冷い雨をついて家を出た彼自身が、いかにしてその退屈な夜の倦怠と親しく戯れたかが、生なましく語られている。それは、写真の展覧会のオープニング・パーティーに出かけていった夕刻のことである。バスの中には、奇妙なことに、老人しか乗っておらず、その中の一組の夫婦は、何やら戦争の話をしている。目的地につくと、時間が早すぎるので、商店のしまりかけた通りを意味もなくぶらつく。ウィンドー越しに、二匹の犬がじゃれあっており、相手の犬を「しごく人間的なやり方」で追っぱらう方のフォックステリヤ犬を、唐突に買い求めたいという欲求をおぼえる。すると、いきなり自動車がとまり、とんちんかんなやり方で道をたずねる。肝腎の展覧会には失望する。会いたいと思っていた者たちの顔もない。「きれいな写真ですこと」。「本当にとてもきれいだ」。会場をそっとぬけ出し、バスを乗りつぎ、映画館から映画館をはしごして歩く。「寒かった。気管支炎になるのではないかと心配だった」。カフェ・フロールで暖まる。ゆで卵をたべ、ボルドーを一杯。だがそれにしても、客たちの顔の何というつまらなさ。「興味を惹かれることも幻想をいだくことも、誇大な妄想をはばたかせうるような顔は一つとしてない」。そして結論。「この夜の外出の惨憺たる失敗は、久しい以前から思い描いている生活の改善を、遂に、実現に移すべき試みへと私をおしやったのだ」。

だが、それにしても、この退屈、この倦怠、このよるべない苦しみ。世間的には、コレージュ・ド・フランスの教授として、功なり名をとげた、現代フランスの〈知〉の象徴と思われている人物の、この自信のない彷徨ぶり。そしてその惨憺たる失敗ぶり。この日の日記の記述者にとって、あらゆる記号は異物でしかない。とはいえ、そこには、その夜の世界の表情に対して、狂暴にいらだつ彼自身はみられない。「年をとるに従って、ますます自分の好きなことだけをする勇気を持つようになり」、展覧会場をそっとぬけ出しはしたものの、あたかも、さらによるべない気持へと達そうとするかのごとく、彼は、冷い雨に濡れながら夜の街をさまよい歩く。それは、人恋しさといった感性的な欲求ではない。むしろ、倦怠する記号をいたわり、その記号を前にした自分をもいたわろうとして、退屈をさらに引きのばそうとしているのだ。即刻、自分の仕事場へと戻ってしまうのではなく、できれば、どれもこれも退屈しきっているカフェの客たちの顔に向けて、こまやかな感性をおしひろげたいとさえ思う。孤独な楽しみとしてではなく、惨憺たる失敗へのいたわりを、自信なさげに共有しあうために。しかも、真夜中すぎのカフェ・フロールに入って行くことが、その共有をあらかじめ禁じているためだと知りながら。

ゆで卵と一杯のボルドー酒。彼は退屈している。そしてその退屈に自信が持てない。自信を持って退屈しているなら、彼は、誰かに電話することができたはずだ。これは、いかにも中途半端な倦怠なのである。この退屈と倦怠とが、この夜の例外的なできごとでないことを、われわれは知っている。おそらく、カフェ・フロールに居心地悪く腰を落ちつけたロラン・バルトは、フロールの外の不在の私自身をみつめていた、あの「よるべなさ、講演会」というキャプションを持つ一枚の写真と同じ表情を浮べていたに違いない。よるべなさとは倦怠しつつある記号への敗北でもなければ、またその否定でもなく、同調である。彼自身が、それと同調する機能を死によって放棄してしまったいま、なおもわれわれの周囲に流通しつつある中庸の記号ロラン・バルトに向けて、私自身は、改めて同調の符牒を送り返してみたい。

後記

問題の写真撮影者は、立教大学教授、稲生永氏である。『彼自身によるロラン・バルト』口絵に所収。

ジル・ドゥルーズと「恩寵」

あたかも、ギリシャ人のように

ギリシャ人たちは、遙かにすくないことしかしなかったし、もっと多くのことをしていた……

——G・ドゥルーズ『フーコー』

主義

「バロックは何らかの本質にかかわるものではない。むしろ、ある操作的な機能に、線にかかわっている。バロックはたえまなく襞を生み出すのであり、事物をつくり出すのではない」といういかにも歯切れのよい啖呵のような一行を導入部としたライプニッツ論『襞』（宇野邦一訳、河出書房新社）の終わり近く、「われわれは、なおライプニッツ主義者である」という結論めいた言葉に人は二度も出会う。ドゥルーズの書物、とりわけ晩年の著作には、ごくさりげなく口にされた断言が、あたかも推敲されつくした嘘であるかのように響いてしまう瞬間にみちみちているので、この種の断言にみだりに惑わされてはなるまい。

実際、「ライプニッツとバロック」と副題された『襞』は、「なおライプニッツ主義者である」の「なお」という限定に何がこめられているかを見落とすなら、「われわれは、もはやライプニッツ主義者ではない」と結論されても不思議でない書物だからである。ここで、その内容を要約してるいとまなどありはしないが、少なくとも、現代においては、モナドの「ライプニッツ的調和」とは異なるもののあらわれに著者が直面しつつあることだけは、ライプニッツ哲学にとりわけ詳しいわけではない読者にもたやすく理解できる。「見えにくい開口部を持つ閉じた礼拝堂」というライプニッツ的モデルと、「暗い高速道路に投げ出される密閉された自動車」という新しい都市モデルとの間で、「モナドの状態において何かが変わった」とドゥルーズは述べている。人は「新しいバロック、新しいライプニッツ主義」を思考しなければなるまいとさえ、彼はいっている。だからといって、この書物の結論が、誰もが「新ライプニッツ主義」者だと結論されていると理解してはなるまい。その部分を読んでみよう。

確かに、われわれの世界とテクストを表現するものはもはや協和音ではないが、われわれは、なおライプニッツ主義者である。新しい外皮とともに新しい折り方を発見するが、われわれは、なおライプニッツ主義者である。なぜなら問題はあいかわらず折ること、折り目を拡げること、折り畳むことだからである。（二三七頁）

ここには、「われわれは、いまや、新ライプニッツ主義者である」と書かれているのではなく、あくまで「われわれは、なおライプニッツ主義者である」と書かれていることを見落としてはなるまい。そのことの意味を明らかにするには、微妙な翻訳の問題に触れねばならないだろうが、そこで使用されている語彙を詳しく見てみるなら、「新ライプニッツ主義」と訳されたフランス語は《néo-leibnizianisme》という名詞であり、「ライプニッツ主義者」と訳されているフランス語は《leibniziens》という形容詞である。だから、より正確を期するなら、結論は「われわれは、なおライプニッツ的な存在である」というほどの意味だと理解しておくべき文章からなっている。ここでの「ライプニッツ的」とは、その主義を信奉する「新ライプニッツ主義」者などをいささかも意味しておらず、「ライプニッツの思考を前提とする」という意味にすぎない。さらにいうなら、「ライプニッツとともにある」というほどの語彙だと理解しておくべきだろう。

いうまでもなく、フランス語の原文をめぐるこの微妙な議論は、誤訳の指摘をめざすものではいささかもない。問題は、『襞』の結論部分から、間違ってもドゥルーズを「ライプニッツ主義者」だと理解してはならないという一点につきている。たとえば、いかにもあっけらかんとした風情で、「いま、自分は完全にマルクス主義者だと考えている」（「思い出すこと」鈴木秀亘訳、『批評空間』Ⅱ―9）と胸をはってみせる瞬間のドゥルーズにも、同じことがいえる。彼自身に続く世代の「新＝哲学派」のことごとくがあっさりマルクスを思考から遠ざけてみせたとき、自分は、なお、「マルクスの思考を前提とする」、もしくは「マルクスとともにある」とドゥルーズはいっているだけなのである。

実際、『アンチ・オイディプス』（市倉宏祐訳、河出書房新社）や、とりわけ『千のプラトー』（宇野邦一ほか訳、河出書房新社）といった書物は、「マルクスの思考を前提」としたり、「マルクスとともにある」姿勢によって書かれている。だが、それを「マルクス主義」的な著作ということはできない。マルクスを起源とするわけではなく、ときには反＝マルクス的とさえいえそうないさまざまな「概念」が、その言葉を煽りたてているからである。『襞』における著者とライプニッツとの関係にもほぼ同じことがいえる。充分すぎるほど「ライプニッツ的」なドゥルーズは、いかなる意味でも「ライプニッツ主義者」ではなく、「新ライプニッツ主義者」ですらない。

いうまでもなかろうが、ドゥルーズは、しかるべき原理を信奉するといった意味での「主義」とはいっさい無縁の存在である。だから、『襞――ライプニッツとバロック』の著者が「ライプニッツ主義者」であろうはずもなく、それは、『ベルクソンの哲学』（宇波彰訳、法政大学出版局）の著者がベルクソン主義者などでないこととといささかも変わるところがない。ましてや、彼の『意味の論理学』（岡田弘ほか訳、法政大学出版局）がルイス・キャロル主義的な著作であろうはずもないのだが、だからといって、「世紀はドゥルーズ的なものとなろう」というフーコーにそそのかされ、ドゥルーズはドゥルーズ主義者にすぎないなどといいつのるつもりもない。ライプニッツにとどまらず、スピノザを、ヒュームを、カントを、そしてニーチェをも論じているこの二〇世紀フランスの哲学者が、ひたすらギリシャの思考とともにあろうとしつづけていることを、ここで少しは思い出しておきたいだけなのだ。彼は、「ライプニッツ的」である以上に、なによりもまず、「ギリシャ的」なのである。

ギリシャを背景としてドゥルーズが浮上するという構図は、彼によって選択された自死が、ストア派的なできごとのモラルを思い起こさせぬでもないといった事実とは、ひとまず無縁のものだと書いておく。『アンチ・オイディプス』の題名に含まれる名高い固有名詞にもかかわらず、ギリシャの神話的な空間を意味ありげに横切るいくつかの名前の組み合わせが、彼の思考をことのほか活気づけているというのでもない。その点で明らかにニーチェとは異なっているドゥルーズにとって、ギリシャとは、思考することが初めて「概念」の生産となりえた時代としてのプラトンのギリシャにほかならず、それ以前でも、それ以後のことでもない。

実際、『哲学とは何か』（財津理訳、河出書房新社）のドゥルーズは、哲学を「概念を創造することに立脚した領域」と定義しながら、それにことのほか精通していたのがプラトンだと説いている。だから、「概念」というより「体系」をつくり出したアリストテレスは、ギリシャ人とは見なされていないかのようなのだ。彼にとって、超越性を想定しつつ一般性と特殊性の概念にしたがって全体や部分が語られてゆく形而上学的な「体系」からは、「概念」など生まれようはずもないからである。

優れて二〇世紀的な小説家であるプルーストやカフカをも鮮やかに論じてみせたドゥルーズだが、彼は、肝心な瞬間、つまりは「概念」の生産に立ち会い、みずからも率先してそれに加担しようとするとき、きまってギリシャ人であるかのように振る舞ってみせる。だが、ドゥルーズは、「ギリシャ人にまで遡る必要さえあった」ミシェル・フーコーのように、長い迂回を試みながら、遥かな距離を踏査したのちにそこへとたどりついたのではない。この二〇世紀の哲学者は、一度たりともギリシャの地を離れたためしがないとさえいえるように思う。「一気に過去に身をおく」あのベルクソン的な体験のように、プラトンの時代に「一気に身をおく」ことのできるところが、ドゥルーズのドゥルーズたる所以なのである。

あたかも「プラトニスムの転倒」など起こりはしなかったかのように、彼は、いたるところでギリシャ人を装ってみせる。そうするにふさわしい二つの正当な理由が、彼には存在する。まず、いわゆる「プラトニスムの転倒」にはあまりに多くのプラトン的なものの残照が色濃く漂っているので、とりあえずそれをなかったこととしておくほうが、思考にとっては遙かに刺激的だからである。また、プラトンそのもののうちに苛酷な反プラトン主義の要素が無視しがたい萌芽としていくつも息づいているので、ことさら「転倒」に言及するにはおよばないからでもある。ドゥルーズがなおもプラトンから離れようとしないのはそのためであり、しかるべき瞬間に、彼は、断固として「プラトン的」に振る舞ってみせさえするだろう。

だからといって、彼は、いかなる意味においても「プラトン主義者」ではない。それは、思考の方法の選択というより、もっぱら思考のモラルにかかわる問題である。実際、「プラトンが哲学したのと同じようなやりかたで哲学する理由など、一つとして見当たらない」はずだとドゥルーズは確信している（『記号と事件』宮林寛訳、河出書房新社）。そもそも「プラトンを凌駕することなど不可能だし、プラトンが永久にやりとげてしまったことを蒸し返しても、何の得にもならない」だろう。そのとき、哲学する者は、二つの選択肢に直面せざるをえない。それは、「哲学史をするか、プラトン的ではないさまざまな問題にプラトンを接き木するか」という二者択一にほかならないのだが、彼が選んだ選択肢がその後者であることは、そのほとんどの著作が証明している。

プラトン的でないものにプラトンを「接ぎ木」することを選び、哲学史を放棄すること。それがドゥルーズの一貫した姿勢であることは、ギリシャ哲学を深くきわめたことのない者の目にも明らかである。にもかかわらず、その事実があっさり無視され、「リゾーム」や「器官なき身体」、あるいは「戦争機械」だの「遊牧論」だの「襞」だのといった言葉ばかりで彼の思考が語られがちなのは、いったいどうしてなのか。人びとは、ドゥルーズに欺かれているのだろうか。そうではない。彼の思考の中に「一気に身をおく」ことだけが必要とされていながら、誰もがその身振りを自粛してしまうのだ。いま、ギリシャを背景としてドゥルーズを浮上させようとしているのは、そのためである。

なるほど、『プルーストとシーニュ』(宇波彰訳、法政大学出版局)の決定的な補遺として「アンチロゴスまたは文学機械」の章を書きそえたドゥルーズは、『失われた時を求めて』の作者の「シーニュ」をめぐる姿勢のうちに、「ギリシャ的なイロニー」というより、むしろそれに対立する「ユダヤ的なユーモア」を認めてはいる。にもかかわらず、プルーストがそれなりのやりかたで体験していた「アテネとエルサレムの対立」にあって、ドゥルーズその人は、まるで「資本主義と分裂症」の時代に迷い込んでしまったギリシャ人であるかのように、みずからをたえずアテネ側に位置づけている。「シーニュは、ギリシャ世界において見いだされる。プラトンの偉大なる三部作『パイドロス』、『饗宴』、『パイドン』は、錯乱、愛、死なのである」と書かれているように、プルーストを「シーニュ」のもとに読もうとする姿勢そのものが、すでにプラトン的なものなのだ。また、ユーモアとイロニーという対立という構図そのものも、ザッヒェル・マゾッホにおけるプラトン的なものにしばしば言及されている『マゾッホとサド』(蓮實重彥訳、晶文社)にみられるように、優れてギリシャ的な思考形態だといわねばなるまい。ドゥルーズは、まぎれもなくギリシャ的な視線のもとにプルーストを読んでいるのである。

こうして、誇らしげに時代と土地とをとり違える権利を獲得するドゥルーズは、どこかしらニーチェに似ているといえるかもしれない。ギリシャ人になるはずだったのに、心ならずも十九世紀のドイツに目覚めてしまったニーチェのように、はからずも二〇世紀末のフランスに自分を見いだせねばならなかったドゥルーズ。だが、それにしても、たかだか時代錯誤に陥っているだけのギリシャ人に、アントナン・アルトーやサミュエル・ベケットの言葉が読めるものだろうか。ドゥルーズにとっては、それこそごく自然な事態の推移というべきものだ。考えてみるまでもなく、こうした作家に近づくには、ごく当然のこととして、時代をとり違えていなければならないからである。不意に、自国語とはおよそ異なる言語のさなかに自分を見いだし、あたりにつぶやかれている聞き馴れぬ物音に、ぎこちない吃音をたどるようにして耳を傾ける者だけが、同時代人に言葉としては響かない彼らの言葉を、みずからの問題として引き受けることができるのだ。それこそ、ギリシャ人ドゥルーズだけに許された、誇らしい特権というものだろう。

微光

『襞――ライプニッツとバロック』について論じた文章（『ドゥルーズ横断』〔宇野邦一編、河出書房新社〕に収録）の中で、アラン・バディウは、「プラトンの『太陽なるイデア』からデカルトの『明晰なる観念』にまでおよぶ、明晰なるものの理想という主題への（主体的ではっきり言表される）敵意に注目せよ」と書いている。この「敵意」という非ドゥルーズ的な語彙の使用はひとまず見逃すことにしよう。また、ライプニッツからベルクソンをへてドゥルーズにつらなるという系譜がはたして系譜たりうるかという疑問も、ここでは放置しておく。その系譜にあって重要なのは「ニュアンス」だというその指摘についても、それを誤りだといいつのることはしまい。ただ、ごくさりげなく口にされた断言が、あたかも推敲された嘘のように機能してしまうというドゥルーズ的な言葉遣いに、バディウがしたたか惑わされた形跡があると指摘しておくことぐらいは許されるだろう。

まず、プラトンにあっての「明晰さ」は、ドゥルーズにとっては、いささかも「太陽なるイデア」はない。『差異と反復』に詳述されているように、「明晰な＝混濁した」という関係は、『イデア』を形容するものではなく、『イデア』を思考し、表現する者を形容する」のにふさわしいものだからである。「イデア」そのものについてなら、むしろ「判明な＝曖昧な」という関係が語られるべきなのだ。また、かりにバディウのいう「明晰さ」の概念を維持するにしても、現前化さるべき差異をことごとく消し去ってしまうのはまさしくその理性としての「自然な光線」なのだから、その「明晰さ」はみせかけのものにすぎない。さらに、あえて光の比喩を援用する彼が、「太陽」の対極に「ニュアンス」を配しているのはいかにも芸のないやりかたである。というのも、ドゥルーズは、「自然な光線」としての「太陽」に対応すべき光の比喩を、ぬかりなく用意しているからだ。それは、『差異と反復』で何度か語られる「微光」の比喩にほかならない。ドゥルーズにとって、多様体としてある無数の「理念」は、良識を媒介として、「自然の光線」のもとに万遍なく浮上するものではない。『理念』は、跳躍し変身する差異的ないくつもの微光として、みずから光る」ものなのである。それは「一つ一つがたがいに接しあい、自然の光線の一様性とはいっさい無縁の微光のもとで」複合的に共存しあっている。だから、その鈍い輝きが、「ニュアンス」など持ちうるはずもないのである。

別の視点からするなら、ドゥルーズは「明晰さ」にいかなる敵意もいだいてはいない。プラトンにならって、彼は、いたるところで、混同を避けよといっているからだ。したがって、彼にあっての「明晰さ」は、たとえばサディズムとマゾヒズムのように、混同さるべき理由もないはずなのに誤って混同されているものを、「判明な＝曖昧な」という関係において「分割」する瞬間の鮮やかな身振りのうちに示されている。そして、こうしたドゥルーズの姿勢はことごとくギリシャ人を装っての振る舞いなのである。

分割

「ベルクソン主義者」ではないし、ましてや「ニーチェ主義者」でもありえないこの哲学者が、まるで似ているところのないベルクソンとニーチェとに同時に惹きつけられるのは、彼が、悪しき混同に陥っているからではないかという問いが口にされても不思議ではない。だがそれは途方もない勘違いだというべきものだ。むしろ、すべては、その逆の事態を明らかにしているかにみえる。実際、ドゥルーズの目には、二人の著作がちりばめられているギリシャ的な思考の断片が、「分割」という身振りのうちに、プラトン的な姿勢を共有していることをほのめかしているのである。ギリシャ的なものにあって、とりわけ二人の哲学者を惹きつけてやまないのは、混同されてはならないものを混同せずにおくという、優れてプラトン主義的な「分割」の方法なのだ。

ベルクソンにおける「持続」は、それが「潜在的で連続的な多様性」であるかぎりにおいて、ドゥルーズを惹きつけずにはおかない。ところで、その「多様性」はしばしば「一と多の理論」と混同されがちだが、その混同されがちなものを、明確に「分割」しておくことが肝心だと『ベルクソンの哲学』のドゥルーズは強調する。数には還元されえない質にかかわるものであるかぎりにおいて、それははじめて「多様性」たることができるものだからである。だから、概念の一般性としての「一」と「多」とをいくら対立させたところで、それはいつわりの運動としての弁証法しか導き出しはしないだろうとドゥルーズはいう。

> 持続というこの多様性は、断じて多とは混同されず、ましてや、持続の単一性は一とは混同されることがない。（四三頁）

この質としての「多様性」という概念は、『ベルクソンの哲学』にとどまらず、「強度」の概念によって補足されつつ、『差異と反復』から『アンチ・オイディプス』、そして『千のプラトー』へと受け継がれてゆくことになるのだが、それがプラトン的な「分割」に由来するものであることはいうまでもない。だから、ドゥルーズは、ベルクソン的である以前に、遙かに色濃くプラトン的な思考の影をとどめているのである。

一は多であり、多は一であり、存在は非存在だなどという者を最初に嘲笑したのは、まさしくプラトンにほかならない。(四一頁)

混同されてはならないものを「分割」するというこのギリシャ的な方法を進んで行使するベルクソンは、優れてプラトン的だといわねばなるまい。

ドゥルーズは、ニーチェに対しても、ほぼ同じ姿勢を崩そうとはしていない。なるほど、あらゆるものがいまこの瞬間に生成されつつあるのではなく、かつて生成しつつあったものとして存在することで、世界は均衡状態に達しているというプラトン的な思考のうちに、ニーチェは神学的な身振りの素描をさぐりあて、あからさまな不信さえ表明している。「プラトンは退屈である」、「文体上の最初のデカダンである」等々、ニーチェは、ことあるごとにプラトンを貶めようとしている。また、「本能において批判的で、意識においては創造的な」ソクラテス的な転倒のうちにも、純粋の生成を肯定しえない哲学的デカダンスへの最初の傾斜を認めずにはいられない。そんなニーチェにとってのギリシャが、プラトンに先立つ時代の、とりわけ、アポロンとディオニュソスとが対立するその神話的な世界であるのは当然だろう。

だが、ディオニュソス的なニーチェとは異なるプラトン的なニーチェというものを想定せねばならないと『ニーチェと哲学』の著者はいう。それは、こういうことだ。すなわち、思考が、思考する能力のごく自然な行使ではないことをよく知っていたニーチェは、思考に思考をうながし、それを能動的なものに仕立てあげようと働きかけてくる肯定的な何ものかを「力」と呼んでいる。その「力」を肯定するにあたって必須な「分割」の身振りこそ、優れてプラトン的なものではなかったかというのが、ドゥルーズの姿勢である。

「プラトンでさえ、思考をうながすものと、思考を非能動的なものにとどまらせるものとを、なお区別して」いたことを想起してみるがよい。ニーチェは、そのとき、プラトンのように振る舞っていたはずであり、そうした姿勢を身につけていたが故に、永遠回帰の思想も可能になったのである。だから、ドゥルーズにとってのニーチェは、まず、プラトンのように、思考のうちに、それが能動化する契機と、それが非能動化されることなしにとどまる契機とを正しく「分割」する思想家として姿を見せねばならない。永遠回帰は、その選択の身振りなしにはありえないし、至高のディオニュソス的な変身もまたそうであるはずだ。

錯覚

こうしてみると、『アンチ・オイディプス』にも『千のプラトー』にも——おそらく、ゴダール的なそれにおとらず——ギリシャ的な思考の断片がいたるところにちりばめられていることが見えてくるはずだ。ドゥルーズ＝ガタリによるこの二冊の共著は、「資本主義と分裂症」が視界を覆いつくしたかにみえる二〇世紀末の社会に、「マルクスとともに」ありながらも、そこにふと「ギリシャ的」な視線を投げかけてみたらどうなるかという、かつて試みられたためしのない大胆な思考の実験なのだ。

ここで、二人の共著者による役割の分担をあれこれ推理してみるつもりはないが、『アンチ・オイディプス』や『千のプラトー』のしかるべき部分にギリシャ的な思考の断片を投げ入れて楽しんでいるのは、まぎれもなくドゥルーズである。たとえば、『千のプラトー』にあっては決定的と思われる「遊牧論あるいは戦争機械」の章に、彼は、涼しい顔でプラトンを召喚している。そこでは、国家装置にふさわしい一般的形式におさまる「王道的」な科学と、偏移や余剰を積極的にとりいれながら個体化の過程を規定する「マイナー」な科学という二つのモデルが、『ティマイオス』のプラトンにもとづいて、「共分」と「異分」という対立として語られているのである。だが、それにしても、「遊牧論」を基礎づける「マイナー」な科学のモデルを、はたしてプラトン的な思考に求めてよいものなのだろうか。人は、思わずそうつぶやかずにはいられない。だが、すべてはプラトンに始まると考えているドゥルーズにとって、それはごく当然のことなのだ。

なるほど、「欲望する機械」といったことなら、ガタリ一人で充分に論じることのできる主題だろう。だが、無意識についてさえ、それはプラトン的な概念でいくらでも語りうるギリシャいらいの主題でしかないという断言は、ドゥルーズのものでしかありえない。いたるところで作動している「欲望する機械」の働きを抑圧しにかかるのが、あの悪名高いオイディプス的な三角形であることは、いまでは誰が知っている。だが、そんなたぐいの抑圧なら、フロイトより遥か以前に、ギリシャの地で、すでに行われていたとドゥルーズはいう。事実、『アンチ・オイディプス』の冒頭から、「ある意味で、欲望の論理は、その第一歩、すなわち、生産と獲得の二者択一をせまるプラトン的な分割の第一歩から、その目的を逸している」と指摘されているのである。

ここで、プラトン的な「分割」が取り逃がしたとされている「目的」とは、ほかならぬ欲望そのものである。また、「生産と獲得の二者択一」とは、『ソピステス』で語られている「ポイエテイケー」と「クテテイケー」という二つの「技術（＝テクネー）」にほかならない。この「分割」にあって、欲望を、「生産」ではなく「獲得」の技術の側におかざるをえないプラトンが、たちまち抑圧の体系としての観念論に陥るほかはないのは当然だろう。というのも、そうした思考は、「何よりもまず、欲望を欠如として、あるいは対象の欠如として、あるいは実在する対象の欠如として規定する」しかないからである。このとき、つくり出されることを永遠に禁じられた欲望が、「敬虔なる信仰深い無意識という概念を形成する観念論」に従属させられざるをえないのは目にみえている。この抑圧のメカニスムを、プラトンは、フロイトより遙か以前に定式化していたと『アンチ・オイディプス』の共著者はいう。

欲望に対する三つの誤りと呼ばれるものは、欠如、法、シニフィアンである。この三つの誤りは、じつは同じ一つの誤りである。つまり、敬虔なる信仰深い無意識という概念を形成する観念論の誤りである。（一四〇頁）

つまり、このフロイト＝ラカン的な精神分析の概念は、ドゥルーズの目には、いずれも、すでにプラトンによって素描されていたものにすぎない。

では、無意識そのものは、このギリシャの哲学者によって、どのように素描されているか。『アンチ・オイディプス』によると、解釈という手段によって無意識に触れることができない意識は、そこにかたちづくられるさまざまな錯覚によって、みずからの願望を投影させるかたちで、無意識をめぐってのいかにもそれらしいイメージを思い描くことしかできない。「専制君主」にたとえられることさえ稀でない「シニフィアン」とは、そうした錯覚にほかならないのだが、その関係をドゥルーズは「無意識にかんしていうなら、それは、みずからにとって反対なものの接近を前にした、プラトン的な反対性のようなものだ。それは、逃走するか、死にたえるかのどちらかなのである」と説明している。

ここで言及されている反対性とは、たとえば「固い」と感じられるものの質は、プラトンにあっては、その反対に「柔らかい」と感じられるものの質と切り離しえないという事実だと理解しておけばよい。感覚の対象である「固さ」や「柔らかさ」は、そうした質のことごとくが生成である以上、前よりも「固く」なったり、いままさに「柔らかく」なりつつあることさえありうるので、その矛盾する関係の外へでることは永遠に禁じられてしまうほかはない。無意識が意識に対してそうした反対性の関係にあるものであるなら、その錯覚にとらえられたまま、無意識として現前することは永遠に不可能である。そのとき、無意識は死にたえるしかないのだが、それは、感覚されるものの「強度」の差異が、プラトンによって、はからずも質の反対性におきかえられてしまっているからにほかならない。したがって、プラトン的な思考は、精神分析的な思考がそうであるように、無意識を無意識として現前化せしめるための逃走線を描くことを、あらかじめ放棄しているのである。

そうした現状を打開するには、断たれていた逃走線が描かれるべき位置を予想しながら、無意識を現前化せしめるための方法をあれこれ論じてみても始まらない。肝心なのは、いきなりいくつもの線を引き、それを折りまげたりおし拡げたりしてみることだ。その際、描かれた無数の線が、あたりに配置されている点と点とを結びつけるかたちで、樹木の構造におさまることだけは避けねばなるまい。ともすれば世界のイメージを模倣しかねない樹木には、何にもまして、無意識の逃走を可能にする多様性が欠けているからだ。

そのとき『千のプラトー』は、唐突に「リゾーム」の一語をつぶやく。何ものをも模倣せず、何ものをも反映することのない純粋の多様性としてある「リゾーム」。だが、なぜ、いま、そんな言葉が口にされねばならないのか。「問題は、無意識を生産すること、そして無意識とともに、新たな言表を、新たな欲望を生産することなのだ——リゾームはそのような無意識の生産そのものである」と二人の著者は書いている。もちろん、この言葉を現実に書き記したのがドゥルーズなのか、ガタリであるのかを知ることはいささかも重要でない。だが、この文章の意味が、二人にとって決して同じものではなかったことぐらいは、誰にもすぐわかる。おそらく、精神科医フェリックス・ガタリにとっての「リゾーム」は、とりわけ「資本主義と分裂症」の時代の要請にふさわしく、いくぶん現代風に構想されている。だが、すでにみたように、哲学者ドゥルーズにとって、無意識の生産はプラトンのギリシャ以来一貫して抑圧されつづけてきたのだから、視界から遠ざけられ、潜在的に機能することしかできなかった「リゾーム」を顕在化することだけが、問題だったはずである。

「われわれは、樹木に倦み疲れている」と『千のプラトー』の共著者は断言する。その倦み疲れているという言葉が告げているのは、潜在的な「リゾーム」として、差異がもつれあったまま顕在化しえずにいることへのいらだちを示唆しているはずだ。だが、人は、ギリシャの「リゾーム」といったものを想像できるだろうか。ソクラテス以前のギリシャ人たちのことごとくを分裂症的な思想家とみなし、プラトンにもその傾向が否定しがたくまつわりついていると確信するドゥルーズにとって、「欲望する機械」

や「リゾーム」がギリシャで生誕することに、いかなる不思議もないはずである。

怪物

『差異と反復』には、いくつもの読み方が可能である。たとえば、プラトン的なものをつきつめてゆくと、と、それが、すんでのところで「リゾーム」に変容しかねぬものであることを、興奮をおさえた口調で語るドゥルーズの相貌をきわだたせることも、一つの読み方だといってもよいだろう。

いたるところにプラトンの名前がちりばめられているこの書物の著者として、彼は、二つの異なるプラトン主義の定義を、二つの異なる場所で行っている。最初の定義は、第一章の「それ自身における差異」の最後で、「プラトニスムの転倒」の定義とかさなりあうようにして語られているものだ。そこでは、すでにみた「分割」の方法が、「プラトン哲学におけるかけがえのないもの」として提示されているのだが、その「分割」が、アリストテレスにおけるように、概念一般によって媒介された類と種への「分割」でなかろうことは、これまで述べられたことからしても明らかだろう。それは、「一つの混雑した種をもろもろの純粋な系統に分割すること、すなわち、純粋でない材料から、一つの純粋な系統を選別する」という苛酷な試練としての「分割」にほかならない。ドゥルーズは、『ポリティコス』や『パイドロス』を読み込みながら、誰が真の政治家であり、誰が真の恋する者であるかを、それぞれの主張に応じて選別するプラトンの仕草をきわだたせている。そこで問題となっているのは、名高い「本質」と「仮象」の「分割」にほかならず、その関係は、「実物」と「イマージュ」、「モデル」と「コピー」といいかえることも可能だが、そんなことならいまでは誰もが知っており、いかなる目新しさもそこに認められはしまい。

にもかかわらず、ドゥルーズは、この「プラトン的」な「分割」が決定的に重要だという。それは、その身振りが、概念の一般性を通過することなく、同一性も介入することなしに行われるものだからである。それがドゥルーズを惹きつけてやまないのは、何ものにも媒介されることなしに、そこに差異をつくり出そうとするその試練の苛酷さによってである。そのとき、自分こそ「本物」だとわれがちに主張しながら、それが見せかけの「イマージュ」にすぎないまがいものの「シミュラークル」は、厳しく選別されてしまう。そこにあって、差異は、最終的な根拠としてのイデアに従属し、それ自身として思考されることのないまま、みずからの正統性を競って主張する者たちのうちでまがいものと判断されたものは、黙って「分割」の舞台から退散しなければならない。

その苛酷な試練における「分割」の身振りを導いているのは、いうまでもなく「イデア」の力にほかならない。そのとき、「プラトニスムの転倒」は、「コピーに対するオリジナルの優位を否認すること」として定義され、「見せかけ《シミュラークル》と反映の君臨を賛美すること」がその意味となるだろう。『差異と反復』の第二章「それ自身へと向かう反復」で、ドゥルーズは、改めて「プラトニスム」の定義を行っている。彼は、あたかも前言をそっくり否定するかのように、「真のプラトン主義的な分割は、オリジナルとイマージュの間にあるのではなく、むしろ二種類のイマージュの間にある」と書くことになる。その二つのイマージュとは「コピー」と「シミュラークル」にほかならぬのだが、そのとき、彼が、すでに下されている定義の修正をしているのではなく、まったく別の定義を提案していることは明らかだ。それは、「プラトン主義とプラトン主義の転倒に関する最も本質的な点」であり、そこでのプラトンは、「最大の重要性を持つある哲学的な決定」を下しているというのである。第二章のドゥルーズは、その哲学的な決定が、「端緒的なものと仮定されていた『同じ』ものと『似ている』ものという力に差異を従属させる」ことだと書く。それは、「差異はそれ自身においては思考されえないものだと宣言し、差異を、そしてシミュラークルどもを、底無しの大海原に送り出す」ことをプラトンが決断したことを意味している。純正ならざるものは追放されてしまったのだから、その決断によって、プラトンのイデア論は勝利しているかにみえる。

だが、事態はそのようには進展していないというのがドゥルーズの考えである。放逐され、視界から一掃されたかにみえる差異、すなわち類似を奪われた怪物的なイマージュとしての「シミュラークル」どもは、いまだアリストテレス的なカテゴリーにはおさまりがつかず、同一性にもとづく差異が概念化されることで成立する表象体系にも馴化されることのないまま、文字通りのいかがわしい分身として、プラトンに執拗にまつわりついて離れないからである。「同じ」である資質を奪われた「シミュラークル」は、いまや差異とともに生きることしかできないので、この「不同なるもの」は、「内面化された非類似がそこから生じてくるそれ自身としての差異のモデル」ともなりかねない。それは、いつ「シミュラークル」の恐るべき繁茂という事態が起きても不思議ではない状況が成立しているということを意味している。しかも、類似を奪われたこの怪物的なイマージュは、「モデル」と「コピー」という概念そのものを喰いつくしながら増殖してゆくことになるだろう。そのとき、プラトンは、すでに馴致されがたい「多様性」という「リゾーム」の潜在的な資質に、充分すぎるほど意識的だったとみなければなるまい。『ソピステス』のプラトンが、あやうく「シミュラークル」の勝利に言及しそうになっているのは、そのためだとドゥルーズは確信しているかのようだ。

こうして、「最大の重要性を持つある哲学的な決定」は、プラトン主義が反プラトン的なものと共存なしにはありえないことを、その帰結として導きだすことにある。あるいは、「差異を、そしてシミュラークルどもを、底無しの大海原に送り出す」ことを決断するという身振りそのものによって、みずから「リゾーム」をつくりだす潜在的な可能性に触れていたのだとさえいえるのかもしれない。いずれにせよ、『差異と反復』という書物の背後には、視界に浮上することのない怪物たちの鈍く不気味なうなり声が、絶えることなく響きわたっている。『アンチ・オイディプス』と『千のプラトー』のドゥルーズが果たすべき役割は、その潜在的なものにかたちを与えて顕在化することにつきていたはずなのだが、それに共著者のガタリがどれほど意識的であったかという点は、いまとなっては、もう知ることができない。

では、『差異と反復』のドゥルーズは、なぜ、プラトニスムの定義を同じ書物で二度もくりかえしているのか。これは、哲学書として、いかにも奇妙なことに思える。その点をめぐってすぐさま指摘しうるのは、第一の定義が間違っていたから、それを修正するために第二の定義が必要になったのではないということだ。ここで重要なのは、いずれの定義もプラトンを肯定しているという事実である。実際、混合物の中の純粋なものと不純なものを「分割」するプラトンという第一の定義は、ベルクソンの哲学を素描しているという意味で、ドゥルーズにとってはことのほか貴重なものとなるはずである。また、それにおとらず重要なのが、「コピー」と「シミュラークル」の「分割」によって、いっさいの類似を禁じられ、差異とともにしか生きられなくなった怪物的なイマージュの跳梁を誘発するディオニュソス的プラトンという第二の定義なのである。だから、この二つの定義は、まったく異なるものを、そのいずれをも排除することなく、ともにプラトンとして肯定しているのである。ドゥルーズのプラトンは、こうして、それ自体として一つの多様性と変容することになるだろう。

恩寵

ギリシャ人を装うこと——あえて「ギリシャ的」であること——でドゥルーズの思考がまとうことになる豊かな拡がりがどんなものか、いまや、誰の目にも明らかになり始めている。だが、その豊かさ、哲学者としての彼が、ギリシャ人たちの思考をそっくり自分のものとしていたが故に可能になったものと理解してはなるまい。

たとえば、ヘーゲルもハイデッガーも、その時代のその土地にはぐくまれた思考に深く通じていたし、哲学の誕生とギリシャとの関係にも充分すぎるほど意識的だった。だが、自分は、ギリシャに投げかける視線を彼らと共有しあう意志などこれっぽちもないと『哲学とは何か』のドゥルーズはきっぱり宣言する。何かにつけて、ギリシャに哲学の起源を求めずにはいられない精神というものが、彼には我慢ならないのである。実際、ドゥルーズとガタリはいかにも不機嫌そうに書き記している

ハイデッガーとヘーゲルに共通するものは、彼らがギリシャと哲学との関係を、一つの起源とし

て、ちょうど、哲学が必然的にそれ固有の歴史に混じりあっているとでもいうかのように、西欧の歴史の出発点として想定していることにある。(一三六頁)

哲学がギリシャの地に姿を見せたことを、自分は必然とは考えないし、それが起源としてあるとも考えたくないと彼はいう。ヘーゲルにもハイデッガーにも、「偶発性」ということが理解できないのだ。ギリシャと哲学との関係は、ドゥルーズにとって、「……歴史としてというより、生成として、……本性においてというよりはむしろ恩寵として」考えられねばならない。そう口にする言表の主体が「マルクス主義者」であろうはずもない。

とはいえ、「恩寵」の一語を、世界を超越したものがもたらす願ってもない特典、予期せぬ喜ばしい報酬といった程度のことと理解してはなるまい。ふと何ごとかが起こりそうな気配を察知し、到来すべき「シーニュ」の予兆に身をまかせているとき、あたかもその姿勢が導きだしたかのように、ただその瞬間にのみ、嘘としか思えぬ身軽さで現前化するできごと、それだけが「恩寵」の名にふさわしいものなのだ。哲学がギリシャに生まれたのは、「恩寵」のような瞬間をうけとめるにふさわしい大気の流れといったものが、その時代のその土地にみなぎっており、それに進んで身をまかせる者がいてくれたからなのだ。「偶発的」なものを「絶対的」なものへと変容せしめるものがこの「恩寵」にほかならず、もちろん、そこにはいかなる神学的な色彩も影を落としてはいない。いずれにせよ、「起源」といった言葉で「生成」に背を向けるドイツの哲学者たちに、ドゥルーズはきっぱりと顔をそむける。

あたかもギリシャ人であるかのように振る舞うドゥルーズが、この二〇世紀末のヨーロッパであれこれ思考をめぐらせていた姿を思い描こうとするとき、われわれもまた「恩寵」の一語を口にせずにはいられない。ドゥルーズとプラトンとの出会いは、哲学の歴史が必然化する時空に位置づけられるものというより、それを遥かに超えたところで、あたりの大気の流れに触れた者が、その表層に走り抜ける感知しえないほどの変化にも同調せずにはいられないときに出現するできごとにほかならない。そのとき、そこにみなぎっている朗らかさは、例えば、「ライプニッツ主義者」には微笑みかけないが、「ライプニッツとともにある」存在には微笑みかける。それは、「マルクス主義者」には微笑みかけはしまいが、「マルクスとともにある」存在にはあまねく微笑みかけるだろう。思考は、そのようにしてしかできごととはなるまい。そこには、文字通りの「襞」がいくえにも折りこまれてゆくのであり、そのかぎりにおいて、「われわれは、なおライプニッツ的な存在である」と口にできるのである。「恩寵」としてのドゥルーズ。彼を哲学者と呼ぶべきか否かがもはや問題とはなりがたい時空に、「一気に身をおく」こと。だが、哲学は、その「恩寵」に向けて投げかけるべき視線に恵まれていたことなどあるのだろうか。

後記

出典は、日本語訳が存在しているものは、訳本の題名と頁を示し、原則として引用はその日本語訳を借用した。それぞれの訳者に感謝したいが、文脈の関係で別の語彙に移し替えたり、訳し直した部分もあることをことわっておく。

「本質」、「宿命」、「起源」
ジャック・デリダによる「文学と／の批評」

過剰、欠落

「文学の批評は、あらゆる時代に、本質によって、また宿命によって、いつも構造主義的である」。かつてそう書き記したことのあるジャック・デリダその人の身に訪れたごく最近の死が、『エクリチュールと差異』におさめられた初期のテクスト「力と意味」に読まれるこの一行を不意に想起させたのではない。思想史的な社交としていたるところで実践され始めている「喪の作業」とはおよそ無縁に、多少とも批評にかかわりを持つものなら、誰もがこの言葉としかるべく対峙せざるをえないからである。

そのとき、私の（彼の、あるいは彼女の）書き綴る批評は、いかなる意味で「構造主義的」なのかというつぶやきが誰の口から洩れても不思議でない。「本質によって、また宿命によって」そうだといわれても、その意識も確信も持てない彼や彼女（や私）は、さしあたりどうすればよいのか。あたかもデリダなど存在しなかったかのように振る舞いながら、彼のテクストを無視すべきだろうか。デリダの思考そのものを批判するという権利の行使は誰にも可能なはずだが、「文学の批評は、あらゆる時代に、本質によって、また宿命によって、いつも構造主義的である」とはかぎらないという命題を提起し、それを一貫した言説として完結させるには、いかなる方法的な配慮が必要とされるのか、等々。これは、人が思うほど容易な設問ではない。

いうまでもなく、文学の批評をめぐるデリダの断定への無邪気な同調がその言葉との対峙を意味してはいないし、そうすることが弔辞にふさわしい身振りだと思っているわけでもない。また、これという根拠もないまま、デリダが哲学を文学に還元したと確信しているユルゲン・ハーバーマス——たまたまデリダの共闘者ともなったこのドイツ人の名前は、国籍、年齢、性別を問わずいくらでも代置可能である——に無根拠な根拠の代補を提供すべく、初期のテクストの中からあえて「文学の批評」の一語を拾い上げたのでもない。さらには「アンガージュマン」と粗雑に要約されがちなある種の姿勢や、「性差文化論」的な思考への濃密な親和性によって評価されがちな八〇年代以降のデリダの中になおも息づいている「文学の／という秘密」への執着をさぐりあて、彼のテクストを文学の批評の領域へと無理に引き戻そうとする魂胆があってのことでもない。そもそも、デリダが「文学的」な哲学者であるかといえば、これは大いに疑わしいといわざるをえない。

実際、彼が言及しえたのはごくかぎられた数の、しかもその名前がいささかも人を戸惑わせることのない一群の作家たち——マラルメからカフカ、ブランショ、ジュネ、ツェランまで——にすぎない。

『レーモン・ルーセル』の著者でもあるミシェル・フーコーがふとジュール・ヴェルヌに言及したり、『プルーストとシーニュ』の著者ジル・ドゥルーズがいきなりエミール・ゾラを語り始めたりするときの自在さで彼が文学と接することはまずなかったといってよい。文学をめぐるデリダの言説にはたえず過剰な何か（あるいは何らかの欠落）がまつわりついており、そこに誘発される避けがたい齟齬感が、彼のエクリチュールと文学とのなだらかな接触をたえず流産させていたのである。フローベールやロラン・バルトを論じるときのいかにも窮屈そうな息づかいを耳にしたことのある者なら、デリダ自身がそのことを誰よりもよく意識していたはずだと想像せざるをえない。かくして、文学の批評とデリダという問題はほぼ手つかずのまま残されたことになるのだが、それが豊饒な約束の地たりうる保証は勿論どこにもない。

ハーヴァード留学時代のデリダがジェームズ・ジョイス——またしても、人を惑わせることのない名前だ——の『ユリシーズ』や『フィネガンス・ウエイク』に読みふけったことはよく知られているが、J・L・オースティンやジョン・R・サールのようなアングロサクソン系の哲学者にくらべてデリダの文学的な感性がより大胆でより繊細だったことは、哲学の領域においても文学の領域においても何ごとを意味しはしまい。文学を論じることへの情熱も興味もさめてしまったと公言しながら、晩年にいたってトーマス・マンを体系的に読み直していたというミシェル・フーコーにとってのように、文学がデリダの乱れがちな呼吸を整えるにふさわしい環境だったとはどうも思えない。にもかかわらず、何もいわずにおくために言語に身を投じてみせた作家たちと決定的に行き違うほかはないデリダが処理しきれずにいた過剰（や欠落）が、ときに文学にとっては貴重な刺激たりえたのもまた確かである。彼の文学への貢献は、それ以上でもまたそれ以下でもない。

「力と意味」

では、なぜ、ここで文学の批評が問題となるのか。「文学の批評は、あらゆる時代に、本質によって、また宿命によって、いつも構造主義的である」と書き記すことで、デリダは何をいわんとしていたのか。その言表は、言表行為の主体に文学の何をたぐりよせ、何を遠ざけようとしているのか。確かなことは、「われわれドイツ人は、たとえヘーゲルごときが存在しなかったとしても、ヘーゲル主義者なのだ」というニーチェのアフォリズムをふと思わせぬでもないその断言が、構造主義的な熱病の蔓延など巧みにまぬがれてみせたと自負しているはずの文芸批評家でさえ、所詮は無自覚な構造主義者にすぎないと断定しているという事実である。「あらゆる時代に、本質によって、また宿命によって」というのだから、構造主義的ではない文学の批評など想像しえないことになるのだが、それがはたしてデリダのいわんとすることなのだろうか。

ひとまずは、そうといえぬこともないとして話を進めることにする。デリダの書き記した「本質」と「宿命」は、論理的にいって、ある時期の文学の批評を特徴づける傾向にはとどまりえないからである。「あらゆる時代に、……いつも」そうなのだから、いかにも人類にふさわしい自堕落な杜撰さから多くの人がつい「ポスト構造主義」的などと総称してしまう著作が珍重されていた時代においてすら、また「流行」としての「ポストモダン」が終わろうが終わるまいが、さらには「作者の死」を信じるか否かといった批評家の態度表明ともいっさいかかわりなく、文学の批評はなお「構造主義」的たらざるをえない。

いうまでもなく、「構造主義的」でない批評形態がどんなものであったのかをデリダはよく知っている。「力と意味」のやや後のページで、「《思想《イデー》》とか《内的構想》が書物に先立って、書物は単にそれを書き表すだけだ、と考える単純な先行論」の一般化された形式を、「イデアリスムと呼ばれる伝統批評」にほかならぬと彼は断じているからである。だが、「神学」的たることをまぬがれぬこの「伝統批評」の観念論——そこには、私はこう思うとのみ宣言して解釈さえ放棄する無邪気な「無神論者」も含まれよう——は、彼にとって文学の批評の名に値するものとはいいがたい。なぜなら、それは「神学」的な解釈手段を無自覚に文学に適用したものでしかなく、そこには批評など成立しようもないからである。

「構造主義」的な文学の批評は、デリダにとって、「伝統批評」の観念論が把握しえずにいた異例の対象たる「文学の事象」を視界に浮上させたかぎりにおいて、文学の批評の名に値するものとなる。構造主義が可能にした「その問い方の転換」に背を向けたまま、批評がなおも「神学」的な振る舞いを演じつづける理由などどこにもありはしない。にもかかわらず、「神学」的な批評にはどこかしら人の心を安堵させ、ありもしないトラウマ——「構造主義」的であれ、「テクスト論」的であれ——を観念論的に治癒させる機能がそなわっているかにみえる。とするなら、「文学の批評は、あらゆる時代に、本質によって、また宿命によって、いつも構造主義的である」と書くことには、いまなお人類によって大がかりに共有されている「神学」的な治癒への祈願をあらかじめ封印する機能がそなわっていたといえるかもしれない。

とはいえ、その程度の機能しか想定せずにテクストを書き綴るほどデリダが低次な論争的主体ではないことを、人はよく承知している。そこで、彼の断言がおさまるべきコンテクストをひとまずおさえておくなら、「力と意味」は、ジャン・ルッセの一九六二年の著作『形式と意味——コルネーユからクローデルにいたる文学、構造論』の書評として書かれ、翌六三年に「クリティック」誌に発表されたものである。その前年の六一年にはジャン＝ピエール・リシャールの『マラルメの想像的宇宙』が刊行されているし、六三年にはロラン・バルトの『ラシーヌ論』が発表されることになるので、「ヌーヴェル・クリティック」と呼ばれもした新傾向の文学批評の最盛期だったといえる。そのときのデリダはといえば、みずからの序論を付して世に問うたフッサールの『幾何学の起源』の翻訳者でしかなく、いまだ『エクリチュールと差異』、『声と現象』、『グラマトロジーについて』の著者ですらない。

いわば無名の哲学研究者にとっての処女評論ともいえる「力と意味」を書くにあたって、ルッセの『形式と意味』やリシャールの『マラルメ』の序文を、「文学の批評における方法序説の重要な部分を担うもの」だとそれなりに評価してみせるデリダは、その解読に向けての独特の戦略的なエクリチュールを選択する。それは、構造主義を、いま生起しつつある現在の事態ではなく、すでに起こってしまった過去の事態であるかのように見なす未来の思想史家の視点をフィクションとして想定し、その歴史的な視線が何を見落とすかを指摘することから始るという戦略性にほかならない。思想史家たちは、とりわけさまざまな事象を過去の時代の特徴へと還元することで——十九世紀的なものに対する相対的な批判、等々——その「意味」を見失う。だが、構造主義とともに広く共有されていた言語そのものにまつわる

「不安の意識」には、一時代の特徴には還元しがたい「転換」への意志が息づいている。それは「文学の事象」とともに、「歴史の始源としての言語」が視界に浮上しつつあることがもたらす動揺ともいうべきものだ。

「たぶんあすの日には、人はこれをふとした逸脱とは呼ばないまでも、力それ自体の緊張としての力への注意集中のさなかに起こった一つの弛緩現象として解釈するだろう。力を、その内部において把握する力をもはや人が持っていないときには、形式が魅了する」のだとデリダは書く。「文学の批評が、あらゆる時代に、本質によって、また宿命によって、いつも構造主義的である理由はそれである」という一行が彼の手で書きそえられるのは、その直後のことである。

《芸術への無関心》

だとするなら、問題の一行がデリダ自身の言葉であるかどうかは必ずしも自明のことではない。「あすの日には、人は」の導入するコンテクストからすると、この「力」と「形式」の二元論は、デリダによって「意味」を読みそびれがちだと断じられた未来の思想史家にふさわしい視点のようにも思えるからである。だが、その種のコンテクストの概念そのものを否定するのがデリダであることも人はよく知ってしまっている。その一行は確かにデリダを著者として持つ書物に含まれているが、その種の書かれた署名が言表の主体を指示するとはかぎらないという事実を論証するために、彼は「署名、出来事、コンテクスト」を書くことになるからだ。声の現前を欠いた書かれた記号は、その「間隔化」によって、話された記号とは区別されねばならない。「書かれた記号は、そのコンテクストと断絶する力、すなわち、それが書き込まれる瞬間を組織する諸現前の総体と断絶する力を含んでいる」というのが、デリダによるエクリチュールの定義にほかならない。

そのとき、「文学の批評は、……いつも構造主義的である」という一行は、それが「書かれた記号」であることから、言表行為の主体を決定しがたい浮遊状態に陥れ、その浮遊状態の中で、デリダと彼の仮構する未来の思想史家とは曖昧にかさなりあうことになる。『マラルメ』の著者ジャン＝ピエール・リシャールの構想する「構造的な《透視図《パースペクティヴ》》」は、「古典的な歴史の決定ずみの全体性」とは異なるとはいえ、なお、「形式」による中和作用をこうむることで「力が退いていったあとの全体性」たらざるをえないと断定する主体は、問題の一行の言表行為の主体とほぼ同じだと判断できる。では、リシャールの『マラルメ』を「本質」と「宿命」によって「構造主義」的たらざるをえない「文学の批評」と見なしているのは、未来の思想史家なのか、デリダなのか。それとも、曖昧にかさなりあったその両者なのか。

ジャン・ルッセの『形式と意味』を前にすると、未来の思想史家はやや後退するかにみえる。ここでの言説が、そうと名付けられてはいないものの、すでに充分すぎるほど「脱構築」的なものとして機能しているからだ。実際、リシャール的な「形式の静態」を避け、形式と意味の統一として「構造」を思考している『形式と意味』は、「形式」と「意味」の二元論を超えて、『グラマトロジーについて』で詳述されることになる「原エクリチュール」にほとんど言及しつつある書物であるかに見なされる。「想像力」の一語をめぐって多くの不備をかかえこんでいるものの、ルッセが提起する「文学の事象」

の概念をつきつめてゆくと、「純粋不在だけが……霊感を与えることができる」という始源へのまなざしにゆきつくとデリダは考えているからだ。

ところが、そう書くことの代償として、後の「フロイトとエクリチュールの舞台」では「マジック・メモについての覚え書き」を引きながらさまざまな比喩によって周到にいいかえられ、『グラマトロジーについて』では「原痕跡」と一般化されている概念を、ここでのデリダは露骨なまでの旧約的な語彙で記述せざるをえない。「書くということは、人間の孤独と責任の側から感じられるヘブライ的苦悶だ」、「聖なる文字の不在、言いかえれば、まず初めに、折々みずから記入してゆくユダヤの神の不在は、……つきまとうその執拗な記憶となって、現代の美学と批評との全体を強く支配している」、等々。

ここで何より驚かされるのは、しばしばデリダの悪癖として非難される修辞学的な配慮をきれいさっぱり欠落させた思考が、ほとんど無防備に露呈されていることだ。実際、「レヴィナスのいうヘブライズムが文字の価値を低めるはずがない」という一行の読める「暴力と形而上学——エマニュエル・レヴィナスの思考に関する試論」にも、これほどの露骨さで「書かれた記号」と「ユダヤ神の不在」との関係が語られることはなかった。そうした修辞の回避は、「G・プーレとはまた別の意味で、ルッセは往々にして《芸術にほとんど関心が》ないようにみえる」と肯定的なニュアンスで書くデリダその人が、一部の文学の批評家たちの装う《芸術への無関心》にしたたか感染してしまったことの証言のように響く。

そのとき、『形式と意味』の著者が、はたして「ユダヤ神の不在」の「執拗な記憶」をデリダと共有しているのかと問うことはほとんど意味を失っている。『マラルメ』のリシャールが「形式」による中和作用をこうむらざるをえないのは、その記憶を共有していないからなのかと問うことも無意味である。「文学の批評は、……構造主義的である」という一行がデリダ自身によるものか、それとも仮構された未来の思想史家のものかと問うことは、『マラルメ』のテクストの「構造的な《透視図》」にはおさまりのつかぬ細部の艶めかしい運動ぶりを「全体性」の名のもとに無視するのがそのどちらなのかと問うことと同様、まったく無駄である。構造主義をすでに起こってしまった過去の事態であるかのように見なす未来の思想史家の視点を仮構したことを、ここでのデリダがフィクションとして必ずしも有効に機能させずにいるからだ。

「力と意味」の終わり近く、「構造主義としてだけ限定はできないような戦略的操作を思いきって開始する」ことが文学の批評の急務だと書かれているが、デリダ以外の誰が口にしても不思議でないその言葉はいかにも戦略性を欠き、虚ろに空転して読む者を驚かせる。いったい、「本質」と「宿命」はどこに行ってしまったというのだろう。

ここで一部の文学の批評家たちと哲学研究者デリダとが何かを共有しているとしたら、それは「ユダヤ神の不在」の「執拗な記憶」ではなく、ジャン・ルッセがふともらしもした《芸術への無関心》にほかならない。《芸術への無関心》に徹することで、デリダが初めてマラルメ論を「二重の会」として書き、『弔鐘』をジュネ論として書くことに成功したことは誰もが知っているからだ。とはいえ、処女評論「力と意味」をデリダらしからぬ不備のきわだつテクストだと断じることは、何ごとも意味しない。確かなことは、文学の批評を語るデリダの息づかいが人目には無惨なほどに乱れていることにつきている。レヴィナス論「暴力と形而上学」のなだらかで力強い息づかいとくらべてみれば、そのことは誰の目にも明らかなはずだ。みずからの呼吸を整えるにふさわしい環境としてデリダは哲学しか持っていない。にもかかわらず、晩年と呼ばねばならぬ時期まで、彼が思いだしたように文学に言及しているのはなぜか。

岐路

「文学の批評は、あらゆる時代に、本質によって、また宿命によって、いつも構造主義的である」という一行を書きつけてから三〇年の歳月が流れようとしていた一九九〇年代の中頃に、ジャック・デリダは、「文学というものはない」ときっぱり断言する。そのとき、「脱構築」と呼ばれる独特な思考を撒布せしめた哲学者として充分すぎるほど名高い存在となっているデリダは、たちどころに「文学には本質も実体も」ないといいそえる。いまや、構造主義は、あえて過去のできごとであるかに見なすまでもなく現実に過去のものでしかなくなっており、未来の思想史家を仮構したりする理由を彼はもはや持っていない。とするなら、「純粋不在だけが……霊感を与えることができる」という始源へのデリダ的なまなざしが、なおいっそうきわだってくるのだろうか。

「文学というものはない」という断言は、一九九五年にあるヨーロッパの大学で行われたシンポジウム「文学のパッション」でデリダが読みあげたテクスト『滞留——モーリス・ブランショ』の中に読まれる。その講演は、「虚構と証言」として予告されていたものだが、「文学の批評は、……本質によって、……いつも構造主義的である」と書いたデリダが、その三〇年後に「文学には本質も実体も」ないと宣言していることが惹起する齟齬感を、大袈裟にいいつのるつもりはない。《芸術への無関心》とも見られたものが「文学」と改めてどんな関係をとり結ぶかに興味を惹かれる者として、この講演をそうした文脈において読んでみたいと思っているにすぎない。

　そこでの講演者は、モーリス・ブランショが発表したばかりの『私の死の瞬間』を読もうとしている。というより、「虚構」とも「証言」とも断じがたいこの短いテクストをいかにして読むべきか、その手段を模索してみたいと述べているのだが、そうするにあたって、彼は、『文学』という名とそのように名づけられた事象《ショーズ》とが、私にとって今日まで、情熱《パッション》であると同時に、底なしの謎であり続けている」ことを隠そうとしない。ことによると、「底なしの謎」という語彙から、同じ一九九〇年代の書物『死を与える』におさめられている「秘密の文学——不可能な父子関係」などを想起すべきかもしれないが、ここでは『パッション』というテクストさえ書いているデリダのこの一語への執着を手がかりとして、『滞留』を一瞥してみることにする。

　ここでのデリダは、ヨーロッパ系の諸言語における「文学」の語彙——フランス語なら——《littérature》——が逃れがたくとらわれている語源の「ローマ的ラテン性」が、「キリスト教的ラテン性を過度に帯びた語」にほかならぬ「パッション」《passion》の一語ときわめて緊密に交錯しうる可能性を指摘する。「文学」《littérature》と「パッション」《passion》とは意味論的に七つの交叉線を持ち、それらがことごとくブランショのテクストをも横切っているはずだというのが、デリダの仮説である。まず、「パッション」は、「文学」がローマ時代にキリスト教的受難（パッション）の地に生まれたという「歴史」を含意しており、長編小説がフランス語で「ロマン」と呼ばれたり、ある時代意識が「ロマン主義」と名づけられたりすることも、その「歴史」をかたちづくっているとデリダはいう。「パッション」は、また、愛の経験としての「情熱」を意味しているし、「受動性」や、「根源的な負債」や、「差延性」や、殉教にまつわる「証言性」をも意味しているが、その背後には、同じローマを模範とした法制度との関係が見えかくれしている。だが、それにもまして、「パッション」は「規定不可能な、あるいは決定不可能な境界を耐え抜くこと」を含意していると言葉をつぎ、みずからにとってはごく切実な「アポリア」の主題をデリダは引きよせる。「文学というものはない」という断言が彼の口からもれるのは、その瞬間である。

文学は、「本質をもたず、機能しかもたないという理由から、すべてを被り、あるいはすべてを堪え、すべてに苦しまなければならない」。同じ一つのテクストを、「証言」として、「文学的虚構作品」として、その他もろもろのものとしても読むことが可能であるように、「内的本性だけで、あるいは本質だけによって文学であるということはない」のである。実際、「文学性というものはしかじかの言説的出来事に内在する特性ではない」ので、「文学」はあらゆるものたらざるをえないという災厄を受け入れざるをえず、自分にこそふさわしいと思われた場所さえ曖昧に見失うしかない。

こうした言明はきわめて正当なものであり、それに反論する筋合いはいささかもない。だが、デリダは、そのとき一つの岐路に立つ。その岐路では、ほとんどの人間が、矛盾しあう二つの道のどちらか一つしか選ぶことができない。まず、「文学には本質も実体も」ないのだから、人が一般に「文学」と呼びならわしているものは、歴史的にそのつど機能を変えつつ維持される変幻自在な「制度」にほかならぬと口にしながら、世俗的な「文学」の息づく同時代の地平に降り立つという身振りを演じることが可能である。同時に、それとはまったく異なるやり方で、「文学」という語彙の「ローマ的ラテン性」を超え、いわば「純粋不在だけが……霊感を与えることができる」とかつてデリダも書いたあの「原根源」的なるものに向けて、「文学」の世俗性を遠く離れるという身振りを演じることもまた可能となる。

かりに最初の身振りが描きあげるものが「文学」と呼ばれるなら、二つ目の身振りがつかみとろうとしているものはそれにはまったく似てはおらず、「文学」とも「文学」ではないとも決定しがたい境界領域へと思考を誘う。だが、この二つの経路を同時にたどることは至難の技だ。あるいは、モーリス・ブランショだけが、ほとんど例外的に、世俗的な文芸時評家として、また同時に、「アポリア」に向けて言葉をつらねる作家として、二つの経路を同時に踏査していたといえるのかもしれない。ここでの超＝世俗的とは、人々がいたるところで生まれたり死んだりするというこの世界の一般性ではなく、ブランショの『災厄のエクリチュール』でいわれていた、あの「一息で言われる『不可能な必然的なもの[impossible nécessaire]』」としてのみずからの「死」について語る（あるいは語りえない）主体にかかわるものだ。

ジャック・デリダは、この二つのブランショという現実をいっさい容認しようとはしない。世俗的な「文学」の息づく領域で、妥協など朝飯前といった風情で筆をとっていた文学時評家ブランショの存在を、彼はあからさまに無視する。デリダは、どこかしらあつかましい「制度」としての「文学」には、いっときも思考をさし向けようとはしないのである。「文学が留まっているように見えるところでさえ、文学は不安定な機能であり続け、あやふやな法的地位（statut）に依存している」という言葉で、彼は「文学」という「制度」の脆弱さをきわだたせようとする。だが、その「不安定」性や「あやふや」さにもかかわらず、人類がかたちづくってきた環境としての「文学」の否定しがたい拡がりと深さと濃密さは、機能の「不安定」性や地位の「あやふや」さなどあっさり思考から遠ざけるに充分である。人があれやこれやの作品を書いたり書かなかったり、それを読んだり読まなかったりするのは、そうした「制度」の内部にほかならならず、その語源からしてローマ性を隠そうとはしない長編小説（ロマン）が、むしろ機能の「不安定」性や地位の「あやふや」さを恰好の口実として、いたるところで「制度」を安定させているかに見える。少なくとも、それが「近代」以降の「文学」のあり方だというべきだろう。それは、「本質」の不在そのものを糧としてあたりに増殖しつづけるいかがわしい世界である。「文学の批評」は、あたかも第二の自然であるかのようなあつかましさで視界をおおう風土の中で、そのいかがわしさそのものとしての「文学」について語るのであり、それこそ、文芸時評家としてのモーリス・ブランショの選んだ活動領域にほかならない。では、その領域からはひたすら遠くあろうとするデリダは、その選択の代償として、何を語ることを禁じられるのか。あるいは、何についてのみ語ることになるのか。

物語《レシ》

事態は、誤解の余地なき明瞭さで推移しているかに見える。ジャック・デリダが語るのは、もっぱら「物語《レシ》」、フランス語なら《récit》と呼ばれる非＝歴史的な説話形式にほかならないからである。ブランショの『私の死ぬ瞬間』も「物語《レシ》」という形式に素直におさまるテクストであり、デリダ自身、

「文学的虚構という資格で出版された、この文学的物語《レシ》」と呼んでいる。「虚構」と「物語《レシ》」に「文学」的という修飾語がなぜ必要なのか、その理由は詮索せずにおくが、デリダは、その言葉に導かれるように、ブランショのテクストをあくまで「物語《レシ》」として読み始める。「物語《レシ》」として読むとは、語りの論理――話者たる資格の吟味、その証言性の検証、説話論的な持続の尊重、細部に含意された意味の因果論的な開花、等々――を律儀にたどることにほかならず、そこに混入されているかもしれない「長編小説」的な要素――説話論的な持続を拡張しかねない描写の自己増殖、因果論的な意味の開花を超えたイメージの喚起性、等々――は、いっさい無視される。それが、岐路に立つデリダの選んだ身振りである。

「私は思い出す。死そのものによって、そしてもしかしたら不正という過誤によって、死ぬことを妨げられた一人の青年――まだ若かった一人の男――のことを」という一行で始まる『私の死ぬ瞬間』は、第二次世界大戦の末期と想定されうる現実の一時期に、レジスタンスに加担していた証拠を身辺から遠ざけずにいた青年が、たまたま身を隠していた城館でドイツ軍にとらわれ、銃殺の命令を待つ兵士たちの前に引き出されたことで始まる「物語《レシ》」であり、それを語っているのは匿名の「私」である。デリダは、ブランショから受けとった私信の一部を紹介し、「私」の背後にブランショその人を想定したがっているようにも見えるが、ハイデッガーやポール・ド・マンを政治的な攻撃から擁護したデリダを思わせもするその姿勢については、ここでは触れずにおく。

銃殺の命令が下されるまでの「死んでいて――不死であって」という例外的な状況の中で、「尋常ならざる軽さの感情」にとらわれていた青年は、その生命を奪ったかも知れぬ銃弾が発射さるべき瞬間がいくつもの偶然によって曖昧に引きのばされた結果、《城》からさして遠からぬ森に身をひそめ、そこで「世界へ突然回帰」する。木陰に身を隠し、あたりの農家がことごとく焼き尽くされるのを目にする彼は、後になって、レジスタンスに加担したこともない農民の息子たちが、「若いというだけの咎で」射殺されたことを知る。「すべてが燃えていた。《城》をのぞいては。《城主たち》は見のがされていた」と語られているように、占領軍でさえ《城》に対して、農場には抱かないような尊敬や敬意の念を持っ」ていたのである。「ある高貴な階級に属していた」と見なされ、死をまぬがれた《城》に住む青年に「唯一留まっているのは、あの軽さの感情であり、それは死そのものである。あるいは、もっと正確に言えば、これ以後つねに待機中の私の死の瞬間」にほかならない。

このテクストをめぐって、デリダが何をいったかについての詳述はさしひかえる。ここでの興味は、これを「物語《レシ》」として読む彼が、何をいわなかったかを知ることにつきているからだ。実際、講演の後半、ほとんど逐行的にテクストを引用しながら解読をほどこしているデリダは、農家を焼きつくす炎についてまったく言及していない。だが、「突然、彼は現実の感覚を取り戻した。至るところに火事が起こり、次々と火の手が上がり、農家という農家が燃えていた」と語られているのだから、炎を主題としたこのテクストに「《城》」／「農家」という有意の対立が、青年をとらえた階級意識とは無縁に導入されていることは、誰の目にも明らかなはずだ。それは、「燃えないもの」／「燃えるもの」という対立を介して、「死を与えられなかったもの」／「死を与えられたもの」という不条理な対立へと行き着く。その対立軸にあって、農家は、ほとんど主題論的な「宿命」として、燃えあがらねばならないのである。

青年が、森に何時間も身をひそめたまま、燃えあがる炎を遠目に見ているという状況は、説話論的な持続にはおさまりがつかぬ豊かなイメージを喚起する。描写されることなく語られているにすぎないとはいえ、それは、「燃えあがる」ことで「燃えあがらぬ」ものを救うという、ある意味では優れてブランショ的な主題につらなるイメージでもあるはずだ。にもかかわらず、炎についてはいっさい語ることがないデリダは、この種のイメージが、「制度」としての「小説」にこそふさわしい世俗的な想像力を喚起するにすぎぬという理由で、それに触れることを自粛しているのだろうか。それとも、《芸術への無関心》のあかしとして、そうした意味の開花を自分に禁じているのだろうか。

秘密

その疑問は、ジャック・デリダが、ローマ時代にキリスト教的受難の地に生まれたという「文学」の「歴史」を一まきぎに超えようとする身振りによって解明される。実際、『滞留』の四年後に刊行された書物『死を与える』に収録された「秘密の文学——不可能な父子関係」のデリダは、ローマはいうまでもなく、ギリシャさえをもまたぎ超え、「あらゆるアブラハム的な宗教の起源であるアブラハム」へと思いをいたす。とするなら、三〇数年前に書かれた「力と意味」で素描されていた「書かれた記号」と「ユダヤ神の不在」との関係が、ここでより本格的に語られようとしているのだろうか。だが、事態はそれほど単純ではない。「秘密の文学」では「書かれた記号」などいっさい問題となってはおらず、「ユダヤ神の不在」にも言及されることがないからだ。

「アブラハムは……おそらくその富なしには、私たちが文学と呼ぶものがそのようなものとして、その名のもとに生じることなどけっしてありえなかったような、そうした遺産の起源でもある」。デリダは、

「秘密の文学」の導入部からそう宣言する。ここで名指されているアブラハムは、神の命令にひたすら忠実なまま、息子のイサクをともなってモリアの地に赴き、神の命じる山の頂で、その言葉通り、最愛の者を犠牲として捧げねばならぬという試練に直面したアブラハムにほかならない。彼は、神の言葉について、イサクはいうまでもなく、家族にもいっさい広言しておらず、すべては孤独な沈黙のうちに推移している。「絶対的な秘密、恐ろしい秘密、無限の秘密を守り通した」者としてのアブラハムが、ここでのデリダを惹きつけているのは明らかだろう。そこには、声としては響かぬ言葉が、「神とアブラハムとの間の選別の《契約》《アリアンス・エレクティヴ》」として、沈黙の中にとりかわされているにすぎない。秘密が秘密たる所以は、何かを隠したり、真実をいわずにおくことではなく、まさにアブラハムがそうあるしかないという「絶対的な独異性《サンギュラリテ》」にある。また、みずからに向けて刀を振り下ろそうとする父アブラハムを見てしまった息子のイサクもまた、そのことを誰にも口にすることはなく、ここで秘密を貫く沈黙はいくえにも深まってゆく。

三つの断章からなる「秘密の文学」で、デリダは、アブラハムの試練について語られている旧約聖書「創世紀」の挿話を、複数のフランス語訳や、キルケゴールの『おそれとおののき』の記述を通して、さらにはカフカの『父への手紙』などを参照しつつ解読してゆく。勿論、同じ書物に含まれている峻厳な宗教論というべき「死を与える」の変奏とも読めるこのテクストの要約がここでの目指すところではない。問題は、「文学というものはない」という断言したデリダが、アブラハムの振る舞いのどこに「文学」の起源たりうるものを指摘しているかを知ることにつきているからだ。「秘密の文学」は、その題名が示唆しているように、秘密をめぐって推移するテクストである。その秘密は、さらに秘密であることの秘密として深まりを見せつつ、一気に「許し」という主題を引きよせる。実際、なぜと問うこともないまま神の命令に従い、その言葉にひたすら忠実であったアブラハムは、そのことの許しを神に求める。最愛の息子を犠牲に捧げよという言葉を誰ともわかちがたい秘密として受けとめ、秘密のうちにその言葉に従ってしまったことの許しを神に求めずにはいられない。それは、からみあった複数の秘密の中で、みずからを神に結びつけている秘密――選別の《契約》――だけを選んでしまったことの「許し」を、誰ともわかちあえない秘密のうちに神に求めていることを意味する。「ひとは、許すことのできないものに対してしか、けっして許しを求めることができない」というデリダが文学へと向かう何かをさぐりあてようとしているのは、この「許し」のアポリアともいうべきものを介してにほかならない。

見落としてならないのは、それが、同時に、「秘密」のアポリアともいうべきものを導きだしていることだ。誰ともわかちあえないものが、わかちあえなさそのものを「秘密」としてわかちあわせることになるからである。そのとき、「開示することなしに打ち明けているようにも思われる秘密」は、「守られていると同時にさらされている」ことにもなる。とするなら、『私の死の瞬間』を「物語」として読んだ『滞留』の著者とは異なり、「秘密の文学」の著者は、その「許し」と「秘密」のアポリアを、説話論的な持続にさえおさまることのないごく短い「文」として、あるいは「文」ですらないものとして読もうとしていることになる。「言おうとしないことを許して下さい」という言表がそれである。

ここでデリダは、その「起源と目的を確定させるものは何もない」という「謎めいた祈り」を前にした一人の読者といったものを仮定する。その読者が、「文学と秘密の決定不可能性とのあいだには、どのような関係があるのか」とつぶやくことで、「聖典の注釈学者」でも「解釈学者」でもなく、「一種の文芸評論家」のようなものとなり始めているとデリダはいうのだが、「秘密の文学」におけるこうした論議を詳しくたどることはせずにおく。問題は、ここで、文学なるもののアブラハム的な起源を指摘せずにはいられない彼の身振りをあとづけることにあるからだ。

祈願

ギリシャ悲劇の英雄たちが秘密を前にしてあれこれ悩むのとは異なり、秘密とともにひたすらな沈黙を生きるアブラハムに惹かれるデリダにとって、問題は、「数世紀前から、私たちが文学と呼んでいるもの、ヨーロッパで、しかし『聖書』の遺産を受け継がざるをえず、そこから許しの意味を汲み取りながら、同時に『聖書』に対してそれを裏切る許しを求めるような伝統の中で、文学と呼ばれているもの」にほかならない。デリダが好んで読んでいる文学作品――ここにも引かれているカフカ、ジョイス、等々――がそのような伝統の中にあったのは確かであり、それによって「不可能な父子関係」というテクストの副題が正当化されているのだとしても、近代のヨーロッパ文学なるものの総体が、はたしてそのような定義にふさわしいか否かは、あえて問わずにおく。

デリダは、『聖書』の遺産を受け継がざるをえず、そこから許しの意味を汲み取りながら、同時に『聖書』に対してそれを裏切る許しを求めるような伝統の中で、文学と呼ばれているもの」を、「厳密な意味で、つまり西洋近代の制度としての」文学にすぎないとことわっている。だが、その限定は、「制度」としての文学の複数性をあらかじめ容認していながら、その複数性をひとまず思考から遠ざけることを意図しているかのように、彼は、ある種の文学についてしか語ろうとはしない。ここで、人は深刻な疑問に逢着する。そうと限定されたコンテクストの中に文学をおくことが、はたしてデリダにふさわしい姿勢だろうかと誰もがつぶやかずにはいられないからである。

確かに、「絶対的な秘密、恐ろしい秘密、無限の秘密を守り通した」者としてのアブラハムの旧約的な純粋な独自性のかたわらに置いてみると、誰ひとりとして「言おうとしないことを許して下さい」なとどいう祈願など口にはしまいギリシャ悲劇の登場人物に、起源としての排他性には乏しくみえる。「アブラハム的な起源を持った、見たところはありそうもないような星のもとに生まれた文学の秘密」について自分は語っているのだとデリダが念をおすとき、「秘密の文学」が、「本質的にギリシャ的な出自ではなく、アブラハム的な出自のものだ」と彼にいわしめ、同時に、「アブラハムから相続すると同時に彼を裏切る」とも彼にいわせずにはおかないテクストとしてあることは明らかである。

確かに、デリダのいうように、文学は、文学ならざるものによってしか文学とはならない。だが、かりにそうだとするなら、「起源と目的を確定させるものは何もない」まま「空中に浮いていた」はずの「言おうとしないことを許して下さい」という「謎めいた祈り」は、どうなってしまったのか。「十分に規定的なコンテクストの不在」によって「文学＝生成の素地ともなっている」とさえいわれるこの文が、アブラハム的な出自への裏切りというかたちではあれ、なお旧約的なコンテクストだけは維持するのだとデリダはいうのであろうか。かりに、アブラハムの秘密からそれが自由だとするなら、そこから「厳密な意味で、つまり西洋近代の制度としての」文学を語ることは不可能となる。また、旧約的なコンテクストだけは維持されるというのであれば、「謎めいた祈り」はいささかも「空中に浮いて」はおらず、その「署名者と宛名人と指示対象《レフェラン》の身元《イダンティテ》については何も知らされていなくとも、それがしかるべき口からもれて不思議でないコンテクストが確定され、デリダのいうように、「文学＝生成の素地」たることなどありえず、謎を欠いた旧約的な祈りとして、あたりにこだますしかない。それが、「文学」という語彙の「ローマ的ラテン性」を超えようとして選んだ身振りの行きつくはてで推移していることなのだ。

　とするなら、ジャック・デリダは、岐路での道の選択を誤ったのだろうか。ある時期の文芸時評家ブランショに倣って、変幻自在な「制度」にほかならぬ世俗的な「文学」の息づく同時代のいかがわしい地平へと、降り立つべきだったのだろうか。だが、あえてそうせねばならぬほどいかがわしさへの感性を誇っているわけではないデリダは、なお、文学は「情熱《パッション》であると同時に、底なしの謎であり続けている」と書かざるをえない状態にとどまり続ける。では、「秘密の文学」を書くことで、彼は「底なしの謎」に触れることに成功したのだろうか。そう誇らしげに確信しうるほど、デリダはあつかましい主体ではない。だが、「秘密の文学」は、その試みにあからさまに失敗したことの証言とさえなっていない。

　このテクストは、成功でも失敗でもなく、まるで「言おうとしないことを許して下さい」という文のように、成功と失敗の中間地帯に曖昧に浮かんだまま、「謎めいた祈り」であることをやめずにいるかに見える。だが、それは、何に向けての、何のための祈願であるのか。読む者はいうまでもなく、テクストの署名者ジャック・デリダその人も、それを知ることがない。その《非＝知》は、かつて、同じ主体に、やや性急に「文学の批評は、あらゆる時代に、本質によって、また宿命によって、いつも構造主義的である」と書かせてしまった同時代的な《知》とは到底くらべようもないほどに美しい。だが、それにしても、《芸術への無関心》が不意にまとうこのはかない美しさが文学の問題ではないと、誰がいうのだろうか。

後記

デリダの文章は『エクリチュールと差異』（若桑毅ほか訳、法政大学出版局）、『滞留』（湯浅博雄監訳、未來社）、『死を与える』（廣瀬浩司・林好雄訳、ちくま学芸文庫）の訳文を参照したが、文脈の関係で語句の修正をほどこした部分がある。なお、ルッセの『形式と意味』の一部はジャン・ルーセ「『ボヴァリー夫人』または小説らしからぬ小説」として『フローベール全集』別巻（加藤晴久訳、筑摩書房）に翻訳されている。『マラルメの想像的宇宙』（田中和成訳）は水声社刊。

II　フーコーの世紀

フーコーと《十九世紀》
われわれにとって、なお、同時代的な

「近代」への躊躇

『狂気の歴史』から『性の歴史』の第三巻にいたるその考古学的な構想を通じて、ミシェル・フーコーは、一貫して、「近代」的《moderne》という語彙の使用にある種の居心地の悪さを覚えていたようにみえる。実際、十八世紀末に起きたエピステーメーの転換以降の事象を分析＝記述しようとするたびごとに、彼は「近代」的という形容詞の使用を明らかに躊躇している。それは、あたかも、その語彙を、みずからの構想の展望を歪曲させかねない理論的な異物であると見なしているかのようだ。これに対して「古典主義」的《classique》、あるいは「古典主義」《classicisme》という語彙の使用にはいかなる方法論的な戸惑いも見受けられず、研究領域を定めたり、自らの試みの妥当性を証明する目的でしばしば使

用されている。『狂気の歴史』の作者にとって、「古典主義時代」《l'âge classique》という概念は、それに依拠せざるをえない概念だったといえる。『言葉と物』についてもほぼ同じである。この書物の論拠も、フーコーが「古典主義時代のエピステーメー」と名付けようとしたものに、完全に立脚しているからである。

「古典主義」の概念とは異なり、「近代」の概念は、彼の考古学的なアプローチにおいて、いかにも曖昧な位置におさまっている。改めて読んでみるまでもなく、「近代」的という形容辞の用法には、この語彙の使用を方法論的にみずからに禁じずにはいられない自己規制が働いていると確認しうるように思う。彼の著作の随所で言及されているエピステーメーの断絶が、「近代」という名で定義される時代の幕開けとなったのを考えるとき、この事態はいささか不可解なものと思えぬでもない。

以上の事実からして、ここでは、「近代」的という形容辞の使用を彼が何故それほどためらったのか、そして、そうした態度を通じて彼がどのような理論的、あるいは文体上の効果を狙っていたのかを問うてみようと思う。「古典主義」的と「近代」的という二つの用語に見られるあからさまな語彙論的不均衡は、フーコーのもっとも重要な著作に共通しているからである。だからといって、フーコーが「近代」の概念につらなるすべての用語を断念したなどと主張するつもりはない。必要に応じて、彼はそれらを用いてはいる。しかし、いかにもやむをえぬ処置だという感が拭いきれずに残る。

例えば、『言葉と物』の末尾において、「近代の思考」(三三八頁)、「近代の文化」(三三八頁)、「近代のコギト」(三四四頁)、「近代の〈エピステーメー〉」(三四六頁)、または「思考の近代的存在様態」(三四九頁)などといった表現を次々に読むことができる。それと同時に、「近代」《modernité》という言葉を含む表現とも人はしばしばであろう。しかしながら、フーコーが十七世紀及び十八世紀の知の体系の分析に「古典主義」的という形容詞を適用させる際の素直さ、無難さは、それらの表現に認めることができない。自らのテクストに挿入せざるをえなかった「近代」的という形容辞を前にして、作家フーコーの側に、明確な事実を立証しようとする真摯な意志を認めることはできないからである。それは、あたかも方法論的なある種の軽率な言動というか、より正確な定義を準備する上での一時的な選択のようであり、ここでのフーコーは、その有効性に自ら納得していなかったにもかかわらず、とりあえずは「古典主義的／近代的」という歴史的二元性の型通りの組合せに従わざるをえなかったというだけのように思われる。

もちろん、便宜上の問題があったことを考慮しなくてはなるまい。「ヘーゲルの『精神現象学』以後、近代の思考が記述するのを止めなかった起源にあるものは、したがって、古典主義時代が再構成しようとこころみたあの観念上の発生過程とはまったく異なったものだ」（三五二頁）と彼が書くとき、対立概念にもとづいたこの比較は、確かに理解の助けとはなる。だが、この便宜性には、新しい「起源に関するひじょうに複雑で錯綜したひとつの問題群」（三五四頁）をフーコーが分析しようとするさいの思考の緊密さとは相いれないものがある。

実際、「古典主義」的と「近代」的の区別は、的確でもなければ本質的でもない。フーコーに従えば、もっとも重要なのは、十九世紀における《人間》の衝撃的な登場、その《人間》自身の起源との間に起こった断絶にほかならぬ有限性の発見、思考の内への思考されえぬものの導入、等々によって、《人間》がもろもろの知の主体であり同時にその客体ともなったことにほかならず、そのとき、「肉体を持ち、労働し、話すという実存として指定されうるあの人間」（三三八頁）は、「いかなる起源からも引きはなされ、すでにそこにある」（三五三頁）ということになる。このように、経験的であると同時に先験的でもあるこの起源を欠いた特定の存在は、反復、回帰、または再来としての時間のテーマ系を、十九世紀をとおして問題にし続けたのである。『言葉と物』の最後の二章におけるフーコーの最大の問題は、西欧のエピステーメーの中で起こった《人間》の出現という、この記述しがたいできごとの輪郭を記述することだったのである。

これについては、この《人間》の出現こそ「近代」と呼ばれる歴史上の時代を開始するものにほかならず、フーコーもそのように明言しているという反論があろうかと思う。事実、『言葉と物』では、次のようなことが書かれている。「われわれの近代の発端は、人々が人間の研究に客観的諸方法を適用しようと欲したときでなく、〈人間〉とよばれる経験的＝先験的二重体がつくりだされた日に位置づけられる（……）」。（三三八頁）

意味の上では、いかなる不明な点もこの命題に含まれていない。だが、決して頻繁に表れるわけではない「近代」という言葉が、漸定的な形か、あるいは否定的な形でしか用いられていないことを、見落としてはなるまい。われわれの観点からするなら、客観的な科学性の概念に結び付けられる「近代」という語の一般に流布しているイメージを否定するために、フーコーが、この語を、いったんは命題の主語に組み入れつつ（「われわれの近代性」）、それを次の文節で否定形の述語（「でなく」）に支配させる形でのみ用いているのは明らかである。これに対して残りの文章の半分、「〈人間〉とよばれる経験的＝先験的二重体がつくりだされた日に位置づけられる」は、彼がすでに記述したことの確認でしかなく、そこで「近代」の概念はいささかも強調されていない。「近代的医学は十八世紀の終わりころに自らの誕生を定めたのである」(五頁)という『臨床医学の誕生』のなかの文章における例外的な用法を別にすれば、フーコーの使う「近代」的または「近代」という言葉は、ほとんどの場合、否定形の述語をもつ文節に組み込まれるものとして特徴づけられている。

『狂気の歴史』からの一例をとってみよう。「このことは、狂気が創作活動(ウーヴル)と近代の世界に共通している唯一の言語活動である(……)という意味ではない」(五五九頁)。『知の考古学』からの別の例をとってみるとどうなるか。「近代の理論的な領野において創出さるべく期待されているのは、論証可能な体系ではなく、その可能性が開示され、その綱領が素描されるような専攻分野なのである」(三一一頁)。『知への意志』からもう一つの例をとってみる。「近代社会の特徴とは、性をして闇の中に留まるべしと主張したことではなく、性について常に語るべしとの使命を自らに課したことである」(四六頁)。いずれの場合にも、同じ文の構造、同じ修辞学的配慮、証明すべき同じ意図が見てとれる。フーコーにおいて、「近代」的または「近代」という語を含む表現は、きまって否定形の文節の中に姿を見せているということが、ここからも確認されるであろう。

その理由は、おそらく、これらの用語が、学術的な言説においてさえも、常套句や既成概念の優越にいともたやすく準じてしまうからだろう。この用途に抗うのは、あくまでも正統的なことである。この観点から、「近代」的という言葉の特定の用法を正当化している『知への意志』の模範的な文を引用したい。「従っておそらくは、近代工業社会が性に対して一層厳しい抑圧の時代を開いたという仮説は放棄しなければならない」(六二頁)。

フーコー的な《人間》の占める位置そのものから、フーコーが「近代」的という言葉を使用するときの躊躇をさらに説明することが可能となろう。『言葉と物』のあの有名な宣言をここで再読してみたい。

　十八世紀末以前に、〈人間〉というものは実在しなかったのである。（……）〈人間〉こそ、知という造物主がわずか二百年たらずまえ、みずからの手でこしらえあげた、まったく最近の被造物にすぎない。（三二八頁）

ここで問題となっている〈人間〉の出現が「近代」的と形容される必要などまったくないことをまず強調しておきたい。なぜならば、この人間は「古典主義的」エピステーメーにとっては、実在していなかったからである。論理的にこの《人間》は対立項をもちえない存在であり、「近代」的にしか実在しえない。それは「古典主義的／近代的」という歴史的な比較要素さえも無視するものである。フーコーにとって、「古典主義」的な人間とは純粋な幻想であり、「近代」的な人間とは、それじたいが同義反復にほかならない。

　肯定的な文節において「近代」あるいは「近代」的という言葉を用いてしまうたびに、この哲学者は、用語上の不的確さに自覚的である。しかし同時に、彼自身がその中に位置する、十九世紀初頭に《人間》の出現によって始まったエピステーメーの領域を指すための的確な用語を、フーコーは知らないのである。

この時点から、彼は換言法（パラフレーズ）という手段をとるようになる。「近代」の代わりに、『臨床医学の誕生』の中では、「われわれがまだ脱出しきっていない時代」と書き、『言葉と物』では、「われわれにとっていまだ同時代的なもの」となり、『監獄の誕生』では、「教授＝裁定者の、医師＝裁定者の、教育家＝裁定者の、〈社会事業家〉＝裁定者の社会」（三〇四頁）となり、『狂気の歴史』では、「キリスト教的世界ではじめて、病気と貧困が〈私的な事態〉と」なった「時代」（四五〇頁）に換言されている。他にも例は尽きない。つねに更新されるこの換言法は、フーコーの文体の重要な特徴を織りなしている。しかしここで問題となるものは、単なる文体の問題を越えているはずである。

「人間」への無知

「近代」という言葉の使用に対する躊躇は、方法論的レベルにおいて、どのようなプラスの、あるいはマイナスの効果を生んでいるのだろうか。

まず第一に、次のようなことが確認できるはずだ。この躊躇は、フーコー自身が分析や記述において自ら認めている無知、または手段の欠如を物語っている。『言葉と物』の中で、「古典主義」的な〈エピステーメー〉と呼んでいるもののイメージを、彼がいかに巧みに、いかに緻密に描きあげているかは周知のことである。そこでの彼は、みずからの記述するものを正確に知っていると考えており、その分析に必要な道具を自分は持っていると確信している。だが、この十七世紀及び十八世紀の表象体系の領域を離れるやいなや、彼は疑い始める。実際、この書物の最後の二章で彼が主張しうる唯一の確実な要素は、バシュラール的な科学史の伝統に従って、「エピステーメーの大いなる断絶」と彼の呼ぶところのものが起こったということでしかない。他のすべては曖昧さの闇にとどまり、作者は、この断絶をつねに典拠としながら、論証するよりはむしろ問いかけている。

実際、フーコーは、医学、精神医学、言語、刑法などといった知のさまざまな領域で、この断絶について語っている。この転換が知のあらゆる領域において確実な事実として主張されるべきものであると、諸々の分析上の実践的な経験によって確信しているフーコーは、『言葉と物』で、「西欧の〈エピステーメー〉全体が十八世紀の末に顚覆した」（三五六頁）と宣言している。くり返しになるが、《人間》が、表象の「古典主義」的な体系を粉砕しつつ生身で姿を現したのは、まさにこのときである。だが、フーコーの分析と記述とが、まるで無力感に陥ってしまったかのように、曖昧なものとなり、不明瞭にさえなってくるのも、まさにこのときなのである。

だからといって、この書物の有効性を疑うつもりなど毛頭ない。むしろ、そこに、考古学的なアプローチの根本的な斬新さを認めずにはいられないのである。彼は、別のところで、《人間》の出現以降にいったい何が起こるのか、自分の理解力では把握しきれないだろうと告白している。彼は、このエピステーメーの変化というできごとがいつ起こったのかは判断できるが、それがどのような結果を生むのかを予測することはできないのだ。実際、それは、できごととして「古典主義」的なエピステーメーの秩序ある表層にはとうてい再分配されえないものであり、そのパースペクティヴにはおさまりがたく視界をおおっている。その錯綜した要素の全体を、何と名付ければよいのだろうか。分析の有効な手段をどこに求めればいいのだろうか。フーコーは、素直にみずからの無力を告白する。実際、彼はこう説明せざるをえない。

こうした諸問題にたいして、真実のところ、わたしには答えるすべはないし、これらの二者択一において、いずれを選ぶべきか、わたしにはわからない。自分がそれにたいしていつか答えることができるようになるか、あるいは決断を可能にする理由をもたらしてくれる日が自分を訪れるかどうか、わたしには予測さえできぬ。（三二六頁）

この無力さは、個人的理解力の問題でも、方法論的な欠陥でもなく、真に歴史的な意識の問題である。これこそ、考古学的な意識と呼ぶことができるであろう。考古学は、「近代」という歴史的な概念を必要としないものだからである。

第二に確認されるのは、以下のようなこととなる。フーコーに「近代」という言葉を回避させる彼自身の無知は、その論拠にとってマイナスな要素となるどころか、彼の考古学的な究明にむしろプラスに働いている。「解決されぬかくもおびただしい無知、かくもおびただしい問いをまえにして、あるいは筆をおくべきかもしれない」（三二七頁）と彼が書くとき、それが明らかに謙遜ではないことを理解しなくてはならない。そうではなく、「近代」のあまりにも多くの理論家が見落とした陥穽を回避すべきであるという警告こそ、そこに読み取らなくてはならないものなのである。実際、「近代」という言葉を無邪気に口にしうる論者たちは、分析の対象があたかも透明性におさまっているかのように、つまりは十七世紀や十八世紀の知に特有な言説の体系の内部でその意味を解読しうるかのように、振る舞っているのである。

多くの「近代」の理論家には、彼らの思考の内部における無知の核を、それこそ彼らの知にとって不可欠な条件であったはずにもかかわらず、意識するだけの理解力が欠けている。《人間》を取り巻く身体の厚み、素肌で姿を見せた言語の存在、そして思考されざるものから識別しがたい思考の現前を、彼らは想像しえなかったというほかはない。そうした統御しがたいものの複数の交錯が、われわれの現在に特有な思考をいまなお騒がせている。そんなとき、「近代」という歴史的な概念を無分別に使うことは、思考の存在自体をそのイマージュとすり替え、「近代化」された理性主義として、形而上学を生きのびさせてしまう危険を孕んでいる。フーコーの無知は、その傾向だけは共有しまいとする決意の表明といえるかもしれない。

かかる「近代化」は、それがある種のノスタルジーに、あるいは歴史的かつ考古学的なセンスの欠如に起因するものであるにせよ、「古典主義」的な言説への大きな後退運動しか生み出すことはなかろう。だが、それでは、いかなるできごとも十九世紀の西欧の思想に亀裂を走らせなかったことになってしまう。このような非生産的な無知、自らの無知を意識しえない無知は、《人間》がみずからの存在の厚みとともに視界に姿を見せる決定的な瞬間の余波を見きわめきれずにいるフーコー的な無知とは無縁というほかはない。彼は、つきることなく表象の「古典主義」的な戯れを再生せずには、もはやいかなる言説も可能でないことを明確に意識しているからである。

だからこそ、フーコーは、『言葉と物』の末尾において、一般に「近代の思考」と言われるときに考えられがちなものとは全く異なった位置づけを、「人文科学」に与える。「人文諸科学は、十九世紀以来の経験的諸科学とは異なり、また近代の思考とも異なり、表象の優位を回避することができなかった」（三八五頁）と彼は書いている。この文章の重要性を強調しすぎることはないだろう。ここでのフーコーは、なぜ、彼が「近代」という言葉を疑わねばならなかったのか、とりわけ、「古典主義」的エピステーメーの領域が崩壊した後に起こるであろうことを記述するために、なぜ「古典主義」的な言説を疑わねばならなかったのか、その理由を解き明かしている。だとするなら、「近代」という概念が、ミシェル・フーコーの考古学的な構想の中で、明確で肯定的な役割を担っていないのは当然だと誰にも理解できるはずだ。

第三に、そして最後に確認されるのは次のようなことである。本論の研究対象となっている「近代」という概念に対するフーコーの躊躇いは、われわれがいまだに十八世紀末のエピステーメーの転換の余波の中で生きていることを物語っている。いいかえるなら、西欧的なエピステーメー内部における《人間》の出現は、ある特定の「時代」におこった歴史的なできごとではなく、たえず反復される現代の考古学的な問題なのである。こうして、同一なるものの反復という問題体系が、決定的な解決をみることなく、二百年近くわれわれの思考に憑きまとっているのである。

『言葉と物』の中で「近代」という言葉にとってかわっている「われわれにとってまだ同時代的であるもの」という表現は、特定の科学の領域におけるさまざまな変化にもかかわらず、十九世紀の初頭から、われわれの知の諸条件が根源的には変わっていないとフーコーが考えていたことを示唆している。実際、フーコーの考古学的な観点からするなら、十九世紀と二〇世紀は、ひとつの同じエピステーメーの層を成すものとみなされる。同じ立場は『性の歴史』にも認められる。「我らヴィクトリア朝の人間」と題された第一章には、「十九世紀の〈ブルジョワ〉社会、それは今なお我々の住む社会であろうが、それは性的倒錯が炸裂してあからさまになると同時に分裂・解体もした社会である」（六〇頁）と書かれている。重要なのは、フーコーによって提示されている倒錯の概念が、われわれの社会の現実に妥当するかどうかを知ることではない。エピステーメーの層だけではなく、性の、そしてわれわれの日常生活の規範までもが、十九世紀初頭からいかなる断絶もみていないことを、フーコーとともに確認するのが肝心なのだ。二百年前からすべてがまるで変わっていない。繰り返しになるが、エピステーメーの、そして日常のこの一貫性が、ミシェル・フーコーの考古学的な構想の基底を成しているのである。

　そこから、二つの結論が引き出されるかもしれない。一つは、フーコーの態度を、とりわけ《人間》の精神的な発展という「近代主義」的な観念に対する態度を、〈ニヒリスト的〉と評することである。しかし、この見解には根拠がない。フーコーが、いかなる変動も認めない歴史的な静止主義とはかけ離れた存在であるのは、誰の目にも明らかだからである。それよりも、ここでは、彼の提案するより開かれた見地にこだわってみたい。「近代」という言葉の代わりに、「十九世紀初頭から」と書くことを選ぶとき、彼は、その問いの領域がいかなるものであれ、われわれの思考と日常に固有な、時間に関するあの重要なテーマ、反復、再来と回帰のテーマを示唆している。つまり、《人間》の出現は、主要なエピステーメー的なできごととして、特定の歴史的な過去に還元されることなく、不断に再開する。この考古学の本質的な特質は、われわれがそれを再開することにあると同時に、この考古学がわれわれを再開する点にもあるのだ。

　二つめの結論も同じく重要なものである。フーコーにとって、「ポスト・モダン」という問題は存在しない。「近代」という問題でさえ、彼にあっては、すたれた、時代錯誤的な特質として否定されているのである。フーコー的な考古学においては、現在のエピステーメーの領域にはいかなる断絶の兆候もない。いわゆる「大理論」の成立は何の変化ももたらさず、またそれらの死と呼ばれるものも、全く効力がない。考古学者フーコーにとって、「ポスト・モダン」とは、いわば誤った問題なのである。それが問題となるのは、もっぱら、思考にその透明性を取り戻させ、「古典主義」的な表象の統一された全体像に収まらせる目的においてのみである。

距離をとり、解きほぐす

ここで、この論文の題目である『フーコーと十九世紀』について触れておきたい。「十九世紀」という用語の方が、「近代性」よりもはるかに頻繁に使用されていながら、フーコーの著作が、十七世紀と十八世紀についてより多くの明確な情報を提供していることについては、すでに述べたとおりである。

確かに、「古典主義」的なエピステーメーの全体像と、その内部における表象の戯れの明瞭さにくらべると、十九世紀（そして二〇世紀までも）の知の布置は錯綜しており、断片的で、解きほぐしがたくもつれあい、捩れているといわざるをえない。実際、読者は、誰であれ、例えば『狂気の歴史』の中の「大いなる閉じ込め」についてのコメントや、『阿果船』の航跡を鮮明に記憶している。『言葉と物』ではベラスケスの「侍女たち」の絵画分析を、あるいは『監獄の誕生』の「一望監視方式」についての章と典型的な監獄建築の図版のことを覚えていない読者はいまい。それに反して、フーコーのテクストで十九世紀に関するいかなることが、人々の記憶に残っているだろうか。そのなかでも、マラルメ、ニーチェ、ヘルダーリン、ゴッホ、そしておそらくマネは例外的な扱いを受けている。だが、それらの人影にしても、灰色で深さを欠いた風景の中で、たがいに共鳴し合うことはない。

それにもかかわらず、フーコーにとってもっとも重要な世紀は、なお十九世紀だといわねばなるまい。彼はくり返しそう語っており、『知の考古学』の次の文章など、まさにその一例である。「『狂気の歴史』の関心の要点は、十九世紀初めにおける精神病学的学問の出現であった」(二七二頁)。

この有名なエピソードを彼は再び取り上げ、十九世紀を通じて「設定された諸学問と言説編制」の間で悪化してゆくひずみと解している。きわめて重要な指摘だが、われわれのもっとも注目すべきところは、この本の構想が十九世紀に深く根ざしているにもかかわらず、なぜ「古典主義時代における狂気の歴史」と呼ばれているのかという点にある。この本と同じ方法論的要請に応えている『言葉と物』と『監獄の誕生』についても、同じ視点から再検討しなければなるまい。『狂気の歴史』に関しても、この問いは等しく有効である。それには、ヴィクトリア朝時代の性的な道徳に触れながらフーコーが後者を書き始めているのを思い出すだけで充分であろう。

おそらく、この問いを、別の視点から立ててみるべきだろう。十九世紀初頭の西欧的な知の転換を誰よりも重要視していたミシェル・フーコーを、十九世紀から確実に遠ざけるものは一体何なのか。なぜ、つねに自分の所属していない世紀ばかりを回顧するのか。この距離のとりかた、過去に向けられたこのまなざしから、われわれは何を読みとることができるのか。「近代」という言葉の使用に対する躊躇を、フーコーのこうした傾向の最初の兆候と見るべきだろうか。あるいは、この距離は単なる見せかけにすぎないのだろうか。

考古学にとって、「時代」という概念は実証的な意味をもちえないということを念頭において、さらに考察を深めたい。フーコーが〈集蔵体＝アルシーヴ〉と名付けようとしたものは、年代的な時間の経過に吸収されえないものであり、それをめぐって、『知の考古学』は次のように記述されている。

〈時代〉はその根底的統一性でも、その地平でも、その対象でもない。すなわち、たとえ考古学が時代について語っても、それは常に、確定された言説＝実践についてであり、その諸分析の帰結としてである。考古学的な分析の中でしばしば言及された古典主義時代は、その統一連続性やその空虚な形式をすべての言説に強制する一つの時間的な形象ではない。それは連続性と非連続性、さまざまな実定性での内的変容、出現し消失するさまざまな言説編制、などの錯綜に人々が与えうる名である。（二六八頁）

読まれるとおり、「時代」という概念については、もはや疑いの余地はないであろう。『狂気の歴史』における「古典主義時代」は、ある特定の歴史的な期間ではなく、さまざまな言説編制に横断されたエピステーメーの場を指しているのである。しかし、こうしたことを理解した上でもなお、先に引用した文章の細部に注目しておきたい。それは、理論書であるにもかかわらず、フーコーが「錯綜」というメタファーを使っている点である。というのも、この「錯綜した」状態は、距離をとるという傾向とは異なって、注意深く解きほぐす作業を必然的に予想させるからである。それは、ある距離を保ちながら対象を一瞥で判断し、差異を見きわめる理性的なまなざしの対極にあるものである。

フーコーの「集蔵体」の概念の特異性もそこに端を発する。まなざしの優位が最初から否定されている考古学的分析では、差異化のシステムをも含めたすべての差異がもつれ合い、それを主体が見きわめようとする。そのとき、フーコー的な「集蔵体」は、錯綜させる「錯綜」としての様相を呈する。考古学は、そこに絡めとられた一人の存在による、もつれを解きほぐす作業として初めて確立するのである。

ここで、先述した、無知あるいは手段の欠如に再び立ち戻ってみたい。「(……)われわれ自身の集蔵体を記述することもわれわれにはできない。なぜなら、われわれが語っているのは、その諸規則の内部においてであるからであり、われわれの言いうることは、そこから与えられているからである」(二〇〇頁)とフーコーは書いている。ここに、なぜ彼の著作が、十九世紀の断片的な像しか描かず、ときおり、混乱した印象さえ与えるのか、その理由を把握することができるだろう。

だが、まさにこの一見したところの混乱が、彼を十九世紀に引き寄せる。そこでこそ、彼はもつれを解きほぐすという特権的な作業を操作しうるのであり、その作業は、決して差異の全体像を描くことも、理論を成立させることもないからである。考古学は、成立行為を必要とはしない。フーコーは、考古学的な記述にとって、「非凡性/平凡性」という対立概念さえ「意味を成さない」ことを強調している。尊敬の念を辞せずして、彼が、マルクス、フロイト、またはソシュールといった偉大な理論家に対してやや慎重な態度をとるのも、おそらくそのためだろう。実際、彼は以下のように説明している。「権利上一つの理論の〈基礎を築く〉よりは(……)さしあたり、一つの可能性を〈確立する〉ことの方が重要なのである」(一七五頁)。つまり、考古学は、フーコーにとって、この可能性を確立するためのつねに更新される試みにほかならない。

以上の考察によって、距離をとる傾向と回顧的なまなざしとが十九世紀からの隔絶を意味していないのが、より明確に理解されたのではないかと思う。推移しつつある事態は、隔絶とは正反対のものである。「われわれにとってまだ同時代的であるもの」、あるいは「われわれのまだ脱出していない時代」にとどまりながら、再び彼の表現を借りるならば、「われわれの現在をとりまく(……)時間の縁《へり》」の境界を示すために、彼は、「特権的な区域、(……)すなわちわれわれに近いと同時に、われわれの現実と異なる」(二〇一頁)ものを描こうとしているのだ。

「古典主義時代」とは、この特権的な領域にほかならず、ミシェル・フーコーはそれを機軸として、現在のわれわれの言説＝実践の全体像でも、それらを整理し構造化する分析理論でもなく、言説＝実践の倫理を確立するのである。そうすることで、彼は、われわれに、われわれがもはやそうではなくなっているものと、われわれがまだそうであるところのものをきわだたせるのである。

「われわれにとってまだ同時代的であるもの」と、この「われわれに近いと同時に、われわれの現実とは異なる」区域との微妙な間隙のなかで、フーコーはもつれを解きほぐす作業を試みている。彼のまなざしは、われわれがもはやそうではなくなっているものに向けられている。だが、彼の身体は、われわれがまだそうであるところのものに触れようとしているのだ。十九世紀とは、いまミシェル・フーコーの身体に触れつつあるものにわれわれが与えようとする一つの名前にほかならない。

後記

フーコーの文章は、『狂気の歴史』（田村俶訳、新潮社）、『臨床医学の誕生』（神谷美恵子訳、みすず書房）、『言葉と物』（渡辺一民・佐々木明訳、新潮社）、『知の考古学』（中村雄二郎訳、河出書房新社）、『監獄の誕生』（田村俶訳、新潮社）、『知への意志』（渡辺守章訳、新潮社）の訳文を参照したが、文脈の関係で語句の修正をほどこした部分がある。なお（　）内の頁数はすべて上記邦訳版による。

視線のテクノロジー
フーコーの「矛盾」

技術

視線とはもっぱら技術の問題である。瞳の振舞いが自然なものと思われたりすることは、あらかじめ錯覚として禁じられねばならない。見ることはあくまで技術の歴史に登録されており、あらゆる瞬間に歴史的実践たらざるをえない。

技術の歴史という文脈で視線が語られるとき、まず排除されるのは才能という語彙だろう。選ばれた視線というものは存在しない。よく見ることを心得たものとは、その視線を技術体系の機能ぶりによく同調しえたものにほかならない。つぎに無効にさるべきは、努力という語彙ということになろう。よりよく見ようとする善意は、見ることをいささかも上達させはしない。せいぜいが、技術体系の内部での居心地のよさを保証されるということである。いずれにせよ、瞳に新たな視力を賦与するのは、才能でも努力でもなく、あくまで技術の歴史的な発達にすぎない。

その限りにおいて、視線にはいつでも苛酷な条件がまとわりつく。あらゆる瞳は、見ることの技術体系に拘束されてしか瞳たりえず、かりに未知の視覚的対象とめぐり会うようなことがあるなら、それは偶然の突発事故のごときものでしかない。ほとんどの場合、発見とは技術体系そのものが蒙る不可避的な変容にほかならず、そこでは、選ばれた視線はいかなる自由を享受することもない。瞳に許されているのは、せいぜい繊細であるか粗雑であるかの違いにすぎないが、繊細さで視線が救われるものではなかろうし、それが何かを救うこともまたない。そこに注がれる視線が繊細であろうと粗雑であろうと風景の構図にはかわりがなく、視界がいささか鮮明になったり混濁したりするばかりである。それが、見ることに課せられた条件の苛酷さにほかならない。技術体系そのものに変化が生じないかぎり、風景の構図は同じままなのだ。だから、おのれの振舞いに多少とも自覚的な視線は、まとわりつく条件の苛酷さに意気阻喪するほかはあるまい。そして、ミシェル・フーコーがたえず自分を位置づけようとつとめたのは、まさしくそうした苛酷な条件の交錯しあう一点にほかならない。

瞳の振舞いが自然なものではなく、視線がもっぱら技術の問題であるとするなら、瞳がそこで演じるのはひたすら力の体験だということになるだろう。見るとは、あたりに行きかっている力に対する技術的な感性の問題なのだ。フーコーにおける「権力」の主題化は、その点から導き出されてくる。見ることが登録されている技術的感性の歴史とは、従ってたえず二重の姿をとって現われることになる。まず、力学的な均衡の持続が一つの歴史をかたちつくる。それと同時に、その均衡が別の均衡へと推移する運動がいま一つの歴史をかたちつくる。その一方が歴史であるならいま一方は前者の否定でしかないように演じられるこの二重性に対する感性を通して、「権力」ははじめてフーコー的な主題となる。

持続とその断絶とに同時に敏感たらざるをえないのは、いかにも苛酷なことだ。多少とも繊細な視線をもって風景の動かぬ構図を鮮明にきわだたせることだけが問われているのなら、ほとんど快感を覚えながらその作業を遂行してみせもするだろうとフーコーはつぶやく。事実、私は、古典主義時代の表象空間という風景画をめぐってなら、ほかの誰もがやったことのない詳細な分析を試みたことがある。だが、それに必要とされた視線の繊細さは、表象空間の崩壊というできごとに対してはいささかも有効ではない。そのとき生起することがらを視界におさめるには、それとまったく異質の瞳をそなえていなければならない。というより、技術体系そのものの変容が進行するとき、見ることの技術的な感性は無方向の力の交錯にもてあそばれる。無方向のとは体系化されることのないというほどの意味だ。そこでは細部が構図を越えてひたすら跳梁し、「権力」さえが時間と空間の軸を逸脱する。ここでは、技術体系に保証された繊細さは無効となり、もっぱら野蛮な大胆さだけが事態を把握することになるだろう。ほとんど視線とは呼べないこの大胆さを見ることの技術の歴史に登録しようとするとき、瞳は、なおいっそう苛酷な条件に翻弄されることになるだろう。

たんに技術体系の外部に身を置くというのであれば、それはさして困難なことではあるまいとフーコーはいう。事実、私は、外部の体験者と総称されうるような一連の作家たちに愛着以上の思いをいだいている。私の初期の著作が『レーモン・ルーセル』と題されている事実も、そのことと無関係ではなかろう。だが、外部の思考のうちに見ることの反＝技術的な実践を認め、それに同調しつつ技術体系からの解放を夢想したところで、「権力」が越えられたことになりはしまい。問題は、技術的な繊細さの限界を指摘し、大胆さを体系からの逸脱としてそこに「狂気」を顕揚してみることにあるのではない。大胆な技術を体系の外部に保護するのではなく、技術体系そのものの資質として大胆さを肯定し、それをも技術の歴史に登録することが重要なのだ。フーコー的な主題としての「倫理」が視界に浮上するのは、だから、あくまで技術的な感性の歴史においてでなければならない。繊細さが技術的な特質の一つであるとするなら、大胆さとは技術体系そのものの潜在的な資質なのである。大胆さを欠いた技術体系は崩壊することさえ出来ないだろう。そこで、フーコー的な「倫理」は、大胆な繊細さ、あるいは繊細な大胆さとでも呼ぶしかない技術的な感性の問題となる。それが、技術的であることと反＝技術的であることとの弁証法的な統合などであってはなるまい。「倫理」的な技術が技術的な倫理であるような場こそ、フーコー的なのである。

繊細

「権力」と「倫理」とは、そもそもの始まりから、フーコーにおける顕在的な主題としてあったわけではない。『狂気の歴史』にも、『臨床医学の誕生』にも、『言葉と物』にも、それらがあからさまに語られている個所は見当らない。そこで問われているのは、いずれも見ることの技術の問題である。**見ることの技術**とは、改めてくり返すまでもあるまいが、認識を意味しはしない。医学的な技術が病気をいかなるものとして表象したか、理性的な思考の技術が狂気をいかなるものとして表象したか、言葉をめぐる技術が言語活動をいかなるものとして表象したか、そしてそれをめぐってどんな思考が形成されたかの歴史が語られているのではなく、そうした技術の行使が意味を持つことになる体系そのものの働きが問われているのだ。では、なぜ、そうした技術体系が問われねばならないのか。ときには構造論的とさえ呼べそうな繊細きわまる視線によって周到な分析が試みられ、体系とその機能とが小気味よく記述されて行くのはなぜなのか。いうまでもなく、技術体系そのものとその機能ぶりとを明確化させるための技術的達成として、それが行われるわけではない。病気の言葉、狂気のつぶやき、言語の発話といったものが、それじたいとして構図におさまりうるような風景は存在しないからである。構図とは、そもそもが技術体系に所属する小道具なのだ。にもかかわらず、見ることの技術が、病気を、狂気を、言語を視界に浮上させようとするとき、それを可能にする体系そのものの力が、あたかも見えてはいない視覚的対象に対応するかのごとき虚構を形成することになる。虚構とは、その場合、ありもしないうそ偽りの物語ではない。それは視線に具体的な体験を演じさせる積極的な力学圏となる。その機能は、病気そのもの、狂気そのもの、言語そのものではないが、そうしたものをめぐる思考の歴史的な証言となるだろう。もちろん、それが客観的な真実を口にしているわけではないが、計測可能な具体的な細部としてあり、その限りにおいて、その総体を構造化しうるものである。見ることの技術は、このように、いつでも体系化が可能なのだ。『臨床医学の誕生』とそれに続く二冊の書物でフーコーが行ってみる手続きはそのようなものである。

見ることの技術の体系化は、しかし、それ自体として完成されるものではない。とりあえずそれが可能なのは、病気が正常と、狂気が理性と、言葉が物とすでに分離しているという歴史的な前提があるからにすぎない。技術体系にその機能を許しているのは、あくまでこの分割である。技術の歴史は、この分割をもその文脈にとりこみえたとき、はじめてその歴史性を開示することになるだろう。また、『狂気の歴史』や『臨床医学の誕生』、そして『言葉と物』が歴史的な書物になっているのもその限りにおいてである。

この三冊の歴史的な書物で問われているのは、まぎれもなく見ることの技術体系である。だが、視線が技術の問題であるとしても、その技術が何を見るかのそれではなく、何も見ずにおくための技術であったという点は改めて強調しておく必要があろう。それは、不可視のまわりに配置された視線の体系なのだ。事実、技術に翻訳されえないが故に病気は病気なのだし、狂気は狂気なのだし、言葉は言葉なのだ。『臨床医学の誕生』で強調されていたのが、医師がいかに病気を見ていなかったかという点であったことを思い起すまでもなく、見ることは見ずにおくことの技術の体系として、ながらく人間的な思考を支えていたのだ。

『狂気の歴史』の場合でも、すでに序文の段階から、狂気の歴史を記述することの技術的な困難が予告されている。狂気をありのままの野蛮さで捕捉しようとする試みそのものが、理性と狂気という分割に自覚的たらざるをえない以上、大きな迂回が必須のものとなるだろう。

したがって、狂気の歴史を書くとは、つぎのことになるだろう。狂気のありのままの野性状態はけっしてそれじたいとしては復原されえないので、狂気を捕えている歴史上の総体——さまざまの概念、さまざまの制度、法制面と治安面での処理、学問上のさまざまの見解——の構造論的《ストリュクテュラル》な研究をおこなうこと。だが原初状態の純粋さに切迫できず、それを欠いているのだから、構造論的な研究は、理性《サンス》と狂気《アンサンス》を結びつけると同時に分離している決定のほうにさかのぼらなければならない。そして正気と気違いの統合にもその対立にもひとしく意味《サンス》づけをする、永久不変なやりとり、両者に共通な根元、原初的な対決――それらを発見する努力をしなければならない。（新潮社版「序言」）

後半部分で口にされている努力のうちにフーコー的な技術体系の「倫理」への素描が認められぬでもないこの引用にあって、その前半で提起されている構造論的な分析の手続きが、見ずにおくための技術的実践の体系化を目ざしていることはほぼ明らかだろう。そして、古典主義時代の狂気の体験の諸々の層をめぐって、その技術的実践の体系化の試みは圧倒的な迫力をもって遂行される。その結果、著者自身の明確な意識にもかかわらず、『狂気の歴史』の最大の魅力が、構造論的な分析の周到きわまりない展開ぶりにほかならぬといった印象を与え、「理性と狂気を結びつけると同時に分離している決定」の方へと接近しようとする試みが充分になされてはいないのではないかと思われてしまうのも事実なのである。たしかに、「狂気を測定し、心理学によって狂気を正当化していると信じている世界のほうが、狂気の正面で自分を正当化しなければならない」ような現実を招来せしめた外部の体験者たちの系譜がたどられていはするのだが、その「倫理」的な部分と構造論的な分析との否定しがたい不均衡が、この書物の読者に、フーコーをもっとも繊細な構造論的技術の所有者であるかのように印象づけてしまったのは間違いないのである。

事情は、『言葉と物』においても変らない。というより、構造主義的な熱病の最盛期に刊行される不幸もあって、あるいはそうした符合にひそかに勇気づけられもした著者の技術的な繊細さのみごとな実践によって、この書物が「倫理」を欠いた分析技術の典型として時代思潮に同調してしまったかに見えたことは否定しがたい。とはいえ、『狂気の歴史』がそうであったように、『言葉と物』で試みられているものも二重の手続きである。実際、古典主義時代の言語活動そのものを見ずにおくための視線の技術的実践の体系化を構造論的に分析する部分に示される分析者フーコーの技術的な繊細さに、人は文句なしに魅了されたのである。その甘美な技術的興奮の持続の中で、「人間は波打ちぎわの砂の表情のように消滅するであろう」という巻末の一句を、あたかも技術体系の最終的な勝利の宣言であるかに読んでしまったのだ。

もちろん、それは誤読である。だが、その誤読にはある種の真実が含まれている。まず時代史的な真実とでもいうべきものが指摘できるだろう。構造主義の時代の真実ともいうべきその誤読こそ、見ずにおくための視線の技術体系の現存ぶりを証拠だてているのだから、おそらくフーコーにふさわしい誤読だとさえいえるかもしれない。それに加えて、分析の技術的実践におけるフーコー自身の否定しがたい織細さがその誤読を助長するという事情が介在する。『言葉と物』の構造論的な側面に魅了されるのは、その正しい読み方の一部をかたちづくってさえいるのだ。そして、誤読を正当化するかにみえる第三の要因が存在する。見ずにおくための視線の技術的な体系化作業を見ることのできる瞳、それはフーコーの瞳であると同時にわれわれの瞳でもあるのだが、その瞳は、技術体系そのものの蒙る変容をできごととして視界に捉える資質を欠いているからだ、というのがそれである。『狂気の歴史』の構造論的な分析が狂気をそれ自体として視界に浮上させまいとする技術体系の記述にほかならなかったように、

『言葉と物』における古典主義時代の表象空間の分析もまた、言語活動が不可視の領域で展開されるものである限りに繊細な視線を保証していたのだから、そうした技術体系が大きく揺らぎ、言葉が瞳の前面にせりあがってきたときに起るのは、まさしく分析することの技術的な動揺として生きられる「倫理」にほかならない。そしてその「倫理」的な部分こそ、書きにくくかつ読みにくいものなのである。そのときフーコーの技術的な繊細さは、大胆さという技術、というより技術体系そのものの大胆さという潜在的資質の実践によって置き換えられねばならず、その置換に対する感性の欠如が、実は誤読の最大の要因だったのである。

『言葉と物』は、繊細さと同時にこの大胆さを肯定することを読者に要請している。そしてほとんどの読者が、その要請をうけとめなかったのは理由のないことではないのだが、フーコー的な言説が二重の要請からなっていることは否定しがたい事実である。その二重性は均衡を逸した二重性ともいうべきものだ。繊細さが、視線の技術的実践の体系に保証された瞳にそなわっている資質であるとするなら、大胆さは技術体系そのものが潜在的な資質としてかかえこんでいる資質にほかならず、それが現勢化された場合、体系そのものが体系である自分を支えきれぬまでに揺れ動き、見ずにおくことの技術を瞳から奪ってしまうからである。そして、こうした不均衡に含まれている最大の矛盾は、技術体系の蒙る変容が、瞳から見ずにおく権利を奪い、視線にはじめて見ることの特権を賦与するという点に存している。瞳は、技術的実践の可能性を失った瞬間に、はじめて見なければならぬ自分とめぐりあう。繊細であることを禁じられたばかりか、粗雑に見ることさえも禁じられた瞳は、見ずにおく技術を心得た視線なしに見えるものと出会ってしまったのだから、もはや、大胆に振舞うことしかできないだろう。フーコー的な「倫理」が主題化されるのはそうした瞬間にほかならない。

大胆

いまや、ミシェル・フーコーにおける「倫理」が、読むことの技術的な実践として生きられざるをえないのは明らかだろう。『言葉と物』が蒙った歴史的な誤読は、何よりもまず読むという技術体系そのものの「倫理」を主題化させまいとする力学的な要請として実践されている。その力学的な要請は、それ自体を「権力」の戯れと規定しうるものでもあろうが、繊細さは肯定しえても大胆さに対する技術的な感性を欠落させていたのである。そしてここでいう大胆さとは、それを見ずにおく技術的体系の構造化の試みによって不可視の圏域に追いやられていた言語が、大きく揺らぐ体系の隙間をぬうようにして視界に浮上したとき、それを直視しうる瞳の大胆さにほかならない。

あらゆる瞬間にそれを目にしていたわけではない西欧的な視線の前に、活動しつつある言語がなまなましくその姿を露呈させたのはさして遠い昔のことではないと、『言葉と物』のフーコーはいう。それは、とりあえず近代と呼んでおくしかない一時期が体験した純粋に歴史的なできごとである。そこでの歴史性は、何よりもまず、言葉がいかなる衣裳をもまとうことなくその裸身を人目にさらしたという点に存している。言語活動にあっての裸身とは、それが統一的な形式化をあらゆる意味でまぬがれていることを意味する。古典主義時代の表象空間における言語の透明性とは、たんにそれを見ずにおくことが可能な不可視の対象であるにとどまらず、視線の技術体系が持ちえた形式的な統一性にみあった厳密な構図に従ってあたりの風景を組織していたはずのものである。だから、瞳を保護する技術体系の変容とともに視界に浮上する言葉は、その裸身を誇らしげに示すとともに、みずからもその全貌を知りえぬほどに断片化されていなければならない。裸体としての言語は、それに従って絵画をかたちつくる構図というものを原理として持っていないからである。当然のことながら、そこでは見ることの技術的な繊細さは無効にされ、大胆さだけが瞳に要請される。『狂気の歴史』、『臨床医学の誕生』、『言葉と物』の三作は、いずれも、その大胆さの実践そのものとしてはありえず、見ずにおくことの新たな技術的体系化の試みに触れたところで終っている。大胆さには言及されてはいるが、充分に実践されてはいないのである。それは必ずしもこの三冊がかかえこんだ書物としての欠陥ではなく、大胆さの決定的な勝利はありえないという歴史的な必然に対する、著者の歴史家としての感性を証言するものだというべきだろう。

事実、二〇世紀は、言語活動をめぐって、というより記号の活動そのものをめぐって、より総体的な技術体系を構築することになり、言葉がその裸身をきれぎれに露呈させた時期もそう長く続いたわけではない。『言葉と物』による人間の誕生とその死滅とは、まさに言語活動を見ずにおくことの視線の技術体系が崩壊し、それが改めてより大がかりに再構築されるそのはざまの一時期に起ったできごととされているのであり、だから名高い人間の死滅の宣言も、もっぱら技術の問題としてある視線の形式化と深い相関性をもって語られているわけだ。

ここでいま一つの誤読の可能性が生ずる。それは、フーコーの「倫理」として、大胆さへの熱狂的な擁護論をそこに読みとらずにはいられないというものである。技術的な繊細さを駆使して遂行された技術体系の構造論的な分析と、そこから導き出されるめざましい成果とを胡散臭げに見まもり、思想史に初めて登場した高度のテクノクラートの華麗な身のこなしを信じ切れずにいたものたちが、繊細さを放棄して大胆さに肩入れするフーコーを認めて、不意に共感を示したりしはじめる。狂気を擁護し、言語的規範からの逸脱を声高に説くフーコーといったイメージが、あるとき以来、新たなフーコーの徒の召集に貢献することになるのだ。もっとも、そうした局面に敏感であることはあながち間違ってはいない。同時代のヨーロッパ社会にあって、権力の過剰ともいうべき現象が風景に陰惨な色調を帯びさせたりする事件が起ったりすることに、フーコーが、個人的な資格で、ごく具体的な政治行動を示すことがあったからである。だが、現代の監獄政策の不手際を批判する動きや、イラン革命初期のホメイニ政権に深く加担しさえしたフーコーの政治活動によって彼の著作を読むことは正しいやり方ではない。それが正しくないのは、彼自身の言動のどれをとってみても、思想と行動の総括的な展望といったものに従っての秩序ある身振りとして演じられているものはないからである。それぞれの振舞いの意味は、まさにその実践的な断片性において読みとられねばならず、それは何ものをも正当化しないし、何かによって正当化されるといったものではない。だから、われわれが感性豊かに対応しなければならないのは、彼の現実的な政治活動と著作活動との調和ではなく、そこに張りめぐらされているだろう諸々の力の交錯ぶりでなければならない。「倫理」とは、まさに葛藤なのである。

『知の考古学』というどこか孤独な影に彩られた書物の美しさは、そこに、「倫理」が葛藤として生きられているからにほかならない。そこでは、これまでの著作で著者たるフーコーに周到な構造論的分析を許した視線の技術体系と、みずからの変容によって瞳を無効にする技術体系の潜在的な資質の現勢化とが、ともに相手を排除することなく、積極的な対立関係に入っている。それは、これまでに繊細さと大胆さとを同時に肯定するという言葉で述べてきた関係にほかならない。技術的な繊細さと、技術体系そのものの大胆さとが、ついに均衡に達することなく干渉しあう場に身を置くこと。その場は、いうまでもなく歴史的に規定された場にほかならない。西欧の古典主義時代の表象空間という絵画の表面には幾重にも亀裂が走り、その隙間から、言語の素肌が断片的に視界に躍り出している以上、われわれは近代以降の世界に位置づけられている。そこでの言葉の振舞いはほとんど野蛮であり、統一的な形態におさまることを狂暴にこばみつづけている。そのありさまは、見ることの技術体系に保護された視線に、見ていること以上の体験を要請するだろう。それは、可視性の過剰によって見えないのであり、瞳は、その過剰な可視性に対しては大胆に振舞うしかない。つまり、言語活動そのものをできごととして受けとめ、形式的な統一化への意志を放棄するのだ。

　ところで『知の考古学』の大胆きわまりない無謀さは、そのつど事件として視界に浮上する過剰な可視性としての言葉を、言語学的な単位として機能する以前に、可視的であるかにみえて瞳をこらしてみても不可視なままで形式化しようと試みていた点にある。少なくとも、それが形式的な統一化の試みである以上は、技術的な繊細さが欠けていては事態は推移しえないだろう。だが同時に、試みの契機としてあるのが見えてしまう裸の言葉である以上、視線の技術体系はそのつど変容を強いられ、それにつれて、構造論的な分析を可能ならしめる一貫性は崩れ続けるしかないだろう。大胆さとは、体系に保護されている限りは何度でもくり返し使用できる技術ではなく、一度限りの運動にほかならず、それが、唐突に露呈される断片的な言葉の運動とかさなりあったとき、できごととしての言語活動が体験されるのだ。言説とは、その反復不能な運動にほかならず、したがって、言語を潜在的な体系とみなす構造論的な言語学の体系的な技術は、それをきまって取り逃すほかはない。とするなら、言説、すなわち「ディスクール」を体系的に形式化する試みはあらかじめ失敗を予告されているかにみえる。

にもかかわらず、『知の考古学』は、「ディスクール」の定義と体系化を目ざしている。それが可能だからという確信に基づいてではなく、ましてや、その不可能性をあらかじめ知っての上で、あえて冒険にうって出るというのでもなく、フーコーは誠実さを装った無謀さで「ディスクール」を体系化しようとする。

いうまでもなかろうが、「ディスクール」とは事件として生きられた素裸の言葉であり、潜在的に配置可能な単語の順序なのではない。現勢化される以前の思考がおさまるべき命題についてなら、その分類や形式化はいくらも可能であり、そのための技術もほぼ完備している。だが、そのつどできごととして体験される言葉を、その活動状態において分類したり秩序だてたりすることは不可能というほかはあるまい。にもかかわらず、それを実践してみせたのが『知の考古学』なのである。

繊細さと大胆さとを同じ一つの身振りとして肯定することなしには遂行しえないその試みにあって、人は何を読むべきなのか。答えは簡単といえば簡単である。見ることの技術体系を、その確乎たる不動の持続としてではなく、不断の変容の歴史として読む、という態度こそが読まれるべきなのだ。つまり「考古学」とは、体系の変容として生きられる生成の歴史ということになるだろう。当然のことながら、それは想像上の物語であってはならず、実定的な歴史でなければならない。そしてその実定性を『知の考古学』のフーコーは、エノンセ＝言表として露呈した言葉の断片を改めて不可視の領域へと押し戻し、視線の技術体系によって分析可能な不可視の秩序として再構築しようとする新たな形式化の試みの、不断の崩壊過程のうちにたどろうとするのである。というより、二〇世紀的な形式化の試みが持ちえたものと信じられている秩序の統一性が、厳密な意味で相対的可変性しかそなえていないことを、繊細な技術的実践によって一つひとつ示すことで想像をおのれに禁じ、具体性の側に踏みとどまっているというべきだろう。

たとえば言語活動の二〇世紀的な再組織化の試みとしての「言語学」をあらかじめ否定し、「言語学」的な技術による「ディスクール」の体系化の不可能性ゆえにそれを思考から排除したかたちで語られる歴史は、大胆さの安易な顕揚につながる想像上の物語しか語らないだろう。だからフーコーは「言語学」を粗暴な身振りで排除しはしない。だが、もちろん「言語学」を最終的な秩序として全的に肯定しもしない。フーコーの「言語学」に対する姿勢は、いわば未決定の状態にとどまり、それが可能にする諸々の技術的手段をそのままのかたちで放置する。あたかもその技術的な実践がいつでも再開しうるかのように、放置しておくのだ。つまり、それらの繊細な資質の発現を可能性として残しながら、そこに「ディスクール」を導入し、両者の共存不可能性が確立するまでゆっくりと時間をかけて戯れさせてみる。それこそ、繊細さと大胆さとの同時的な肯定にほかならない。「ディスクール」が「言語学」から遠ざかろうとする最後の瞬間まで「言語学」を否定せずその戯れを見まもるときに、繊細さがその技術的実践をいかんなく披露することにもなるだろう。それは、いってみれば、技術体系の変容と呼ばれるものが一瞬の断絶として生起するのではなく、その持続に必要とされたのにおとらぬ時間を垂直に生きているようなものだ。それこそ『知の考古学』に読まれるべき不断の変容の歴史というものにほかならない。

その変容の歴史をみずから受けとめることのできるもののみが、「ディスクール」の要請の匿名化に同調しうるだろう。それを技術体系の脱＝構築などと安易に呼ぶのはつつしまねばなるまい。あるいはそう呼ぶとするなら、人は、その過程での繊細さと大胆さとの同時的肯定のうちに、変容することを心得た技術体系そのものの「倫理」的資質の現勢化をこそ、読むべきなのだ。

排除

『言語表現の秩序』と『監獄の誕生』との間に、人は奇妙な行き違いを読む。それは、排除という手続きをめぐる著者の予盾した姿勢である。前者にあっては、「権力」の技術体系がもっぱら排除にあるかに語られていて、それ以前の著作の中での構造論的な分析の後に来たるべきもの、つまり裸の姿で露呈された狂気や言語が、排除の力学にさらされて抑圧を蒙り視界から追いやられてしまう事態への共感を含んだ憤りが読めるような気がする。ところが後者にあっては、その排除という手段が、「権力」のメカニズムを語るのにふさわしからぬものとしてあっさり否定されているかにみえる。これはどうしたことか。

この事実は二重の意味で奇妙である。まず『知の考古学』であれほど周到に排除の概念が遠ざけられていたのに、なぜここで改めてそれが主題化されねばならぬのかが疑問に思われる。次に、「権力」の定義そのものであるかにみえた排除の力学が、『監獄の誕生』ではまったく影をひそめ、かえってその逆の手続きこそが「権力」の特質として論じられているのが興味を引く。そこに著者の視点の修正を読むべきなのか。それとも、この矛盾こそがフーコー的なのだろうか。

視点の修正というのであれば、遺作となった『性の歴史』の第一巻とそれに続く部分との間にこそ、より大きな変更が認められるというべきかも知れない。実際、フーコーの死の直前に手にしえた第二巻の冒頭にそえられた新たな序文を読むと、執筆途中で遭遇した方法論上の困難によって、全篇の構成そのものが深刻な変更を余儀なくされた事情がそこに語られている。従って、それは著者自身によって充分に意識されていたものであることがわかる。ところが、『監獄の誕生』には、そうした配慮がまるで払われてはいない。『言語表現の秩序』がコレージュ・ド・フランスの就任演説であるという特殊性が介在するにせよ、その冒頭から仮説として提起されているのが、「ディスクール」の自由な生産をさまたげる諸々の排除の原理であってみれば、その次の著作におけるその原理の放棄が奇妙に思われるのも当然だろう。『監獄の誕生』はフーコーの書物としては例外的に序文を欠いているので、講義を収録したにすぎない小冊子が、それへの導入部のように読まれてしまってもさして不思議ではなかったからである。しかも、『監獄の誕生』という題名そのものが、そこでの主題をたやすく排除だと信じさせるに充分なものであったが故に、奇妙さの印象が強まったのだといえるのかもしれない。

もちろん、『監獄の誕生』が、排除にまったく言及していないではない。原著では副題となっている監獄の誕生とは、いうまでもなく監獄が蒸気機関などと等しく近代の技術的発明の一つを意味するわけだが、法律に従って一人の罪人が投獄されるとき、そこに排除の力学が作用するのは当然である。だが、近代の監獄は自由の剝奪のみを目的とした装置ではない。直接的に身体に働きかける排除作用と同時に、身体には間接的にしか作用しない技術体系が、拘留者を精神的に変容させぬかぎり近代的な監獄とは呼びがたいのである。それは、高度な技術体系を駆使して形成される矯正装置として、訓育的な役割を果しうる限りにおいてはじめて誕生しえたのだといってよい。身体を物理的に拘束する装置の排除機能は著しく低下し、それと相関的に、社会的適性という有益な個体を生産しうる柔らかな技術体系が形成されてゆくことになるだろう。身体上に痛みや傷跡を残すことがないが故にひとまず柔かなと呼んでおくことにするこの技術体系は、いうまでもなく、それじたいが近代の発明品ともいうべき人間をめぐる諸々の「知」にほかならぬわけだが、それらの交錯しあう一点で焦点を結ぶのが、見ることの技術の秀れて「権力」的形式としての監視という振舞いであることは改めて注目されてしかるべきだろう。監獄の誕生とは、技術的に開発された政治的な瞳にほかならなかったわけである。

多くの観客を前にして華麗なスペクタクルとして演じられる身体刑が刑法史的な風景から姿を消そうとする瞬間にかさなりあうようにして、「知」による監視行為の体系化された装置として監獄が誕生したということ。身体を直接的に変型せしめる刑罰にかわって、身体そのものは変型を蒙ることがなく、ただ瞳の視覚的対象として精神的な変容をうけいれるような装置として監獄が開発されたという事実は、二重の意味で視線の技術とかかわりを持つ。

一つは、近代的な監獄における監視技術の基本としてあるベンサムの一望監視装置が、文字通り「権力」を視線の技術として定着させたという事実がある。その特殊な建築様式と視覚的な構造とが、「権力」が、みずからを可視的な領域に顕示することなく監視する技術体系をその後の人間生活一般に適用しうるモデルを提供したのだ。現代における監禁都市に作用する統治形態そのものが、身体に触れることなく、これを見るという装置の錯綜した拡散現象によって完成されることになるのも、そのモデルに従ってである。

いま一つ、「権力」それじたいが視覚的に姿を変えているという事実がある。多くの視線にさらされつつ苛酷な身体刑を蒙る罪人のあからさまな可視性が、みずからを人目にさらすことで、あたりに「権力」を波及させた王の可視性に対応しているように、身体刑の消滅は、一望監視装置の導入によって確かなものとなる統治する主体の不可視化現象と匿名化現象とに正確に対応しているのである。それは、まさしく見ることの技術的な繊細化と呼ぶべきものだ。あえてその身体を人目にさらすには及ばない以上、監視者はいくらでも交換可能な瞳であれば充分であり、一望監視装置という技術体系に保護されている限り、統治のための個人的な努力も、また見ることの特殊な才能もそこでは問われずにすむ。とするなら、誰もが外部の侵入になど脅されることもなく、ごく平等な構造分析を政治的に試みることが可能となったわけだ。一望監視装置の中心に身を置いている限り、監視者は、もはや見る主体として実体化されてはおらず、囚人たちの肉体を見ている必要すらないのである。それ故、監獄の誕生とは、見ずにおく技術の典型的な開発であったといえるだろう。ここでも、視線はもっぱら技術の問題なのだ。

では、『言語表現の秩序』における排除の原理はどうなってしまったのか。そこに収められている就任演説の口にされたのが、排除の主題を特権視する一時期と歴史的にかさなりあっていたが故に、とりわけ、抑圧、拒否、禁止、疎外といった語彙が突出する結果となり、やがて事態が沈静化の傾向をたどりはじめたとき、機を見るに敏なフーコーが、そうした語彙を撤回したというのだろうか。それとも、より深刻な方法的行きづまりが、方向転換を要請したというのだろうか。

あってはならない誤解、それは、フーコーが時代の推移とともに排除の原理を捨てたとする考え方である。彼は、排除に関しては決定的な方向転換を行ったわけではないからだ。たしかに排除の原理そのものは流行らなくなりはしたが、禁止、抑圧、排斥といった現象が消滅したのではないばかりか、それらは、現実のしかるべき局面では着実に機能し続けている。事実、監獄は、身体的な自由の剝奪なしては存在しえないだろう。排除の力学は、物理的な側面としては明らかに身体を拘束している。ただ、それだけでは監獄の誕生が語りえないだろうという点は、いまみたばかりの現実である。物理的な身体の拘束と同時に、視線の技術的な実践としてある監視装置が有効に機能しない限り、近代の監獄は技術体系として不完全なものたらざるをえない。とするなら、監獄の誕生とは、形式的統一性を求めようとする意志と、形式化をこばみつつ身体に直接働きかけようとする意志とをともに肯定せざるをえないという意味で、秀れてフーコー的な身振りを演じる二重の体験だということになろう。どこまで行っても平行線をたどるしかないと思われる視線の技術的な繊細さと、排除体験の否定しがたい生身の野蛮さとが、近代的な監獄にあってはみごとに共存しているからだ。

問題は、訓育する瞳の技術的な繊細さを、排除の原理によって説明することはできないということに尽きている。つまり排除が最後の言葉とはなりがたい事実を、現代の監禁都市の「権力」構造が明らかにしているというわけであり、フーコーが排除を否定した事実は一度もない。いつでも他と交換可能な監視する瞳を成立させる柔らかな技術体系が、排除の概念をいくぶん後退させはしたものの、排除体験そのものはいささかも消滅したわけではない。ことによると、「毛細血管状」という人体的な比喩で語られ始めた「権力」の機能に対するフーコーの視線がこれまで以上により繊細化し、排除という語彙では呼びがたい細分化された力学のからみあいをそこに察知し始めているというのがより正確なのかもしれない。あるいは、構図化されうる視界の中では可視性をことのほか低めたのかもしれない「権力」に向けるべき彼自身の視線が不可視の変化を受け入れ、「権力」の機能そのものにふさわしく繊細化されているかにみえるという事実を、ここで指摘すべきなのかもしれない。実際、やがて「生体政治」という概念にゆきつくように、個人が政治的なるものと触れあうべき瞬間は、生の実践によりそうかたちで儀式性を放棄し、より日常化されたといってよい。そのとき、個人が、実体性の希薄な「倫理」的主体として回帰するだろうことは、容易に想像できる。

その間の事情は、おそらく、遺著となった『性の歴史』にも反映しているだろう。第四巻がいまなお未完のままであるこの大著について性急な判断を下すことはさしひかえねばなるまいが、ここでの性現象が、具体的な性体験そのもののイメージによってではなく、生の実践につらなる技術の体系化の試みを通して語られていることからほぼ予想されうるように、禁止という排除的な運動を起点とした規範はここではさして問題にされていない。それればかりか、性的な振舞いの放逸さをいましめる固苦しい規則の数々が徐々に後退して行く歩みをキリスト教紀元の二、三世紀の著作を通して跡づけようとするフーコーが着目するのは、柔らかな技術体系の、緩慢だが着実な形式化なのである。

この時期の性的な道徳律は、まぎれもなく生きることの技術として確立されてゆく。それを分析するにあたって、フーコーが、医学的知識の進歩や哲学的な見解などの表明された書物ではなく、万人の日常生活にとっての手引きともいうべき技術的な入門書をとりあげていることがわれわれの興味を惹く。それは、例えば、『夢の鍵』と題された夢判断の実用書なのである。いかなる夢を見たときにどのような振舞いを演じればよいかが分析されているアルテミドールの著作に語られてゆく性的な夢の分析を、フーコーは、彼独得の繊細さによって構造論的に読みとり、そこに形成される性的な道徳律を、生きることの技術的実践として体系化してゆく。視線がそうであったように、生きることもまたもっぱら技術の問題とされ、そこでは生ある身体の性体験は視界の外に追いやられる。

何とも興味深いのは、『性の歴史』の第三巻にあたる『自己への配慮』の冒頭で分析されている『夢の鍵』が、性をめぐっての技術ではなく、あくまでも生きることの実践的な技術を記述した書物だという点である。実際、性的にいかに振舞うべきかはそこではいささかも問われてはいない。性的な夢がその一部をなしてもいる夢一般の総体的な解釈とそれへの対応策が目ざしているのは、時代にふさわしい個体の生産装置の形成にほかならない。従って、性的なるものは、いったん夢として解読されたのちは解読の地平から一掃されてしまうのだが、フーコーが分析しているのは、いわば、そこに形成される社会的な暗黙の申し合わせと、それにふさわしくあろうとする配慮の体系にほかならない。それ故、性はここでも不可視のものだといいうるだろう。生きることの技術の体系化に必要なとりあえずの背景として、性的なるものが過渡的に問題となっているだけにすぎないのだ。それを材料として性現象の歴史を語ろうとするからには、とりわけ繊細な瞳が必要とされるのも当然である。例として挙げられているにすぎない性的な夢は視線をいささかも性体験の方に導くことはない。そこでフーコーは、夢の構成要素としての人間たちの配置に注目し、男／女、夫／妻、親／子、主人／奴隷、年長者／年少者といった諸々の関係がいかなる構図におさまるかを見きわめる作業をくり拡げるだろう。性的なるものは、そうした関係の中で自己への配慮がかたちつくられてゆくための契機にすぎないのである。だから、ここでの性現象は、古典主義時代の言語活動が表象空間を支える諸々の体系の背後に身を隠して見えてはいないように、技術体系として形成されつつある自己への配慮によって視界から追い払われてしまう。自己への配慮の実践的な技術が体系化されるとき、そこに起っているのはまたしても、視線が見ずにおくことの技術として体系化されるという事態なのである。性が素裸で視界に浮上する瞬間は、やはり周到に回避されてしまうのだ。

そこで遂行される性の回避は、フーコー自身が多くのインタヴューで言明しているように、彼の興味が性現象そのものではなく、真実のメカニズムにほかならぬという事実を正確に反映しているとみることができよう。その場合の真実とは、いうまでもなく、見ずにおくための視線の技術体系として形成される力学圏を意味する。生きるとは、そのとき、視線の振舞いがそうであったように、自然なものではなく、もっぱら、あたりに行きかっている力に対する技術的な感性の問題となるだろう。従ってそこに「権力」が主題化されるのも当然というべきである。だとするなら、生きることをめぐる技術的な感性はここでも二重の姿をとらざるをえまい。形成された技術体系の持続とその崩壊とがその歴史的実践となるはずだからである。だがそれにしても、フーコーの興味がもっぱら真実のみに集中しているのだとすると、体系が蒙る変容はこんどは語らずにおこうとしているのだろうか。思っていることがそのまま言葉になるような書物への夢をインタヴューで洩らしたりしているフーコーは、持続とその断絶とにともに敏感であろうとする苛酷な条件に耐えようとする無謀さに疲労しはじめていたのだろうか。われわれは不安に駆られる。繊細さと大胆さとを肯定するという身振りはここでは演じられずに終わるのだろうか。いや、そうとは思えない。とはいえ、フーコーを読むことに失敗したくないという気持がそう思わせるのではない。まさしく疲労の気配そのものが、フーコーがあくまで苛酷な条件の交錯しあう一点に自身を位置づけていると告げているのである。

では、『性の歴史』にあって、性はいかにして露呈されるのか。少なくとも、これまで刊行されている部分には、それは語られてはいない。その執筆がいかなる段階にさしかかって中断されたのか知りえない第四巻『肉体の告白』として予告されている未刊行の書物がそれを主題としているだろうとは大かたの予想がつく。しかも、その主題が殊のほか語りがたいものであろうということも人は知っている。『知の考古学』にあっての「ディスクール」がそうであったように、自己への配慮の技術を形式化しえた視線の体系によっては見ることのできないものとしての性体験を体系化するという大胆な振舞いがはたしてそこで演じられるのであろうか。性現象の歴史もまた技術体系の歴史という文脈に登録されるのだろうか。そして、技術的な繊細さと体系の大胆さとがともに肯定されることで、「倫理」が体験的に生きられることになるものだろうか。見ずにおくことの技術によって不可視を構造化しうる視線と、現勢化された体験で無効にされた瞳とが、「権力」の考古学的な葛藤を生なましく演じることになるのだろうか。いま、人は、それをこの目で確かめることはできない。また、さして遠からぬ未来の一時期に『肉体の告白』に接しうるという幸運に恵まれたにしても、そのとき要請されるのが、読むことの技術的な繊細さばかりでないことは明らかだろう。露呈されたできごとに立ち会いうる大胆さとともにそれが肯定されぬ限り、フーコーの「倫理」的実践を「倫理」的にうけとめることはできない。しかも、その「倫理」が、フーコーを正しく読めと語りかける力に忠実たろうとするだけのものには実践されえないだろうことを、人は知っている。素肌のフーコーを露呈させるには変容に対する感性を大胆におし拡げねばならぬ。フーコーを見ずにおく技術的繊細さに別れの挨拶を送りながら。

聡明なる猿の挑発

ミシェル・フーコーのインタヴュー「権力と知」のあとがきとして

ミシェル・フーコーの言葉は、とりわけ声としてのディスクールのかたちで直接この存在に迫ってくるとき、いつも目には触れない炎のように燃えあがって皮膚の表層に乾いた刺激の火花をはじけさせる。それは、あの知的興奮とは異質の快楽へといたる以前に肉体を見捨てる醒めた欲情のようなものをかきたてる。講演を聴いたときも、授業に列席していたときも、接近話をしたときも、私はそうした体験ばかりしていた。奇妙なことに、彼の肉体の身近な現存は、書物が可能にするあの欲情とその充足というサイクルを、声によってたち切ってしまうかのようだ。文字としてのフーコーのほうが、はるかに生なましいという実に奇妙な倒錯。とはいえ、彼の言葉が熱気を欠いているのではない。むしろ充実した熱気をはらんでいればこそ、こちらの内面に迫る以前に燃えつきてしまうような迫力がみなぎっているのだ。濃密さと希薄さをめぐるこの途方もないパラドックス。それ故に、フーコーの声に接することはことのほか刺激的なのである。

フーコーから、その仕事について直接話をしてもらう機会に恵まれたのは、これまで二度ある。その著作の翻訳者でもなく、また哲学的素養にもとぼしいものとしては、かなり大胆なことといってよい。一度目は、やはり月刊文芸誌『海』のためのインタヴューで、そのときは一年間彼のコレージュ・ド・フランスでの講義を聞いたあとでもあり、かなりの準備期間もあったし、聴きたいことも充分に準備できた。しかし二度目はまったく突然のことで、彼の著書も手もとになかった。たまたま滞仏中であり、その間にフーコーの来日が本ぎまりとなり、またそれが突然中止になった結果、しかもこれまた偶然のことながら『海』編集長の塙氏がパリに来ておられたという事情があって、彼の来日を期待していた日本の読者のために、現地インタヴューをするという塙氏の提案をその場でうけ入れたというあわただしいものであった。夢のような気分のまま、彼のアパルトマンにかけつけ、五日後の約束をとりつけたのである。実は、塙氏がインタヴューを申し入れて事情を説明しているあいだ、フーコーが多忙を理由にことわってくれればどんなにかよかろうと祈っていた次第だ。

しかし、その願いがかなえられるには、フーコーはあまりに好意的すぎた。彼は、来日の予定が不意に実現不可能となり、日本の読者の期待にそえなかったことを深く悔やんでいるようだった。けしからんのは外務省だ。何か、こちらの都合で中止になったような話をしているらしいが、話がこわれたのはまったくあちらの責任だ。いったん、こちらの予定を全く問題なしとうけいれていたはずなのに、出発の直前になってその日の飛行便はないから別の日にしろという。そんな話があるだろうか。彼はひどく苛立っているようだった。それが来日中止の真のそして唯一の原因であるかどうかは知るよしもないが、日本に行きたい意図はいまも持ち続けているというときの彼の表情はきわめて真剣なものであった。そうした場合にもっとも人を納得させやすい理由、つまり病気のためというのが真実でないことだけは確かである。だいいち、国立図書館では毎日彼の姿をみかけていたのだから。

アラン・レネが『世界のすべての記憶』の貯蔵庫として映像化したあのパリ国立図書館という密閉空間を横ぎり滑ってゆくときのフーコーは、戦場の英雄のようにすがすがしい。どうしても意識せざるをえない視線をうけとめながら、まるでそこが自分の死に場所であり唯一の生棲の地でもあるかに心もち胸をそびやかせて歩く。そこに氾濫している「知」、多くのものはそれをしたたか体内にとりこもうと躍起になっているが、彼だけはその「知」で傷つかないでいる術を心得ているかにみえる。埋蔵された知識の発掘そのものがこの考古学的戦士の任務でないことは、ここに掲げた対話『権力と知』からも明らかであろう。彼はもっぱら「知」と「権力」すなわちフランス語にあっての可能性をあらわす二つの動詞 savoir と pouvoir の名詞化された言葉が、現実という名の決して決着のつくことのない戦場に描きあげる葛藤を身をもってあばかんとする戦略家であり、同時に最も冷徹な戦士でもあるのだ。その意味で、ミシェル・フーコーは、学者のイメージからも実践家のイメージからも限りなく遠い顔をしている。無時間的な顔と、かつて書いたことがあるが、その時間を廃棄したかのごとき顔の奥には、断片化した歴史どもが音をたててさわぎたてている。現在という生命の歴史が。そんな顔が、人間を殺したりするはずがない。構造や体系のみを語って人間を思考から排除するわけもない。何という誤解が、なんという歪曲が、いまなおフーコーの無時間的な顔を惑わし続けていることだろう。今度のインタヴューが、諸々の誤解や歪曲が捏造したフーコー神話から始めねばならない必然性は、そうした点から来たものである。
とはいえ、誤解をといてフーコーの正しいイメージへと人を誘わんとする意図があってのことではもちろんない。正しい無時間的な顔などというものがはたしてあるだろうか。正しさ、「真実」とは時間の生成するものにすぎない。誤まりもまたそうである。時間を廃棄して「歴史」にたどりつくこと、それがフーコーを前にしたわれわれのつとめだ。そのつとめを、間違っても「通時的」な歴史から「共時的」な歴史への移行などととってはならない。「通時性」も「共時性」も、ともに時問が生成した正しさ、「真実」にすぎないからだ。つまり、きまって「権力」との深い連繋を生じざるをえない「知」、それが正しさであり「真実」なのである。

約束の日の約束の時間に塙氏とアパルトマンのベルを鳴らすと、いささかとり乱したフーコーが扉の影に姿をみせ、すっかり忘れていた会合がいまわたしのところで行なわれている。申しわけないが、別の棟の仕事場まで行ってそこで対話をしていただけないかという。三人は、無言のまま、エレベーターで八階から地上まで降り、また別のエレベーターで八階まで昇る。電話に邪魔されない秘密の仕事場です、といってフーコーは一瞬の笑顔をつくり、その笑顔をすぐにかき消す。上下する密閉空間の中での無時間的な上昇運動と下降運動。フーコーは、どうぞとわれわれに椅子をすすめ、といってもそれは床すれすれの低い椅子なのだが、自身はごろりと仕事机の前に横になる。奇妙に低い位置からの声の交換がはじまる。ここに読まれたインタヴューは、そんなふうにして夕方の五時半から七時ごろまで続けられた対話の、ほぼ忠実なる再現である。十月も中旬にさしかかり、日の長いパリとはいえ、夕暮の薄明りが徐々にあたりからとだえてゆき、ついには三人の位置もさだかではなくなってしまう昼と夜との境目の時間に、電燈がともされることなく行なわれたその対話は、絶望的に長く、また絶望的に短く思われもした。しかし、いま、こうしてカセットを聴きながら文字に直しあげたとき、それは実に標準的な長さにおさまっていることがわかる。

語りながら、フーコーは何度か聡明なる猿のような乾いた笑いを笑った。聡明な猿、という言葉を、あの『偉大なる文法学者の猿』（オクタビオ・パス）の猿に似たものと理解していただきたい。しかし、人間が太刀打ちできない聡明なる猿という印象を、はたして讃辞として使いうるかどうか。かなり慎重にならざるをえないところをあえて使ってしまうのは、やはりそれが感嘆の念以外の何ものでもないからだ。反応の素早さ、不意の沈黙、それも数秒と続いたわけでもないのに息がつまるような沈黙。聡明なる戦略的兵士でありまた考古学者でもある猿は、たえず人間を挑発し、その挑発に照れてみせる。カセットに定着した私自身の妙に湿った声が、何か人間たることの限界をみせつけるようで、つらい。

聡明なる戦略家の猿を無時間的な考古学者として生み落しえた文化的＝政治的風土としてのフランスは、いま、感性的な頽廃をほとんど常態としてうけとめ、凡庸化と貧困化の一途をたどっている。だが、その凡庸なる貧困は絶望的な頽廃の厚みによって聡明なる猿の考古学的な挑発を許容している。日本は、この猿を生み落すこともなければ、その挑発をも許容しないであろう。充分に人を説得しうるかたちではないが、フーコーのディスクールと一時間半近く戯れながら思っていたのは、そうしたことがらであった。

聡明なる猿の考古学的なる挑発を許容しうる社会というものは、特権的に不幸でありまた特権的に幸福でもあるだろう。日本では、これまた誰をも納得させがたい直観にすぎないが、聡明なる猿として乾いた挑発に身を投ずるものがいたとしたら、こぞってその選択を放棄させるのではないか。猿になってはいけない。聡明な、人知を越えた猿が問題であろうと、猿になっての挑発はおたがいに不幸しかもたらしはしない。猿はいけない。人間のままで充分ではないか。敵も味方も、こぞってそう口にしたり、あるいは口にはしないまでも、心の底でそうつぶやく。そして猿たろうとする欲望をあらかじめついえさせてしまう社会というものは、程よく幸福で程よく不幸でもあるだろう。そうした環境にあっては、おそらく『狂気の歴史』も『性の歴史』も、「狂気」の「歴史」としてしか、「性」の「歴史」としてしか書かれることがないに違いない。理性と非＝理性とをへだてる境界線はたえず曖昧で、精神病理学が監禁として制度化されうる力はひたすら拡散するほかはないであろう。「知」もまた「権力」も、不断の葛藤を煽りたてる環境とはなりがたいだろう。

特権な幸福と不幸。程よい幸福と不幸。階級闘争とは呼ばないまでも、われわれ外国人からみれば階級的対立が残酷なまでに顕在化し、かりに自分の国がそんな事態に陥ったら誰もが息をひそめて黙ってしまうほかはないとしか思えないような社会が、階級闘争の一語を自信をもって放棄しうる思考家を生むにいたったという事情は、最近にわかに口にされはじめたあの「マルクスは死んだ」という「新哲学者」とやらのスローガンとは別の文脈で、きわめて刺激的な事態というべきことだろう。

いうまでもなく、本当にそうだと人を納得させる刺激性が問題なのではない。特権的な幸福と不幸が、程よい幸福と不幸よりも、非常な冷酷さで人を大胆にさせるという事態が刺激的なのである。程よい幸福と不幸とに浸って暮すことを選んだものは、誰もが、かりに保守＝反動といわれる人であろうと、その語彙を正確には口にしないまでも、事態が階級闘争を軸に進展してゆくものと漠然と考えている。それを抽象だと呼びうる国というものは、特権的なまでに現実的であるに違いない。マルクス主義を容認するか否かを越えたところでそんな思いに捉われながら、遂にそう口にすることができなかったというのも、やはり程よい幸福と不幸とは、特権的な幸福と不幸を前にして、徹底して大胆になりうる資質を欠いているものなのだろうか。

不意に入って来た青年があたりの暗さに驚き、電燈をともすことを促した瞬間に、インタヴューは終りとなった。あと、塙民の補足的な質問にフーコーは丁寧に答えてくれた。

まず、『性の歴史』の題名に含まれる「性」の一語がフランス語では sexualité となっていて、これはいわゆる「性」そのものとは違い、なかなか日本語には移しかえがたいという言葉に対してフーコーは、この言葉が、フランス語では比較的新しいものであるということ、つまり言葉そのものは、性交による快楽といった肉体的に性に結びつくものの総体としてのみ語られていて、今日でいうもろもろの性にまつわる諸関係という概念は、たぶんドイツ語圏から入ってきたものだろうと説明した。だから sexualité はまだよく分析されておらず、深く究めてみる必要があると彼が問題を提起したとき、多くの人がそれを前者の意味と解して、また、そんなばかな、という思いに捉えられたのだという。もちろんそれは、肉体的な性器にまつわるという意味ではなく、性をめぐるもろもろの身振りとか、「知」の諸型態、さらにはそれとの「権力」のからみ具合というものがここでの問題なのだ。

次に、『性の歴史』の中でしばしば使われる capillaire という言葉をめぐり、もし「権力」が毛細血管状に交錯しあっているとすると本当にそれから逃れる道がたたれて、抵抗の可能性が失われてしまいはせぬかといわれるのだが、という言葉に対して、フーコーは、それについては、抵抗が可能なところにこそ「権力」の交錯があるという説明をくり返しながらも、さらに補足的に語ってくれた。すなわちカトリックが宗教改革への反動として魂の救済とか心のあり方の試練といったものを強化するにいたった十七世紀に何があらわれたかを思い出してほしい。宗教心とか信仰を指導し方向づけようとする動きが制度化されるや否や、それへの抵抗として、憑依という現象が急激に増大してきはしなかったか。とりわけ女性たちにおいて顕著なことであるが、その憑依という現象はエロチックな興奮を伴っている。悪魔に憑かれて狂乱状態に陥るというその事態は、明らかに病理学的な反応でもあるが、それは同時に、信仰心を指導し管理することへの抵抗でもあるわけだ。いま、自分はちょうどそうした抵抗形態のことを書きつつあるのだが、それこそまさに相互に交錯しあう「権力」=「抵抗」と考えることができる。私の魂の中の清らかさをのぞいてみようとなさるのですね。なら、お目にかけてみせましょう。悪魔に憑かれたこのにごった魂のありさまを、という次第だ。また同時にこの時代には子供たちの間にマスターベーションがおそろしい勢いで広まったという事実を多くの医師が記録してもいる。それ以前も確かにそうした自慰行為は存在していたが、十八世紀になると、それが熱病のように流行する。これはいかにも理解しやすいことで、医師なり神父なり両親なりが禁止というかたちで「権力」を行使すれば、子供たちはそのことじたいによってみずからの肉体をエロチックなものにして反抗する。自分が問題としているのはそうした心理的な真理ではなく、具体的な禁止という「権力」の行使が、具体的に自慰という抵抗形態を生み、それが間違いなく観察されるという事実である。したがって、「権力」が細分化され微妙になればなるほど、「抵抗」も細分化され微妙なものになるという現実そのものが、つまりこの相互に交錯する「権力」＝「抵抗」という関係の拡散化が、逆に「抵抗」の可能性の拡大を証明していると断言できる。

そうした権力＝抵抗形態の拡散化、普遍化という概念は、サルトルのいう「地獄とは他人だ」という状況、「他者化」＝「疎外」の状況とは違うのかという最後の補足質問に関して、フーコーはそれとはまったく違う、むしろ逆であると答えた。自分がいいたいのは、いたるところに「権力」があるが故に、真の現実的な「抵抗」が可能となるというその可能性の強調であり、サルトルの他者化という概念とは別のことがらである。それは絶望的な事態なのではなく、「権力」の現実的な存在こそが真の自由解放の基盤であり、どこに「権力」がしのびこんでいるかをそれで暴露する行為こそが「抵抗」なのであると念をおした。問違えてもらいたくないのは、自分が、鎖につながれている状態こそ自由だと主張するのではないこと、そうではなく、鎖を現実的にたち切ろうとすることが自由だと主張したいのだ。解放、自由になることとは、この鉄の鎖としての「権力」との関係をおいては考えることができない。そう強調するフーコーは、むしろ戦場の英雄としての誇り高さで、「疎外」なる概念を一つの抽象として思考から一掃しているようにみえた。

インタヴューをおえて雑談に移ってから、塙氏は何度かたくみな誘導訊問によって、フーコーのいわゆる「新哲学派」なる若い思想家たちへの考えを引きだそうとした。われわれには、ほぼ彼の考えがわかっていたにはいた。しかし、ミシェル・フーコーの名をかかげたこの一群の思想家たちの仕事に対して、彼自身はかたくなに口をとざしたままだった。フーコーは、ジル・ドゥルーズやリオタールがやったような攻撃の文章によって、哲学者同士の世代論的対立という不毛の葛藤に加担するのを避けたがっているると見うけられた。少くとも、公式の場では、何かにつけ自分の名が引かれているその「新哲学派」の連中の仕事に対する見解は——アンドレ・グリュックスマン『大思想家たち』についての長文書評（『ヌーヴェル・オプセルヴァトゥール』誌掲載〔「事実の大いなる怒り」『ミシェル・フーコー思考集成Ⅵ』所収〕）を除けば——述べられていない。たぶんそれは、自分の仲間でありながら彼らから攻撃され、その攻撃に激しく応じてみせたドゥルーズ達への気がねといったものかもしれないし、また、自分の発言が低次元の政治力学にまきこまれるのを避けようとするためかもしれない。あるいはそれ以上に、この『性の歴史』という大著を執筆中のフーコーに、そんなことにかかずらわっている暇はない、というのが理由かもしれない。

しかしそれでも、いささか声を低めて、ただ一人の例外を除いて、あとの連中にはたして哲学的思考などというものが可能かどうかと、なかばあきれはてたという顔でもらしていた。その一人の例外となった者の名前もわれわれの予想とぴたりと一致したし、残りの連中への評価も予想どおりだったので、われわれは何も聞かなかったことにして彼の家を辞した。だから日本の読者も、「新哲学派」をめぐるフーコーの言葉は何ひとつ聞きはしなかったのである。別れぎわに、今度は是非東京でお会いしたいと口にしながらわれわれの手を握った。そして、こんどの訪日中止がわたしの責任ではないという点をくれぐれも日本の読者に徹底させてくれと言葉をそえた。

われわれは、いささか疲労した肉体を引きずって華やかな夜の街にくりだし、七時をかなりまわっているのにまだ客が一人もいないレストランで夕食をとった。からだの芯に燃えつきずに残った興奮を葡萄酒でしずめようとしながら、言葉によってその興奮をいつまでもかきたてていた。そして、カセット・テープにおさめられた一時間半の言葉のつらなりを日本語に移した場合、いま二人が捉えられている興奮が伝えられるかどうか、また伝わったにせよ、それがあまりに歌手だの映画スターだのに思わず出会ったときの無邪気な心のときめきに似すぎはしていまいかと怖れた。特権的な幸福と不幸を前にして程よい幸福と不幸が体験する興奮。これは、あまり颯爽とした風景ではない。戦場の英雄とは無縁の妙に湿った心の動きである。

だが、いま、改めてテープを日本語に移しながら、その程よい興奮は快く断ち切られてゆくのがよくわかる。声が情動を放逐してしまうのだ。聡明なる戦略家の考古学的猿が、再び挑発を開始する。共感を排したあのけたたましい笑い声。過剰なる刺激としての猿の聡明なる叫び。その刺激に肉体の表層が無償の緊張をくりかえす。フーコーの言葉を一言一句聞きもらすまいとしてではなく、またそこにこめられた「真理」をとり逃さんとするのではなく、この聡明なる猿の挑発を許容しうる社会が、それを許容する代償として何を失いつつあるのかという点に向けて思考を緊張させる。特権的な幸福と特権的な不幸とがとり結ぶ相互的「権力」の交錯現象が、そこに住まう人びとに何をもたらし、彼らから何を奪っているのか。そして、そこにもたらされそこから奪われていく者が、程よい幸福と不幸に浸っている者とどう交わるか、交わらないのか。それを分析し究明する手段を持っているのは、特権的な幸福と不幸の側なのか、それとも程よい幸福と不幸の側なのか。

聡明なる猿は挑発する。ところで、われわれもそれとは違った聡明さの猿を生み落とし、その猿に、それとは違った挑発を許容すべきなのか。かりにそれが可能として、その二匹の猿たちが生きる「権力」と「知」の関係を考察する手段は、どちらの環境に見出されうるのであろうか。両者の中間であろうか。それとも、「権力」=「知」の錯綜した関係とは、ひたすら、聡明なる考古学的な猿を生み落とし、その挑発を許容する環境に特殊な現象かもしれない。そうだとすれば、いま一匹の猿の捏造は無意味となろう。聡明なる猿とは別のなにものか、徹底して愚鈍なる何ものかをさし向けてみるか。しかし、愚鈍さそのものがすでに聡明なることの問題体系に捉えられているのかもしれない。では、どうすればいいか。

どうすればいいか。挑発者たる聡明なる猿は、その疑念に対してはもちろんいかなる責任もとろうとはしない。それはそれで、また、挑発者たる当然の姿勢というべきだろう。われわれは、この聡明なる猿に対してばかりではなく、それを生み落しその挑発を許容すらしている環境に対してすら、いかなる分析の手段をも欠いている自分を発見する。これは何もこと新しい発見ではなかろう。しかし、方法の不在はいささかも幸福ではない。方法とは「権力」=「知」の関係を顕在化させることのみに有効な、それじたいが「権力」=「知」的な手段だからである。また、方法の不必要性を声高くとなえることも、「権力」=「知」的な手段の一つにすぎないだろう。聡明なる猿の挑発を宙に吊ってその機能を空転させ、同時にその挑発を挑発たらしめている特権的な幸福と不幸からなる環境を崩壊させることが問題だ。猿を戸惑わせること。しかしそれが現実にいかにして可能かは、誰も知らない。猿の唯一の弱みは、猿自身もそのことを知らない点にある。この無=知なる環境こそ、われわれの思考と身振りが住みつきうるたった一つの場所ではないか。その点にいたるためには、聡明なる猿の挑発を真の挑発としてうけとめることが、やはり是非とも必要であろうか。それは、猿もわたくしも、まだ知らない。

後記

フーコーへのインタヴュー「権力と知」は、Michel Foucault, *Dits et Ecrits III*, Gallimard, 1994.（邦訳『ミシェル・フーコー思考集成VI』、筑摩書房）に所収。

Ⅲ　記号と運動

「魂」の唯物論的擁護にむけて

ソシュールの記号概念をめぐって

丸山圭三郎の記憶に

慎重さの放棄

かねてから言語学の術語の曖昧さに深い苛立ちを覚えていたフェルディナン・ド・ソシュールは、なんとか誤解を避けようとして傾けられたはずの厳密な語彙の模索にもかかわらず、結局のところ、その努力が自分に慎重さの放棄を促すしかないというならそれはそれで仕方がないがと諦めきったかのように、いささか唐突ながら、言語記号に「シーニュ」signeという名前を与えることを提案する。「シーニュ」とは、それが指し示している対象に与えられた名前ではなく、「シニフィエ」signifiéと「シニフィアン」signifiantというふたつの異なる心的な要素の相互的な依存関係においてのみ、記号として機能するものだというのがその提案の内容である。言語記号としての「シーニュ」が、ときに「聴覚映像」と訳されもする「音のイマージュ」と「概念」と呼ばれたりする「思考のイマージュ」との恣意的な結びつきにほかならぬといった事実を、ここで改めて指摘するには及ぶまい。もちろん、このような定義によって確定された言語記号としての「シーニュ」が、「ラング」langueと呼ばれる言語記号の体系の単位なのである。この提案のなされた日付が一九一一年五月十九日のことであることもよく知られているし、そのとき、ソシュールが、ジュネーヴ大学の「一般言語学」講座の担当教授として、三年目の講義を行っていたことさえ、いまでは周知の事実である。

では、こうしたソシュールの提案がいくぶんか慎重さを欠いた行為だったとも受け止められかねぬというのは、いかなる意味においてであるのか。もちろん、記号一般が「シーニュ」と呼ばれるのは、フランス語を母語として操るものにとってごく自然な事態だとまず指摘しておくべきだろう。だが、ソシュール自身は、言語記号をも「シーニュ」と呼ぶことにいくぶんかのためらいを感じており、のちにみるごとく、それ以外の語彙によるさまざまな命名の試みを行っていたのである。「シーニュ」を構成するかたちで相互依存の関係にあるふたつの心的な要素「シニフィエ」と「シニフィアン」についても、また同様である。問題は、ジュネーヴ大学での「一般言語学」の講義が三年目に入った一九一一年五月十九日に改めて提案された三つの語彙の間に、いかにも厳密すぎる形式的な秩序が存在していることにある。つまり、「シーニュ」とは、「意味すること」を意味するフランス語の動詞「シニフィエ」signifierに対応する名詞にほかならず、その動詞の過去分子にあたる「シニフィエ」signifiéと、現在分子にあたる「シニフィアン」signifiantとが、いわば名詞化されたかたちで、それを構成するふたつの心的要素を意味する語彙として選ばれているのである。日本語の訳語として、ときに「シニフィエ」が受動的に「意味されるもの」、「シニフィアン」が能動的に「意味するもの」とされるのも、同じ動詞の過去分子と現在分子という対立が前提とされていることによる。

ところで率直にいって、この命名法はあまりにも形式的に完璧すぎる。「シニフィエ」と「シニフィアン」との関係はあくまで「恣意的」なものだという注釈をあからさまに嘲笑するかと思われるほど、あらゆる恣意性の概念を排除するかたちで互いに緊密に対応しあっているからである。こうして、この三つの語彙を口にするものたちに過度の安心感を与えかねないほどみごとな形式的秩序が成立してしまった結果、ソシュールが構築せんとしつつある科学としての「言語学」のイメージがいささか平板化され、言語を思考しようとするものが陥らざるをえない深い諦念に対する感受性が、あらかじめ断たれてしまうことになる。あるいは、そのことによって、今日、ソシュール理解のひとつの潮流を形成しつつある「言語学批判」の実践者という立場が、視界に鮮明な輪郭を結ばなくなってしまう危険があるといってもよい。

事実、ソシュール自身、そうした危険には充分に自覚的であったはずであり、手稿のまま残された厖大な『原資料』(それが異る段階をへて徐々に人目に触れるようになった事情はここでは詳述しない)にあたってみればそれはあまりに明らかだとする視点もたしかに成立する。丸山圭三郎の先駆的な業績『ソシュールの思想』に刺激されて活気をおびた日本派「ソシュール」研究の系譜につらなる研究者たちに、そうした傾向は著しく顕著である。実際、彼らは、『一般言語学講義』のそれではなく、『原資料』のソシュールを解読しながら、『《力》の思想家ソシュール』(立川健二)を擁護したり、『沈黙するソシュール』（前田英樹）について語ったりしており、そこに、傾聴に値する議論が展開されていることはいうまでもない。にもかかわらず、『講義』と『原資料』との差異を超えたかたちで、「シーニュ」、「シニフィエ」、「シニフィアン」という語彙で言語記号の特性を提示しようとするソシュール像というものがまぎれもなく存在しており、そうした肖像の成立に手をかすことになったソシュール自身の慎重さの欠如が、『原資料』の詳細な解読によって救われるとは到底思えないのである。

もっとも、そのとき書物を執筆していたわけではないソシュールにとって、講義中に口にされたこの「シーニュ」の定義など、いつでも訂正のきくとりあえずのものだったのかもしれない。にもかかわらず、彼の弟子たちのノートをもとに編纂された『一般言語学講義』の肝心な部分で、「シーニュ」は「シニフィエ」と「シニフィアン」という二つの要素の緊密な結合だと説かれていることで、あたかもそれが、久しく続けられていた言語記号の定義の試みの最終的な形態であるかのように受け取られてしまう。なるほど、死後出版としての『講義』が刊行されてから半世紀ほどたってようやく出版されることになったいわゆる『原資料』を念入りにひもといてみれば、こうした「シーニュ」の定義があえて修正されねばならぬ理由など、いささかも存在していないことは明瞭である。それがどのような語彙で呼ばれることになろうと、ソシュールにとっての言語記号の概念はあくまで一貫しているからである。

なるほど、ソシュールが一九一一年五月十九日の定義に落ち着くまでに、語彙の上でいくつかの躊躇や逡巡を示していた事実を跡づけられぬわけではない。「シーニュ」に到達する以前に、「セーム sème」が言語記号にふさわしい語彙として考えられていた時期があったと指摘することは極めて容易だからである。「シーニュ」の一語が体系性を欠いたもろもろの「しるし」をも意味しうるのと異り、「セームは体系に属し、シーニュの二項が一体化した全体、つまり記号であり同時に意味であるものをあらわす」(「3310.11」丸山、一九四頁)とあるとおり、それはあくまで「ラング」という体系の単位とみなされているし、読まれるとおりそのときでも、「セーム」が、ものの名前を指示する記号ではないという姿勢は一貫している。また、「シニフィエ」と「シニフィアン」についても、「ソン son(=音声)」と「サンス sens(=意味)」を初めとして、いくつもの対立的な語彙が提案されては修正されている。しかも、「ソン」が物理的な音でも生理学的な声でもなく、ごく抽象的な「音のイマージュ」にほかならず、また、「サンス」にしても、いわゆる意味ではなく、あくまで「音のイマージュ」に対応すべき「概念」、すなわち「思考のイマージュ」であるとする視点は確実に維持されているのである。つまり、そのいずれもが、一九一一年五月十九日に提案されたとされる「シーニュ」、「シニフィエ」、「シニフィアン」とほぼ同じ内容を示しているのだから、この点に関するかぎり、講義中にノートをとっていた弟子たちは、師の考えをいささかも誤解しもしなかったし、歪曲してもいないということができる。言語記号の定義についてみるなら、『一般言語学講義』も『原資料』もほぼ同じことを述べており、『原資料』ばかりが特権視されねばならぬ理由はまったく存在していない。事実、『一般言語学講義』の第一編「言語記号の特質」の冒頭に、「われわれは概念と聴覚映像との結合を記号と呼ぶ」という言葉が読まれる。それに続いて、聴覚映像のみを「記号」と呼ぶ一般的な了解とは異なり、「われわれは、記号という語を、総体を示すためにとっておき、概念と聴覚映像とを、それぞれ『シニフィエ』と『シニフィアン』に変えることを提案する」と書きつがれており、「シニフィエ」と「シニフィアン」とを結びつけるのは恣意的な関係であるという指摘も、その直後にみられるものだ。

たとえば、「シーニュ」、「シニフィアン」、「シニフィエ」という三つの語彙による言語記号の定義に到達する以前に、ソシュールは、純粋に心的なものと定義される「聴覚印象」というものが、「ラング」は恣意的なものだとはいえ、発音にあたっては肉体器官の意志的な使用を前提とせざるをえない以上、はたしてその物理的かつ生理的な条件から独立したかたちで充分に定義しうるものであろうかと自問自答している断章が存在する（ノート「3305.7」）。そこでの彼は、言語記号の定義に必要とされるのが、人類に普遍的にそなわっている言語事象の運用能力だとする立場に立っている。実際、アルファベットの［ℓ］の音と［r］の音とを区別するにあたってギリシア人はいかなる理論など必要としてはおらず、ごく自然にその「差異」を識別していたというのである。つまり、「聴覚印象」に従ってしか器官の意志的な使用はありえないがゆえに、精神にもたらされる「聴覚印象」を誰もが「確実かつ明瞭に」確定可能だとされているのだ。そう述べてから、言語記号は「観念」Idéeと「音」Phonismeとの結びつきではないと指摘し、いわゆるソシュール的な記号の定義を図解することになる。

そこで提起された図を言説化するなら、まず、「記号の領域」Région du signeというものが設定され、それに「心理的」psychologiqueという説明が括弧で示される。その領域は二分され、「聴覚映像」Image acoustiqueと「思考の映像」Image de penséeが併置され、その関係が「心的結合」Association psychiqueであると改めて指摘されている。さらに、「聴覚映像」の部分から直線が伸び、「発音行為」Acte phonatoireという言葉につながっており、また「思考の映像」から伸びる直線は、「聴覚映像を反復する……ための発音行為」Acte phonatoire〔…〕, pour répéter l'image acoustiqueという語群に直結しているのである。

「シーニュ」、「シニフィエ」、「シニフィアン」という語彙は使用されていなくとも、この図式をかたちづくる諸要素が、一九一一年五月十九日の言語記号の定義にかさなりあうことはほぼ明らかである。「聴覚映像」という言葉は『一般言語学講義』にも姿をみせており、それを「シニフィアン」と呼ぶのだと提起されているから誤解の余地はなかろうし、『講義』では「シニフィエ」と呼ばれることになる「概念」が、ここではいまだ「思考の映像」という説明にとどまっている点に関しても、さしたる問題はなかろうと思う。にもかかわらず、「ノート」における記述と『講義』のそれとになんらかの違いが識別しうるとしたら、それは、言語記号を「シーニュ」と呼ぶことで、ソシュールがそれまでくりかえし試みてきた語彙の模索に終止符をうち、以後、注釈を放棄しているかにみえることにつきている。

これは、予想される以上の大きな差異をかたちづくることになる。というのも、「言語学者」フェルディナン・ド・ソシュールが蒙った最大の不幸は、言語記号を「シーニュ」と呼び、それが「シニフィエ」と「シニフィアン」との結合からなるとしたことで、彼の言語理論における「記号」の概念が決定的な輪郭におさまったかのごとくに信じられても不自然ではない状況が、客観的に成立してしまったからである。彼がいったん構想されもした『書物』を完成させず、また『一般言語学講義』を自分の手で刊行しなかったのは、その言語記号の定義をめぐる躊躇や逡巡が、論理的な完璧さを実現しえぬことの苛立ちによるものではなく、その完璧さが保証するかもしれない「言語学」の体系化が、みずからの意図とは気の遠くなるほど距ったものであることに充分自覚的だったからである。

いま「みずからの意図」と呼んだものが、具体的にどんなものであるかの詮索は別の機会に譲ることにする。だが、いずれにせよ、「シーニュ」、「シニフィエ」、「シニフィアン」という三つの語彙がきわだたせる言語記号の定義が、ソシュール自身にとっての不幸にとどまらず、いまやその決算期にさしかかりつつある二〇世紀的な「知」の体系が蒙りもした最大の不幸なのかもしれぬという視点が、しかるべき現実感を帯び始めているのはまぎれもない事実だといわねばならない。事実、「シーニュ」、「シニフィエ」、「シニフィアン」という三つの用語は、命名者ソシュール自身の思惑を遥かに超えた頻度で、言語学の音韻論的な領域はいうまでもなく、文化人類学から精神分析学にいたるまで、この上なく便利な概念として、ありとあらゆる領域に身軽な流通ぶりを誇っている。

こうした隣接の学問領域に流通している記号の概念の多くが、ソシュールとはむしろ無縁のものだと判断することは決してむずかしくない。たとえばジャック・ラカンが「シニフィアン」の優位を口にするとき、それはソシュール的な記号の概念とはいささか異なるものだし、また、クロード・レヴィ＝ストロースの「神話素」といった概念もまた、ソシュールその人にとってはむしろ消極的な意義しか担ってはいない音韻論に、多くのものを負っているはずである。さらには、「シーニュ」の定義が、とりわけ「シニフィアン」をめぐって、それが物理的かつ生理的な音であると主張されたりするように、ときに信じがたい誤読の対象にすらなっていた事実を指摘することさえ、いまではむしろ容易なのである。だが、優れて大胆な思考の身振りを演じてみせたものにはしばしば起こりがちなこうした読み間違いが、言語学の領域でソシュールの思想の正しい継承をさまたげていることの不幸をいまさらいい募ってみても始まるまい。問題は、ソシュール自身が、ある種の諦めから慎重さを放棄することで引き寄せてしまった「言語学」的な身振りそのものの不幸の質を吟味することにある。それは、まさしく「シーニュ」の定義そのものに露呈されている言語記号を思考することの不可能性という不幸にほかなるまい。

その不幸とは、言語について思考しようとするソシュールが、とりわけ言語記号をめぐって行う言表行為のあらゆる水準で絶えず向かい合うことになった不幸である。科学としての言語学の成立に不可欠な要素としての不幸だとさえいってよかろうと思うが、「シーニュ」、「シニフィエ」、「シニフィアン」という三つの語彙で言語記号を定義しなければならなくなったとき、充分に意識的だったはずのその不幸を、わずかなりとも軽減しようとする誘惑に、ソシュールが思わず屈してしまっているかのようにみえる。ここでの定義が、いくぶんか慎重さを放棄することでえられたものだと冒頭でいっておいたのも、そうした意味においてである。また、なにがしかの諦念が彼に不幸と直面することを延期させたのではなかろうかという想像も、そうした事態に由来するものだ。いま、その不幸について論じるべきときがきているように思う。

イマージュのソシュール=ソシュールのイマージュ

すでに触れたことだが、『一般言語学講義』のテクストと『原資料』の記述との微妙な差異を超えたかたちで、言語記号を「シーニュ」、「シニフィエ」、「シニフィアン」という三つの語彙で定義したソシュール像というものがまぎれもなく存在する。そうした肖像におさまるソシュールを、とりあえず「イマージュのソシュール」と名づけることにしよう。あるいは、そこに「ソシュールのイマージュ」と呼ぶにふさわしい肖像が成立するのだというほうがより正確かとも思うが、いったん不幸に顔をそむけることで言語記号の定義が可能となったとするなら、「イマージュのソシュール」にはある種の楽天性がたちこめているといえるかもしれない。あるいは、それがある諦めからでた振る舞いだとするなら、ことによるとペシミズムが色濃く漂っているというべきなのかもしれない。いずれにせよ、かかる肖像が、『原資料』を詳しく読みとき、さらには後期の「アナグラム」をめぐる彼の言説と親しく接することで成立するソシュールの全体像といったものによって修正さるべきか否かといった論議は、このさい無視することにする。理由は、それがソシュールであれ誰であれ、必ずしも一貫した言説を担い続けていたとはいいがたいひとりの作家を前にした場合、そのさまざまな発言の矛盾を弁証法的に統合することで、そこに初めてその正しい「全体像」がかたちづくられるはずだといったたぐいの議論など、にわかに信じることはできないからである。

それが誰であれ、ひとつの存在は、決まって複数の異なる肖像のもとで視界に浮上する。言語的な事象もまた、そのような複数の表情におさまることで思考を刺激するものだが、しかるべき目的の遂行にあたって、そうした肖像や表情のいくつかをとりあえず無視するという態度は、当然のことながらいくらも可能である。というより、思考というものは、そのようにしてしかしかるべき事態を厳密な対象としてとらえることはできないはずなのだ。事実、ソシュール自身にしても、言語がまとう複数の表情のいくつかを自覚的に排除するという方法的な選択によって、かろうじて言語記号の定義にたどりついたにすぎない。

丸山圭三郎にならって、そうした手続きを「記号論的な還元」と呼ぶべきか、あるいは『グラマトロジーについて』のジャック・デリダとともに、「音声的質料の還元」と呼ぶべきかという問題はさして重要ではない。ここでなにより重要なのは、言語記号を「シーニュ」と呼ぼうと提案するソシュールが、言語そのものではなく、なによりもまず、言語の「イマージュ」を視界に浮上させようとしているという事態にほかならない。そのとき、彼は、言語と無媒介的に接することを断念しているのだが、それは『一般言語学講義』のテクストからも、『原資料』の文章からしても明らかである。たとえば、「言語は形態 forme であって、実体 substance ではない」（小林英夫訳、一七二頁）、あるいは「言語には差異 différence しかない」（二六八頁）といった記述を『一般言語学講義』に読むときひとはなにを想像することができるか。さらには、「aはbのたすけがなくてはなにも示すことができない。あるいは、ふたつはたがいの差異によってしか価値を持たないと言ってよい。……価値はあの永遠の差異の茂みにあるだけだ」（前田英樹訳、『沈黙するソシュール』二三五頁）といった記述を『ノート』のひとつに読んだりする場合、なにを想像することができるか。かろうじて想像しうるのは、「実体ではない」といわれる言語記号としての「シーニュ」の徹底した不在である。「シーニュ」とは、それと現実に接することで思考されるものではなく、それと接したことの刻印を介して初めて思考可能になる対象だといわれているからである。「思考の映像」としての「シニフェ」と「聴覚映像」としての「シニフィアン」との心的な結合によって成立するのだという「シーニュ」は、そもそもの始まりからして「イマージュ」としてしか思考の対象たりがたいものだったはずなのだ。しかも、「シーニュ」が言語記号として単独に意味作用の形成に貢献するのではなく、それ自体として「実体ではない」はずの差異によってしか意味が生成しないというのだから、ここでの「シーニュ」の不在は二重化されているといわねばなるまい。こうして、ソシュールは、言語そのものではなく、「イマージュ」としての言語を、「イマージュ」を介して思考するという姿勢を選択したことになるのである。そして、そうした選択をしたことの意味はきわめて重い。

もちろん、「イマージュ」を介して言語を思考するという自覚的な選択が、彼自身にどんな試練を課すことになるか、ソシュールは充分に心得ていたはずである。それが彼の真意であるか否かはひとまずおくとしても「イマージュのソシュール」は、言語をひとまず「体系＝システム」として思考せざるをえない状況に自分を追いやっているのであり、そのとき形成されるのが「ソシュールのイマージュ」というひとつの肖像にほかならない。「ソシュールは『システムと構造』の思想家ではない」という立川健二の言葉にもかかわらず、言語記号を「シーニュ」と呼ぼうと提案するソシュールは、その当然の帰結として、「体系」としての言語を思考しなければならないからである。そして、誰ひとりとして、その事実を否定する権利を持ってはいない。

確かなことは、言語記号を「シーニュ」として定義するソシュール像の形成を、それが形成されようとするその瞬間に、ソシュール自身がことさら妨げようとはしていないという事実である。ある種の諦念からそうするほかはなかったのだろうというのはひとつの解釈にすぎないが、その解釈が正当化されうる文脈をソシュールは明らかに準備しているようにみえる。にもかかわらず、ここでのソシュールが、慎重さを放棄することで、不幸を軽減しようとしているという事実は厳然として残る。つまり、「イマージュ」としての言語を選ぶことで、彼は、言語とともにある状態からいったん自由になり、距離のかなたにしりぞいた言語をめぐって、つまりはその不在の「イマージュ」に向けて思考を投げかける権利を行使することになったのである。

こうした選択が、ソシュールにとって可能であったはずの数ある選択のひとつにすぎないと主張することは難しい。現存としての言語とともにある限り、その「体系」を思考することはいうまでもなく、その単位を確定することさえ不可能だからである。彼には、そうすることしかできなかったのだ。であるが故に、「イマージュのソシュール」が導きだす「ソシュールのイマージュ」を否定するのは無駄ないとなみというほかはない。われわれの興味は、なぜソシュールが、あれほど形式的に整いすぎた「シーニュ」、「シニフィエ」、「シニフィアン」という三つの語彙で言語記号の定義を行い、そのことで、それ以前の躊躇や逡巡の跡を抹殺しようとしたのかという心理的な理由の詮索にはない。問題は、言語を思考するものとして、彼が不断に向かい合っていたはずの不幸から、ここでいったん顔をそむけることになったという事実そのものである。「イマージュのソシュール」とはそのようにして成立するひとつの肖像にほかならないが、そうした肖像によって触発される「ソシュールのイマージュ」がどんな輪郭におさまっているのかを真剣に考えてみなければならない。

「イマージュのソシュール」によって成立する「ソシュールのイマージュ」は、たとえば丸山圭三郎のように、後期のアナグラム研究に着目しながら、「乗り超えのための記号論」をソシュールが準備していたと指摘することで回避できる程度のものではないし、また、立川健二のように「《力》の思想家」としてのソシュールを擁護することで回避できる程度のものでもない。「イマージュのソシュール」なるものは、そうした指摘や擁護とはおよそ無縁の領域に、あるいは、ことによるとそうした読み方となんら矛盾することなく、「言語学」的な思考とは異なる力に支えられたかたちでそびえているのかもしれない。

もちろん、「ソシュールのイマージュ」などというそんな肖像など初めから存在しており、いまさら驚くにはあたらないとする視点も存在する。たとえば、『『記号』でも『形態』でもいいが、これは『観念』と『音』とがどこからかやってきて結びついた結合体などではない」と書き、「ソシュールは結合の事実など信じてはいない」と小気味よく断言する『沈黙するソシュール』の前田英樹は、「結合の事実など一度もなかったのだ。あるのは、『記号』がそういう抽象的要素に分解されることができるという事実だけだ。……ただ『記号』というひとつの経験、『音』にも『観念』にも似ていない『記号』という具体的な経験があるのだ」と続けることで、誰もが多少は胡散臭い思いをいだいたことのある「シニフィエ」と「シニフィアン」の問題に、あっさり決着をつけてしまう。

ことによると、こうした立論は決定的に正しいのかもしれない。「ソシュールが『音』や『観念』やそれらの結合について語るのは、むろん言語学が、あるいはそれが基礎とする形而上学が、そういう記号の操作としてしか成りたたないからだ」（二三三頁）と前田英樹がいうとき、彼は「イマージュのソシュール」を当然の前提にしているかにみえるからである。だが、「実体」substanceという語彙の導入をめぐって、そもそも言語学が形而上学の内部にしか成立しえないという事実を、みずからこしらえあげた装置によって言語学者たちに向かってあらかじめ示す目的があったのだと彼が論を進めるとき、われわれはそこに姿をみせる意識されざる思考のニヒリズムといったものに、思わずたじろがざるをえない。いったい、ソシュールは、いわゆる『原資料』の草稿類を埋めつくしたあれだけの言葉を、もっぱら無自覚な他人に事態を認識させるために、しかも、おのれにとってはあまりに当然すぎる事実をあえて書いていたとでもいうのだろうか。

たしかに、ソシュールの思考の中で、言語記号たる「シーニュ」の「イマージュ」や、その体系としての「ラング」といった「イマージュ」があっさり形成されてしまうかにみえるとき、そこに「形而上学」的な何かが顔をのぞかせている事実を否定するのは難しい。また、そうならざるをえないことの成り行きに充分自覚的だったソシュールが、科学としての「言語学」の完璧な成立をできれば遅延させたいと願っていたというのならまんざらわからぬでもない。だが、「草稿が示しているのは、記述のための基礎原理といったものではない。それは、どんなときでも『語』や『単位』や『記号』や、その他もろもろの言語学の言葉に対する注釈的延期として現れる」（二〇頁）と書き、さらに「彼がひたすら希望していたのは、ラングの学としての〈言語学〉に厳密な言説をおくりこむこと、ただそれだけだ」（二七〇頁）とも述べている著者が、ことソシュールの思考の「形而上学」的な側面に触れたときばかりは、いかにもニヒルな語調で、それが同時代の言語学者たちに対して示す一種の戦術的な態度にすぎぬと断じたりしているのは自家撞着もはなはだしく、理解に苦しむといわねばならない。

おそらく、ソシュールの読み手として決して資質を欠いているわけではない一人の研究者が、不意に意識されざるニヒリズムに陥ったりしてしまうのは、前田英樹が、これという根拠も示さぬまま、「彼が草稿のなかで際限なくただひとつのことを書き」（二〇頁）続けていたのだと冒頭から断定していることに由来している。だが、あえていうまでもあるまいが、人は、決して「ただひとつのこと」だけを書いたりはしない。事実、ソシュールは、多くのことがらを書き残しており、この当然の事態を認識することからすべての読みは始まらなければならない。そのとき、ソシュールになり代わって思考することをおのれに禁じるだけの慎しみを失わずにいることが、あらゆる書き手に求められるのは当然のことである。

すでに指摘したことだが、われわれがいう「イマージュのソシュール」とは、いくつも存在しているはずのソシュール像のひとつにすぎない。「イマージュ」を介してしか言語と言語記号とを思考しえないというその立場は文字通り「形而上学」的なものではあるが、そうあるしかないことの責任は、もちろんソシュールその人が引き受けているはずのものだ。事実、ソシュールは、いま形成されたばかりの「ソシュールのイマージュ」をさらに徹底させようとしているかにみえるのだが、そのことの意義にある程度まで自覚的ではあったろうと想像されはするものの、だからといって、彼が充分なまでに自覚的であったとは誰にも断言しがたいのである。

かくして、とりあえず形成された肖像としての「イマージュのソシュール」によって導きだされる「ソシュールのイマージュ」は、楽天的でもあれば悲観的でもあるという二重の相貌におさまることになるかにみえる。だが、より正確にいうなら、そうした「ソシュールのイマージュ」は、楽天的でもなければ悲観的でもないのである。問題は、むしろ、負の二重性ともいうべきその曖昧な風土に触れることで、言語を思考することに特有の不幸があっさり中和されてしまうという事実である。つまり、「シーニュ」、「シニフィエ」、「シニフィアン」という三つの語彙による言語記号の定義だけは断じて避けて通らねばならなかったし、それを避けて通ることもまた断じて許されないという苛酷な現実に直面していたはずのソシュールは、いつしか、そうした定義を試みてもよいし、また試みなくてかまわないといった二者択一を引き受けようとする余裕のある存在へと変貌しているのである。そのとき、不幸が思考の条件でなくなっているのはいうまでもない。

もっとも、こうした不幸の消失ぶりは、必ずしも思考の頽廃を意味するものではない。そのような事態が許されていないかぎり、ひとは絶えざる失語状態に陥るほかはないだろうし、また、ものを書くことも永遠に禁じられたいとなみでしかなくなってしまうだろう。それが、言語記号を思考するという体験と、書くという言語記号の実践とを隔てている微妙ではあるが決定的な違いなのである。

思考するという体験は、その対象がなんであれ、純粋に「イマージュ」の体験であり、とりわけ言語が主題となった場合、「イマージュ」にさからう体験として言語記号を書くこと、すなわちエクリチュールの実践とはいかなる意味においてもかさなりあうことがない。そこには、誰にも修正を施す術すらない偏差が横たわっており、「イマージュのソシュール」によって導きだされる肖像としての「ソシュールのイマージュ」は、まさしくその決定的なずれゆきによって支えられているものなのだ。

『一般言語学講義』が弟子たちの手で編まれた死後出版だという事実をいくぶん神話化するかのように、ある時期には間違いなく構想されていた書物の執筆を最終的に断念したことが、フェルディナン・ド・ソシュールを他の言語学者たちから隔てる決定的な優位なのだと論じたてようとするひとつの傾向が存在する。だが、いったんは書き始められた草稿を彼が完成させなかったことは、みずからの手で書物を刊行することがなかったことと同様に、とりたてて特筆さるべきことがらではない。ソシュールはまぎれもなく書くひととして生涯を終えており、その事実を否定するにたるものはなにひとつとして残されていないからである。事実、『原資料』の解読から始められた注目すべきソシュール研究のほとんどは、書かれたもの、すなわち彼のエクリチュールを読むことで成立しているのだが、丸山圭三郎の先駆的な著作が『ソシュールの思想』と題されており、『ソシュールのエクリチュール』でなかったことが象徴的であるように、その多くは、ソシュールの思考をエクリチュールを介して読みとることがごく自然に可能であるかのような視点をとっている。もちろん、それが絶対的に不可能だというつもりはないが、少なくとも、それを可能にするための方法が模索されていたという形跡はどの書物にも読み取ることはできない。ごく自然に書かれた言葉から出発していながら、そこには、書くという言語記号の実践と「イマージュ」の体験として言語記号を考えることとの絶対的な偏差に対する戦略が徹底して欠けているからである。

ソシュールは「言語学者ではない。ソシュールは思想家である」といった立川健二の宣言が露呈させているのも、そうした戦略の欠如にほかなるまい。ソシュールが言語学者であろうが、思想家であろうが、そんなことはどうでもよろしい。だが、ソシュールが書くひとだったこと、つまりは言語記号の実践者としての作家であったことだけは、誰も否定することはできまい。われわれの到達しうる「ソシュールのイマージュ」とは、まさしく作家としての、エクリチュールの人としての輪郭のもとに姿をみせる肖像にほかならない。

差異と力

作家としてのソシュールは、当然のことながら、いままさに自分がそれとともにあるはずの言語記号なるものを思考することの不可能性に逢着する。彼がかろうじて思考の対象としうるのは、まさしく現前化しつつある瞬間のそれではなく、いま、ここには不在であることのみを告げている「イマージュ」としての言語記号にすぎないからである。

だが、それは、いささかも驚くべき事態ではない。言語記号を「シーニュ」と呼ぶと提案し、「シニフィエ」と「シニフィアン」との恣意的な結合を生きるものだとされるその「シーニュ」が「ラング」という言語体系の単位だと定義しないかぎり、あたりに遍在する無数の言語記号の群れそのものは、たんなる無秩序なかたまりしかかたちづくることがないからである。そのときソシュールがいわんとしているのは、そうとは公言されていないものの、「シーニュ」という形式におさまろうとしないあまたの言語記号が、ひたすら差異化することしか知らない始末におえぬ差異にほかならないという事実をおいてほかにはあるまい。つまり、現前化しつつある瞬間の言語記号そのものが差異なのであり、その作働中の差異を思考しようとする試みを彼があらかじめ回避しているのは、ごく当然の成り行きだといってよい。

たとえば「シニフィアンとシニフィエの絆は、ひとが混沌たる塊に働きかけて切り取ることの出来るかくかくの聴覚映像とかくかくの観念の切片の結合から生じた特定の価値のおかげで、結ばれる」とソシュールが書くとき、その「混沌たる塊」こそ、現前化しつつある差異の立ち騒ぐ領域なのである。ソシュール自身によってときにカオスとも呼ばれ、丸山圭三郎がイェルムスレウの術語の英語訳としてのパポートを採用しているものにも相当するこの「混沌たる塊」は、しかし、『ソシュールの思想』の著者が考えているように、分節しがたいものの不定形なマグマ状の連続体といったものではない。たしかにソシュール自身もそうした誤解を招きかねない「星雲」といった比喩を使ってはいるが、あらゆるものがもつれあっているが故にそれがカオスと呼ばれるのではなく、そこにあるすべての要素がそれぞれに異なった自分をわれがちに主張しあっているが故にカオスなのである。なるほど、一見したところそこには秩序はないが、しかし、秩序はそこからしか生じえないはずのものでのり、これを「コスモス＝分節化されたもの」と「カオス＝分節化以前のもの」の対立ととらえるかぎり、作家としてのソシュールが視界に浮上する瞬間は訪れないだろう。「作家」とは、みずからを差異として組織することで「作品」という差異を生産するものだからである。もちろんこの差異はコスモスには属していない。

「『星雲』というのは、シーニュによる分節以前の実質である意味のマグマを指して」いると丸山圭三郎は主張している（『ソシュールを読む』、四〇頁）が、では彼は、「シーニュ」の分節能力はどこからくるというのだろうか。ソシュールにとって、「ラング」が差異の体系だといったことぐらいなら、いまでは誰もが知っている。事実、「シーニュがあるのではなく、シーニュの間の差異があるだけだ」といったたぐいのことをソシュールはいたるところで口にしているし、「シーニュ」は「純粋に否定的で示差的な価値」しか持ってはいないとさえ念をおすことを忘れていない。だがソシュールが、そうした記号概念を知っているということは、同時に、彼自身がまぎれもなく書いた言葉の中に、あからさまにそうと明言されてはいなくとも、彼がまぎれもなく知っている別のことがらを読み取ることをうながしているはずである。

　では、ソシュールはなにを知っているか。「ラング」が差異の体系だということは、それが体系化された差異からなりたっていることを意味しているはずである。だとするなら、そう書いたものは、当然のことながら、体系化されない差異というものをも知っていることを前提としていなければなるまい。また、「シーニュが否定的で示差的な価値」を持つものだというなら、否定的ではない差異、すなわち積極的な差異というものを知っていることを前提としているはずである。事実、彼は、体系化されることのない積極的な差異なるものを明らかに知っている。「混沌たる塊」や「星雲」といった比喩で語っているものこそがそれでなければならない。そこには、体系化されることのない積極的な差異としての言語記号が無数におのれを主張しあうことで、カオスと呼ばれるにふさわしい風土を形成している。ソシュールが裸の言語記号を思考することを断念せざるをえないのは、そのひとつひとつが「イマージュ」を身にまとうことをひたすらこばみ、素肌のままであたりを闊歩するという野蛮さに徹しているからだ。これはなんとも始末におえない世界だとつぶやきながら、彼は思わず目を閉じ、耳を覆わざるをえない。

その瞬間、ソシュールの不可視の視界には、不在を告げるものとしての「イマージュ」をまとった「シーニュ」と、その体系にほかならぬ「ラング」とが、同時に音もなく浮上することになるだろう。『一般言語学講義』と『原資料』とに詳細に書き込まれているはずでありながら、「シーニュ」としてはそのように読まれることをこばんでいるのは、体系化されることのない積極的な差異の世界から体系化された否定的な差異の世界へのソシュールの余儀ない撤退ぶりにほかならない。ソシュールを読むにあって見落としてはならぬ肝心な記号は、おそらく、この差異の領域を隔てている差異をひそかに不在化してしまった「イマージュのソシュール」の身振りをめぐるものだろう。それは、差異に言及しようとするまさにその瞬間、それをすぐさま否定的なものだと定義せずにはおれず、差異の肯定を進んで放棄してしまうソシュールに対する『差異と反復』のジル・ドゥルーズの苛立ちを招いた身振りにほかならない。その身振りは、まぎれもなく記号化されているが、そのとき記号化されているものが「シーニュ」としての言語記号でないことはいうまでもない。そのことについて、「シーニュ」としての言語記号はあくまで沈黙をまもっている。

共時的現象としての言語ではなく、不等質な《動く差異》が戯れている領域としてのその通時的な側面に注目する立川健二は、あたかもソシュールが「ダイナミックで自由な〈差異〉の運動」（二四二頁）を生きることをわれわれに示唆しているかのごとくに語ってはいる。それは、「表象不可能な〈運動〉」にほかならず、ソシュールが難儀しながら何とか語ろうとしたのはこの語りえぬものなのだと彼はいうのだが、それは、体系化された否定的な差異と体系化されることのない積極的な差異との差異をソシュールが充分に意識しており、後者から前者への撤退はみせかけにすぎないという視点にほかなるまい。「イマージュのソシュール」に対して「力のソシュール」というものが存在しており、そうした可能性の中心においてこそソシュールは読まれるべきだというのだろう。

もちろん、『《力》の思想家ソシュール』を擁護するみちはそれしか残されておらず、できればわれわれからもそうすることでソシュールを救いたいとさえ思う。だが、「通時的現象によって創り出された差異」によって「共時的現象の本質」をなすというソシュールの言葉を立川はいささか楽天的に誤解しているかにみえる。それは、「アポセーム変化」といった術語を作り上げて論ずべき問題ではなく、「シーニュ」が反復されることで心的刻印として固定化され、差異が体系化されるというごく当たり前の過程を述べているにすぎず、それがないかぎり「ラング」の共時的な秩序など成立しがたいのは当然だろう。しかも、立川が語りえぬものだという《動く差異》とやらの運動に身をさらすということは、かりにそんなことが可能だったとして、ごく単純に言語についての「イマージュ」を決定的に失うことを意味しており、「ダイナミックで自由な」振舞いだの、「固定したシステム＝制度」からの解放だのといった楽天性とはいっさい無縁の思考放棄につながるものである。なるほど、ソシュールは、諦念に彩られた振る舞いとして言語の「イマージュ」へと撤退しはしたが、それは、この種の楽天的な身振りだけはおのれに禁じようとする厳しさを見失わずにおくためではなかったか。

余儀ない撤退からひたすらな沈黙への道を選ぶソシュールのこの不幸な肖像の成立を、言語学の意識されざる「形而上学」化という言葉で呼ぶことはいくらも可能である。あるいはそこで、「形而上学」の伝統が「現象学」的な思考とひそかに連繋し、装いを新たにしたのだといえるかもしれない。たとえば、二〇世紀的な「知」の支配的な形態と呼ぶこともできよう「構造主義」的な思考のかなりの部分が、撤退しつつ沈黙する「ソシュールのイマージュ」の記憶を無自覚に反芻することでかたちづくられていったことは、否定しがたい現実だからである。もっぱら「イマージュ」を介して運動する思考が、「イマージュ」を欠いた世界での体験の記憶をいささかもとどめていないという意味でなら、「ソシュールのイマージュ」の無意識の反芻によって形成される「知」の支配的な形態のことごとくを、たとえば唯物論的な身振りの回避として定義することも可能である。さらには、同じ理由によって、体系化されることのない積極的な差異にほかならぬ複数性の活動を思考から徹底的に追放しようとする風土の無自覚な定着を、近代のニヒリズムのあからさまな露呈ととらえることもできるだろう。そのことに苛立つ風情もないまま思考がかさねられてゆくかのごとき現状を目のあたりにすると、思わず「魂」という古色蒼然たる言葉が筆先からこぼれ落ちてしまう。たとえば、体系化されることのない否定的な差異の世界に保護されたまま甘美なまどろみをむさぼっている連中は、「魂」に触れぬまま、もっぱら記号の「イマージュ」のみと戯れているとしかみえぬからである。

いま、「知」の領域でおおがかりに進行しつつあるのは、この種の唯物論の回避と連携しあうニヒリズムの露呈にほかならない。文化から政治にいたるすべての領域で、たとえば複数性とは無縁の多元論に逃れたり、「形而上学」と化した民主主義の「イマージュ」を顕揚する無自覚なニヒリズムとしてこの傾向が定着されようとしている。フェルディナン・ド・ソシュールが明らかに知っていながら、それに言及することを避けることしかできなかったふたつの差異を隔てる差異の不在化が、いたるところで思考から記憶を奪い、その活動を鈍らせてゆく。仮にポストモダンと呼ぶものが話題になりうるとしたら、あたかもこの不在化が自然な事態だといわんばかりに思考が受け入れている記憶喪失による活動の鈍化をおいてはないだろう。近代化された「観念論」ともいうべきこうした風潮の中でひたすら鈍り行く思考は、二つの差異の間の差異を知っていたことの痕跡さえとどめぬ「イマージュ」の世界のみを視界に認めているが故に、かえってすべてがすがすがしく冴えわたっているかの錯覚と戯れることができる。ひろく共有されているこの錯覚に対する闘いが、複数性の擁護として闘われなければならないことを、ソシュールは少なくとも自覚していた。だが、それに続くものとして形成された二〇世紀の「知」の体系のほとんどは、その自覚からの余儀ない撤退を、あたかも自然なこととして容認してしまっている。

その容認を自然なものとしては容認せずにおくこと。それが、ソシュール以後に生きるものたちの思考の身振りでなければならない。「魂」の唯物論的な擁護がいささかの倒錯性も身にまとうことなく、いま始まろうとしている。

視線、物語、断片
ボッティチェルリの『春』と『ヴィーナスの誕生』

絵画という限られた表層断片を前にすると、視線はたちどころに自由な振舞いを奪われてしまう。あたかもまばたきすらが禁じられているかのように、瞳はいくつもの義務にせきたてられてこわばりはじめる。そして、残された最後のしなやかさと引き換えに、それが無限の拡がりを持っていないことの安堵感を手に入れる。ここからさきはもう絵画ではなくなるという限界をめざとく察知しながら、自分がその内部とのみ戯れていればよいのだと納得する瞳は、かくして凝視という名の虚構に安住することになる。

視界に一枚の絵を捉えること。それは、視線にとって、瞳と呼ばれる擬似＝主体の優位を確信することだ。主体が偽のものでしかないのは、それが、自由な振舞いを放棄したあとではじめて確立されるものだからである。一定の距離を介して確立されたかにみえる瞳の絵画に対する優位は、あくまで錯覚された優位にすぎず、義務感にこわばる視線がうけいれざるをえない徹底して不自由な状態にほかならない。実際、絵画と向き合おうとする存在は、誰ひとりとして、それが睡眠にこそふさわしい環境だなどとは思わないだろう。そこでは、むしろ、自分自身を不断の覚醒状態に置いておかねばならぬという信念に、瞳はこわばるばかりである。

わたくしの内部では、あらゆるものが目覚めていなければならぬと瞳はつぶやく。とりわけ、視覚がまどろむことがあってはならない。この限られた表層断片にくまなく視線をなげかけ、その滑走運動を、あるべき中心のまわりに周到に組織すること。漫然と視界におさめるといったことでとどまってはならない。不自由をごく自然なこととして表現するという、この意識されがたい屈辱感とともに見ることがはじまる。だから、絵画を見るとは、瞳にとっては断じて自然な機能とはいいがたいのだ。まどろむこと、まばたくこと、視線を曖昧にそらすこと、そうしたごく日常的な振舞いが、絵画を前にした瞬間、瞳からはごく自然に奪われる、表層はどこまでも表層であるはずなのに、そこに一つの限界を劃定し、現実には見えている外部をあたかも見えてはいないかのように視線から排除することの途方もない不自由。それを視線の優位だととり違える錯覚こそが、絵画と視線とをとりあえず調和させるのだというべきかもしれない。

現実には、まどろみ、まばたき、視線を震わせ、あらゆる境界線を無効にしながら外部と内部との対立をつき崩してゆくはずの生きた瞳は、そのとき、あたかも未来永劫シャッターが閉ざされることのない写真機ででもあるかのように、自分が絵画の前に据えられた情景を想像する。少なくとも、絵画という限られた表層断片を前にした場合には、自分自身をいつでもそうした装置になぞらえるものと確信する。それが、見ることをめぐる不自由きわまる虚構の実感である。だがそれにしても、何というファンタスム。絵画は、この驚くべきファンタスムの中にしか存在しない。その途方もない虚構こそ、人がこれまで文化と呼びつづけてきた説話論的な磁場にほかならない。美術史的な言説、神話学的な言説、図像学的な言説、記号学的な言説、等々、一枚の絵画をめぐって主体が綴りあげると思われる言葉のすべては、すでにそのファンタスムの中に貯蔵されている。人は、こうした物語を自由に選択するのではない。物語は、表層そのものに刻みこまれているのでもなければ、それを視界におさめつつある主体によって想像されたり、創造されたりするのでもない。人は、ファンタスムの説話論的な分節化作用をうけいれ、語ることのまやかしの優位を錯覚しつつ、実は、物語の主人公へと仕立てあげられてゆくのである。虚構の作中人物であるかぎりにおいて、人は、だからいっときも自由ではない。自由であるためには、この説話論的な磁場の外部へと逃れ出ねばならない。だが、その瞬間、絵画という限られた表層断片は消滅する。絵画の外部と内部とが異質の領域であることをやめるほかはないからである。そこにはもはや、どこまで行ってものっぺらぼうな表層しか残されていない。

だから、われわれがいま、ボッティチェルリの『春』と『ヴィーナスの誕生』を見ていると信ずることは、瞳がその劣勢をうけいれ、不自由を選択することにほかならない。それいがいに見ることは不可能なのだから、その事実は容認しなければならないだろう。つまり、虚構との戯れをとりあえず引きうけざるをえないのだ。不断の覚醒状態に置いておかねばならぬのは、この虚構との戯れがとりあえずの身振りにすぎぬという意識そのものであろう。つまり、見ることとそれにともなう思考することの善意から、ファンタスムを現実ととり違えるふりを装い、その演技さえ完璧に演じつづけるなら、瞳がまどろもうと、まばたこうと、視線がとめどもなくそれてゆこうと、それはまったく二義的なことでしかない。事実、われわれは、それがボッティチェルリが描き残した絵画であれ何であれ、その限られた表層断片を決して満遍なく視界におさめたりはしない。また、そのあらゆる細部が、均等なかたちで物語に加担したりもしない。凝視が虚構でしかないのはそうした理由による。誰もが、不自由な作中人物にふさわしく、あたかもあらかじめきめられた役割に従うかのように、しかるべき細部の表情をなぞってゆくことしかできない。その意味で、絵画には細部など存在しはしないのだ。物語の作中人物であるが故に擬似＝主体たることしかできない瞳は、みずからが所属する説話論的な持続にしたがって、見えるものと見えないものとを選別しているだけのことである。神が宿っているのは、だから細部ではなく、あくまで説話装置としてのファンタスムの内部でしかない。

たとえば神が宿りたまう説話論的な磁場には、ボッティチェルリの足しか視界に浮かびあがらせることのない物語が貯蔵されているはずだ。それは、フェティシスムという精神分析的な言説でもあるだろうし、上＝下という縦軸を強調する主題論的な言説でもあるだろうし、大地に接して存在を支えるものという神話学的な言説でもあろうし、飛ぶ足／歩く足、履き物をつけた足／裸足の脚という範例が顕在化せしめる記号学的な言説でもありうるだろう。いずれにせよ、『春』と『ヴィーナスの誕生』に描かれた足に執着することは、決して自由な振舞いではなく、徹底して不自由な物語への帰従行為にほかならない。だが、そのことがあくまでも意識的になされ、瞳が足から滑走したとしたらどうであろう。日本語の足という言葉が指示すべき部分がいささか曖昧なので、それを足首からさきの部分だと限定してみよう。すると、この二枚の絵画にはいくつの足が描かれているだろうか。

まず、いま問題となっている二つの作品に、何人の人物像が描かれているかを前提として調べてみよう。『春』には九人、『ヴィーナスの誕生』には四人、合計十三人の人物をそこに識別するには、横軸にそって、右から左、あるいは左から右に視線をなめらかに移動させれば充分である。足を数える場合、この同じ運動のなめらかさはやや低下する。視線は、『春』の右はしにいたっていささか停滞せざるをえないだろう。ゼピュロスと思しき男性は身を傾けて宙を飛んでいるが、その足首は、ともに画面の外部に位置しており、その手から逃れようとするかにみえるクロリスと断定さるべき女性も、逃れる動作を強調するものか、左右の足の位置がかなり離れ、うしろに残った左足が足首のところで画面の限界を越えてしまっている。したがって、指さきまでが刻明に描かれている足は、全部で二三本しかない。では、この二三本の足は、どんな物語を語っているか。

まず、足が手ほど饒舌に何ごとかを語っていないのは明らかである。指さきがからみあったり、何ものかを指さしたり、衣裳のすそをつまんだりといった表情の豊かさは足には禁じられている。だがその事実は、現実の足の単調さが絵画的構造の上にも反映しているだけのことで、説話論的にさして重要な機能を演じるものではあるまい。それなら、履物／素足という範例はどうであろうか。『春』に限られているこの対立関係は、合計で十五本存在する足のうち四本が靴を履いているので、十一対四というかなりな不均衡をつくりあげていることは確かである。但しその関係を人物配置として見た場合、この特権的な装身具をつけているのが、左はしのマーキュリーと中央に位置するヴィーナスの二人であり、神話的な寓意性と構図上の特色からして、さしたる不均衡を生じていないことがすぐに理解される。しかも、そのいずれもが足の指さきを露出させたサンダル状の靴であるという点からすれば、ここに描かれている十五本の足のすべてが、その先端において素足に近いという現象が明らかとなり、不均衡よりはむしろ均衡が維持されてさえいるといえるだろう。あるいは足の指までが鮮明な輪郭におさまっているという意味で『春』と『ヴィーナスの誕生』の全員は、調和ある関係を生きていると断言すべきかもしれない。そうしてみると、ここに表象された複数の足がおさまるべき物語は、現実の足にみられる表情のとぼしさを反映するのみだということなのだろうか。

飛ぶ足／歩く足の範例は、『ヴィーナスの誕生』においてはかなり劇的な役割を演じているかにみえる。『春』の場合、描かれている足が大地に接していないのは、キューピッドばかりだが、この特殊性は、それが中央のヴィーナスの頭上に位置しているという点で、何ら構図上に不均衡を生ずるものではない。『ヴィーナスの誕生』にあっては、前者で右はしに位置していたゼピュロスとクロリスが、全身をからみあわせるようにして左はしに位置し、ほとんど二人ともが宙に舞いながら、ヴィーナスに愛の風を吹き送っている。大地を踏みしめることのない二人の足は、もつれながら右向きに傾けられたそのからだの流れを支えているかのようだ。ここには、その身振りにおいて、かなりの程度まで劇的な足が描かれているといえようが、数の上からいえば、四対四の均衡は維持されている。また、二つの絵を並置した場合の構図からしても、右はしで画面の外に追いやられていたものが例外的な表情の豊かさを回復しているという点で、調和が保たれているといえよう。したがって、飛ぶ足／歩く足という対立関係も、説話論的な持続を分節化する機能を演じるものでないことが明らかにならざるをえない。それは左右に揺れ動く視線に、どこまでも同じ運動を保証するばかりである。では、どんな足に着目すれば、物語は異質の流れを描くことになるのか。

たとえば、裏／表という範列を足の主題に導入してみるとどうであろうか。指さきまでが刻明に描かれている二三本の足の中にあって、一つだけ例外的なものを挙げるとしたら、それは誰が見ても三美神の中央に位置する「貞節」の右足であろう。合計十三人のほぼ全員が胸なり腹なりをこちらに向けているという意味で表が裏に対して圧倒的な優位を示すこの人物配置にあって、ただ一人だけ豊かな腰をこちらに向け、臀部の割れ目までをも薄い衣裳を通して人目にさらしている「貞節」は、その右足の裏を見せているという点で、きわめて不均衡な存在である。それは、改めて指摘するまでもない明白な事実であろう。では、この例外的な足の位置は、足の物語に何かしら説話論的な変容を導入しうるものだろうか。

この足の例外性が新たに示す特異な側面もまた、すぐさま人目に触れる。それは、足の裏をのぞかせた「貞節」の右足が、「美」の右足と交錯し、その一部を隠しているという事実である。足という言葉を足首からさきの部分の指示にあてるという先刻の定義を思い起こしてみるなら、「貞節」の右足に隠された「美」の右足は、その輪郭が完璧に描かれてはいない唯一の例外をかたちづくることになる。『ヴィーナスの誕生』のゼピュロスとクロリスとは、胸から大腿部までをもつれあわせていながら、足首からさきに関しては、いささかも交錯しあうことなく四本ともが鮮明な輪郭におさまっており、したがってすべての足は、それが説話論的な必然ででもあるかのように、几帳面とさえいえる刻明さで描きつくされている。だから、「貞節」の右足にのぞく足の裏の例外性がますますきわだったものとなる。

とするなら、この背後が露呈されていることで特権的なものだといえる右足は、どのような足の物語を組織することになるのか。

ただちに生起するのは、中心の移動というか、その偏心という現象である。たとえば、美術史的な言説は、その説話論的な持続の維持に貢献するいくつもの〈知〉によって、現実に画面の中央に位置するヴィーナスを構図の中心として容認し、かつまた、その神話的な役割りをも正当化しようとする。だが、ここに展開される足の物語は、そうした物語の完結にあからさまに抗うだろう。というのも、この二枚の絵画の中で、大地と接し合っているもの、つまり宙に舞っているのではない人物は合計九人おり、『春』を向って右側に置いて並べた場合、「貞節」はまぎれもなくその中央の、左右から数えてちょうど五人目に位置することになるからである。あるいはこういい換えてもよい。頭上を飛翔するキューピッドをのぞけば、ほぼ視線を上下に移動することなく視界におさめうる人物の合計は十二人となる。したがって数の上からすれば、そこには中心的な人物は存在しえないのだが、肉体的にも分かちがたくからみあい、行為の上でも風を吹き送るという同一の身振りを演じ、しかも空間的にはまったく隙間を残すことなく描かれている『ヴィーナスの誕生』のゼピュロスとクロリスの二人の皮膚を地続きのものと考えるなら、「貞節」は視覚的に独立した存在として表象されている合計十一個の表面の、中央に位置する特権的な表面だということになろう。

ここでいう表面とは、もろもろの〈知〉がその自己同一性を保証する神話的な個人を離れ、たんなる形態と色彩のみを糧として存在する形態としての人体表象をいったほどの意味に理解していただきたい。いずれにせよ、裏／表の範列が導入されるや否や、あえて足の裏を人目にさらす「貞節」が、そうした表面の織りあげる関係の中心の移動を実現させることだけは確かな事実である。もちろん、そうした足の物語は、何を意味するわけでもないし、何によって正当化されるわけでもない。その事実の指摘によって、説話論的な装置としてのファンタスムから瞳が自由になれるというのでもない。さらにいうなら、画家ボッティチェルリにそうした意図があったと主張したいわけでもない。ただ、足の物語には、最後まで解消されがたい不均衡が残るというだけのことである。その不均衡が、中心のまわりにしかるべき細部を組織するというあの絵画的構図という虚構を、たえざる偏心作用によってつき崩す。

実際、かりに絵画に細部というものがあったとして、そのあらゆる細部がいっせいに騒ぎたて、われがちに表層である自分を主張したとするなら、構図はたちどころに廃棄されるほかはないだろう。また、擬似＝主体としての視線も、一瞬ごとに迷うことなしに絵画の表層を滑走しうるはずもない。構図とは、それが純粋に空間的な配置をいうのであれ、説話論的な持続の前後関係をいうのであれ、残酷というよりむしろ鈍感な排除と選別の手続きなしには想像しえぬ概念にほかならない。それに抗うには、絵画と呼ばれる限られた表層を思いきり細分化し、そこに理不尽な肥大や還元をほどこしながらその外部と内部との境界線を嘲笑するかのように総体をそっくりそのままあたりいったいに散布せしめることだ。足が、もはや表象化された足ではなく、それじたいが表層そのものに拮抗しうるほどの畸型化と構図の逸脱とを許すこと。ここに提示された杉浦康平氏による断片化の試みは、その畸型化と逸脱とを瞳に快活に許してくれる。快活さとは、中心と周辺、全体と部分という関係を崩壊せしめ、排除と選別の手続きが機能しえない領域を確保しえたものの解放感にほかならない表層を、方向を欠いた断片のたち騒ぐ場として肯定すること。そこに解き放たれた不調和な断片たちと戯れながら、自由と不自由とのとり違えを、視線は、もはや自然なものとは信じなくなるだろう。かくして絵画という限られた表層断片は視界から消滅し、ただ断片でしかない断片たちが祝祭の楽曲を奏る。自分がかつて瞳であったことさえ記憶にとどめぬ断片たちまでが、朗らかな身振りで快活にそれに和している。

命名の儀式

サルトル『嘔吐』にたどりつくまで

どうやら私にも名前が無いわけではなさそうなのだが、ここではひとまず、それを明かさぬままに話を進めたいと思う。

話を進めるといっても、語るべき多くのことがらが、匿名の私の中に埋蔵されているというのではない。すべてが私の身に起ったこととしてすでに語られてしまっているのだから、その私が、いまもなお私として存在し続けてよいものかどうかは大いに疑わしいのである。かつて、れっきとした姓名がそなわっていたと想像しうるしかるべき根拠はあるのだが、それらの名前は、いずれも他人が私に与えたものにすぎず、自分からそう名乗った記憶はほとんどなかったような気がする。その名を口にしながら、私について饒舌に語ってまわったのは、もっぱら見も知らぬ赤の他人たちなのだ。そんな名前が自分のものだと、どうして確信できようか。私に欠けていたわけではない名前を明かさぬままに話を進めたいと思うのは、そうした理由による。

それに加えて、第二の理由が存在している。一時期、私の名前は、世間的にかなり有名なものだったといってよい。いまでは、ごく曖昧に忘れられているが、それでもまったく無名というわけでもないだろう。私があえて自分の名前を名乗ろうとしないのは、しかし、それが蒙ってきた毀誉褒貶にうんざりしているからではない。それが間違いなく自分に所属している名前だと断言しえない自信のなさを嘲笑するかのように、他人が、私こそその名前の持主だと確信しているこの無邪気な確信をたやすくは共有しえないが故に、自己同一性を曖昧に放置したまま話を進めるしかないのである。

いうまでもなかろうが、他人が気軽に口にするその名前と、私自身とがとり結ぶべき正常な関係が見当たらぬことに、私が深刻に悩んでいるわけではない。私が素直にはうけいれがたく思っているのは、自分から名乗り出たわけでもないその名前を、しごくあっさりと私の名前だと信じこんでしまう人びとの信じやすさなのである。少なくとも、私は自分自身をさし示すのに、私という記号を用いる必然しか持っていなかった。私は、ただ、三年ほど滞在したことになっているある地方都市での体験を、日記として綴っただけである。そこでの私は、もっぱら私自身について語り、かりにその文章に幾人かの第三者が登場することがあっても、それは、もっぱら彼らが私の視界を横切って行ったからにすぎない。そこには、私の想像力が捏造した虚構の人物など一人として混ってはいない。しかも、私は、その日記に署名したりはしなかった。「いちばんよいことは、その日その日のできごとを書きとめておくことであろう」という考えに従って、ただ、身のまわりに起こった事態を、「取るにたらぬことのようでも、そのニュアンスを、小さな事実を見逃さ」ずにおくために綴られた日記を、私は無署名の断片として放置しただけである。

それが、ごく限られた一時期の日記で終っているのは、そうした記述の試みが、必ずしもいちばんよいこととは見なされなくなったからである。その変化の理由について、いまは詳述を避ける。重要なのは、日記が執筆され続けている限り、私は、自分をひたすら私として記号化していたという点につきている。私は、名前なしでも充分にやっていけたはずなのである。

その後、日記の断片はある人物の手に渡り、短い緒言をともなって書物として刊行されることになる。その間の事情を、私は詳しく知らない。というより、自分の放置した日記がある男の目にとまり、書物として印刷されたという事実をこの私が知っているか否か、そのあたりはきわめてあやふやな状態にある。私が私たりえているのはただ日記を綴るときだけであり、その執筆が中断されているからには、もはや自分を私と呼ぶ権利を持っていないと考えるのが順当だろう。私とは、いうまでもなく、過渡的な現象にすぎない。誰も、私のことを私と呼ばないのはそのためである。

私は、正直なところ、この過渡的でうつろいやすい現象としての私をどう処理してよいのかよくわからない。実際、自分が書き綴ったはずの文章が活字として印刷されたものを読みつつある瞬間、読んでいる自分を、あいかわらず私という言葉で呼び続けることができるかどうか。日記に書きこまれた最も古い日付は一九三二年一月二九日の月曜日とあり、すでに半世紀以上も昔のことだ。その間、私が他界していることだって大いにありうるし、だいいち、私はその日のことを、何ひとつ記憶していない。だからいま、その日記を読むことで私の物語をたどろうとしているのだが、ことによると、私は、まだ存在し始めてさえいなかったのかもしれない。

だが、そうした不確かな事情にもまして、私を不安に陥れるさらに深刻な疑問が存在する。それは、刊行者を自称する者の身分にかかわるものだ。いったい、その男（だろうと思う）との間にどんな関係を設定すれば、私は私という記号の意味を納得しうるのだろうか。彼は、日記の断片にさきだつ短い緒言の中で、私の名前をあからさまに記した上で、その名前の持主にほかならぬ私の残した書類の中から発見されたのが、以下に掲げる文章だと公言してはばからない。不気味なのは、むしろ、この刊行者の徹底した匿名性の陰に隠れた自信ではなかろうか。かりにわれわれが旧知の仲であったとしても、これではその身元確認はあらかじめ禁じられていることになる。私に名前を与えた肝腎の存在だというのに、彼はどうして身分のほどを明らかにしていないのか。

そもそも刊行者は、残された原稿類を発見するといった古めかしい小説的な手段を、何の理由があってここで採用しているのだろう。十八世紀の小説家たちが得意とした、まことらしさの保証というまやかしのロマネスクな技法を二〇世紀にも適用しうると信じている時代錯誤ぶりの中に、小説ジャンルに対する諦念がこめられているのだろうか。それとも、ちょっとした悪戯心の発露をそこに読めと誘っているのだろうか。ことによると、刊行者が日記を綴った当の本人であるという事実を隠そうとする策略ではなかろうかと思われもするのだが、そうなれば、私が私自身を納得する作業はますます徒労じみたものになるほかはあるまい。

刊行者が私を知っていたか否かは曖昧なまま残されるが、日記を書き綴った者の名前を緒言の一部に記すことのできた事情を推測することは、さして困難ではない。私が放置した日記には、いっさいの署名がはぶかれているにもかかわらず、その文章のしかるべき部分には、それが執筆者のものと判断されてしかるべき苗字と洗礼名とが、何度か姿を見せているからだ。

たとえば、謝肉祭の最後の日に書かれた日記の一部に、私が受けとったという一通の手紙のことが語られている。それは、久しく会うことのなかった女性の筆跡がすぐさま封筒の宛名に識別しうる特別な手紙である。「こうした封筒の上に自分の名を読むことがどんなにうれしいか」と私は記しているのだが、当の女性が五年の余も消息不明であったのだから、こうした記述に不自然さは含まれてはいない。だが、その見馴れた筆跡が封筒の表面に書きつけている私自身の名前がひそかな快楽を煽りたてたであろうことは容易に推察できるにしても、その名前の綴りを、日記の中に几帳面にそっくり再現してしまう筆者の神経というものが私にはどうもよくわからない。いくら何でも、日記に自分の名前を律儀に書き写すことはなかろうと思う。それは、いささか小説じみた不自然な策略ではなかろうか。いずれにせよ、それが刊行者にとって、私の身分のほどを保証する数少ない手がかりとなっているのだから、署名を欠いた文章にあっての署名ならざる署名として機能してしまうだろうことを、筆者が意識していたと思われても仕方がないだろう。おそらく意図的なものに違いないこの配慮が、私を戸惑わせる。いかにも無邪気さを欠いた振舞いであるからだ。それではまるで、日記の筆者とその刊行者との間に、あらかじめひそかな目くばせのようなものが交わされていたかのようではないか。

よろしい。私はこの日記の断片を無署名のまま放置する。そのことで刊行者たる特権をあなたに与えよう。そして、あなたはそれがどこの誰だか見当もつかない男のノートとしてではなく、私に所属する言葉とことわって印刷にまわすことで、私の名前を読者に告知する。そのための方法を、私は日記の中にそっとまぎれこませておくことにする。私の名前を知っていることで、あなたは刊行者としての義務を遂行しうるし、私は私で、その名前を文学史に刻みつけた喜びを味わうことになるだろう。

そうした申しあわせが実行に移されたなら、読者は、刊行者が身にまとう不自然な匿名性に苛立つことなく、あっさりそれをやりすごしてしまうだろう。事実、事態はそのように運んだわけで、人びとは私の名前だけをうけいれ、あたかも刊行者など介在してはいないかに振舞ったのである。

だが、かりにこのような策略が周到にめぐらされていたのだとしても、私の名前のそうした一人歩きに戸惑うことになる第一の人間がこの私だという事態は変わらない。というのも、すでに指摘しておいたように、この日記の中に、私が自分から名前を名乗る瞬間はほとんど含まれてはおらず、それを書いたり口にしたりするのは決って他人だからである。

なるほど、私は、封筒の表面に記された私自身の名前を、もっともらしく日記に書き写すといった振舞いを演じている。だがそれは、人目を欺くアリバイ作りなのかもしれないわけだ。あるいは、自分の名前に確信が持てぬまま、無理にもそうと信じこもうとして筆写したのかもしれない。いずれにせよ、私の名前が世間に知られてゆく過程には、どこかしら不自然なものが含まれている。私は、私自身を私としてしか提示していないにもかかわらず、その日記が印刷されて書物として刊行されたとたんに、私の名前が広く読者に知られてしまったからである。この匿名性と署名との不均衡が私を戸惑わせる。

私には、筆者の名前が有名になることを望む気持などありはしなかった。私は私で充分だったのである。時と場合に応じて誰もが私と自称しうる人称代名詞の指示詞的性格に従って文章に曖昧さがまぎれこまぬ限り、自分の自己同一性を明かす必要がどこにあっただろう。手筆原稿に対する活字体の優位によるものであろうか、とにかく固有名詞が代名詞を圧倒した結果、私という記号がすっかり信用を失ってしまったことが私を傷つける。私とは、それほど刹那的な効力しか持たぬ単語なのだろうか。私の握っていたペンが、あれほど執拗に私という単語を書きつらねても、まるで、その律儀なくり返しには何の意味もなかったように、私の体験は、執筆行為そのものにいたるまで、他人が記したり口にしたりしたにすぎない固有名詞の側にあっさり吸収されてしまう。何という徒労だろう。私は、そのことに耐え続けた私自身の辛抱強さを、改めて不思議に思う。そして、ほかの誰もがこの辛抱強さを共有している事実に、思わず頭がくらくらしてしまう。

　私の名前など所詮は他人が授けたものにすぎない。それは、あくまで他人が私を識別するための記号であり、そうした相互の識別作用をとりあえずうけいれはするが、そこに決定的な何かを認めているわけではない。この暫定的な便利さがいつから身元確認に必須なこととされてしまったのだろう。これは、間違いなく書き言葉の罠に陥るということなのだ。いったん書き始めるや否やそこに署名がない限り、私を主語とする文章も私の所有から解放されているのである。私の日記の曖昧さは、その点に由来している。

　ここだのいまだのといった単語がさし示すところの対象は、いうまでもなく、いま、ここに生起しつつある言語的コミュニケーションにおける発話者の位置によって決定される。一人称単数の代名詞としての私の指示対象もまた、それに似たかたちでしか明らかにしえないものである以上、言語学的な知見は、それを指呼詞として一括している。そうした要素を含む表現をシフターと呼ぶ言語学者もいるし、それが言語内的な関係の網の目にはとらえ難く、現実との対応関係によって決定するしかないという点に注目し、私がその代表的な一つである指呼詞一般の中に、言語行為への言説の侵略という事態を認める言語学者も存在する。そんな常識を改めて持ち出さずにはいられないのは、指呼詞的な無責任を身にまとったはずの日記の書き手たる私に、その無責任性への責任が希薄だと思われるからだ。指呼詞たる私の徹底した曖昧性に安住せず、それが書かれた単語としての私であるにもかかわらず、その記号が指し示す対象をそれとなく決定しているかにも見え、しかもその事実が、策略であるのか不注意であるのかを明らかにしていない。刊行者が私の名前を一つの固有名詞に結びつけてしまったのは、はたして、私のひそかな意志に基づくものなのであろうか。

　おそらくこのあたりで、私は、他人が私のものだと信じこんでいる洗礼名を明らかにしておくべきかもしれない。それは、二世紀から三世紀にかけてエジプトに生き、砂漠に囲まれてありとあらゆる異教的な誘惑に耐えてみせた一人の聖者と同じ洗礼名である。アントワーヌという洗礼名を他人がどうして私にふさわしいと思っているのか、その理由はわからない。だが、それは、私がある女性からの思いかけぬ手紙の封筒に読みとり、いささか不自然ながら日記の一部に書き写したものと同じものである。だが私は、その洗礼名を、まさしく自分の名前だと確信しえただろうか。いずれにせよ、手紙の文面にはその名はくり返されていない。ただ、筆者である女性の希望する日に、パリのあるホテルに訪ねて来てほしいと書かれているだけなのだ。

　私は、手紙を札入れにしのばせて下宿を出ると、ある料理屋に席をとり、時間潰しに食事を注文する。ウェイトレスが奥へと去った際に、私は手紙の文面を思い出そうとする。冒頭の一句を、彼女は「親しいアントワーヌ」と書き始めていただろうか。そうではない。「私は微笑を浮べる。いやアニーはたしかに〈親しいアントワーヌ〉などとは書いていなかった」。手紙の書き手は、かりに親しいという形容詞をほどこすことがあったとしても私に固有名詞で呼びかけたりはしない女なのだ。

私は、一人の他者にすぎない親しい女性にとっても、親しいアントワーヌではない。この事実は、二つのことを意味している。まず、彼女と私とがそれまで続いていた二人の仲を御破算にしようという合意が成立した後、彼女あての手紙を〈親しいアニー〉と書き始めた私の距離の意識にかかわるものだ。いまさら〈愛するひと〉でもなかろうと、しごくあっさり〈親しいアニー〉と書き記してしまった私をなじるように、自分は、かつてもそうであったけれど、いまなお、あなたにとっての〈親しいアニー〉であったおぼえはないと返事を寄せたことが思い出されてきたのである。「あなたも、いいこと、あたしの親しいアントワーヌじゃないということを信じてちょうだい」。事実、料理の出るのを待つ間に札入れからとりだした手紙に「〈親しいアントワーヌ〉とアニーは書いていなかった」のである。

だが、彼女と私とのこうした過去に関わる問題よりもさらに重大な事実として、アントワーヌという固有名詞が日記に姿を見せる度ごとに、それを含む文章が決って否定形に置かれているという点が注目されねばならない。……などとは書かなかった。……じゃないということを信じてちょうだい。……とアニーは書いていなかった。肝腎なのは、親しいという形容詞とアントワーヌという固有名詞との安易な結びつきのみが否定されているのではないことだ。洗礼名による呼びかけそのものが回避されているのである。その点からして、私は、彼女からの手紙の文面をそっくり書き写したりしても、そこに私の洗礼名がまぎれこむ余地がないという事実が浮かびあがってくる。であればこそ、封筒の宛名が、律儀に書写されねばならなかったのだ。

宛名は、それを書き記した筆跡がどれほど抒情的な過去を想起させるものであろうと、そこにはほかの名前との違いをきわだたせる機能しかそなわってはいない。それが間違いなく私のもとにとどいたのは、差異を識別しうる社会的な能力の組織化された機構の働きによってであり、それが私自身だという個人的な確信によるものではない。だとするなら、私は、その名を書き写すという振舞いを通じて、刊行者を自称することになる男に、差異識別の社会的な能力の習得へと誘っていたというだけのことになるだろう。

蒐集し、分類し、配達すること。刊行者の役割とは、郵便配達夫のそれに似たこうした身振りに還元されてしまっていいものだろうか。あるいは図書館の司書が、書物をその著者別に分類する作業とさしてかわらない配慮によって、人は、発見された書類の研究者たりうるものだろうか。図書館。この単語を書き記しながら、私はいま、それが偶然の仕草ではないことをよく心得ている。まるで、これまで書きついできた文章は私と私自身の名前をめぐる不幸な歴史をなぞろうとしているかにみえて、実はある一つの固有名詞と、その所有者であった一人の男との曖昧な関係の探索を試みるべく、ある図書館にこもっていた時期の私とむなしい対話を成立させようとしていたにすぎない。ある地方都市に三年の余も暮していたのは、もっぱら、差異を識別する社会的な能力が高度に組織化された機構としての図書館で、そこに蒐集されている書物や原稿類の中から、たった一つの固有名詞のもとに分類されたものを読破する作業に没頭していたのだ。つまり、名前の持つ便利さを、郵便配達夫の律儀さで確信していたのだといえる。そこには、ある過去の人物が書き残した手紙、日記の断片、そして彼に関わりを持つありとあらゆる書類が所蔵されており、その人物の名前を口にしさえすれば、無数の書物や原稿類の中から、彼に関わるものばかりが、閲覧室の私のテーブルの前に黙って配達される仕組みになっている。

「私はまだその全部を調べていない」という日記中の一句は、そこに蒐集され分類されている資料の中から、私がその気になりさえすれば、私あてに配達さるべき文書がまだ残っているという事実を示している。私は、蒐集、分類、配達という作業を支えている社会的な差異識別の能力の組織化を、私の日記の刊行者とほぼ同じ素直さで信じていたことになるだろう。ただし、私の身元を確認する手段の一つとして刊行者が利用したかもしれぬ「親しいアントワーヌ」という一句のかわりに、私が読みえた資料の一つが、「わたしの親しき猿」と彼に呼びかけたある女性の挿話を含んでいたという違いはあるが。

私は、図書館での資料蒐集のために滞在しているある地方都市の、馴染みの料理屋の給仕女が何の疑いもなく私のことを「アントワーヌさん」と呼んでいるように、残された資料の筆者をド・ロルボン氏と呼んでいる。だが、私がその名に熱狂したのは十年も昔のことだ。「私はあのころどんなにかド・ロルボン氏を愛していたことだろう！」と日記は証言している。当時書きつけていたノート類を読み直しながら、私が愛したというド・ロルボン氏が、いま、私の注釈を記した文章の筆跡そのもののように色褪せているのを自覚している。もはや、「ド・ロルボンの方からは、一条の光も射してはこない」のである。だからといって、文献が不足しているわけではない。「手紙、備忘録の断片、秘密報告、警察記録など、反対に、ありすぎるほどある」。だが、それらは、「同一人物に関したものではないかのように、激しい矛盾に陥ってはいないものの決して一致してはいない。その程度の資料をもとに研究を行う他の歴史家たちの自信というものが、私には理解しえない。「私は彼らより慎重なのか、それとも頭が悪いのだろうか」。

たとえば、その暗殺の陰謀にド・ロルボンが加担したというパーヴェル一世の治世をめぐる「抽象的な考察」であるなら、私は、いまだにある種の喜びとともに執筆することができる。だが、いったんド・ロルボン自身が登場すると、私はただ苛立つのみである。彼の陰謀家的な性格が書かれた文章にもうさん臭い言いまわしを与えることになるからだ。かつて私が彼を愛してしまったのは、そのうさん臭さが、私だけには消滅する瞬間があるに違いないと錯覚していたからだ。私は書く。

この嘘多き自惚れ男が癪にさわってならない。多分この感情は口惜しさからくるものだろう。私は彼が他のひとびとを欺いたことに有頂天であったが、私にだけ例外であることを望んでいた。私たちがあれらの死者の頭上をこえて互いに肝胆相照らすことができ、そしてついには私に真実を打ち明けてくれるであろうと信じていた。だが彼は何もいわなかった。なにひとつとして。彼がまんまと欺いたアレクサンドルやルイ十八世に打ち明けた以上にはなにひとついわなかった。

かくして私は、差異を識別する社会的能力が保証する一つの固有名詞との関係を、生きいきとしたものにしえずに終る。前々から感じていたことではあるが、想像のおもむくままにこの人物を思い描いた方が、はるかに鮮明な肖像画を提示しうるような気がするからだ。ド・ロルボンが書き残した書物といえば、『戦術論』と『徳に関する雑考』の二冊にすぎないが、それとて彼自身の手になるものではなく、ある大衆作家に依頼して書かせたものにすぎず、その贋作への志向は、個人的な書簡にまで及んでいる。だから、「むしろド・ロルボン侯爵を主題に一篇の小説を著すべきだった」と私が記しているのも無理からぬ話というべきだろう。

だが、小説でも書いた方が遙かに気がきいていようといった話は、この際、脇にのけておく。いずれ、遠からぬうちにそれが改めて問題となりはしようが、当面の関心事は、そんな思いに捉われもした私の日記における私のあり方にほかならない。ここまでそれを読み進めて来た者なら、ことによると、この日記も、誰かが後世の読者を欺くために、大衆作家とはいわぬにしても、それに似た影武者に執筆を依頼したものではなかろうかといった疑念を覚えずにはいられないはずだ。「この嘘多き自惚れ男が癪に障ってならない」といったつぶやきを、誰かにつぶやかせたいといった意図がなかったとどうして断言しえよう。この日記の筆者がアントワーヌその人でないと想像すれば、手紙の表面に記された自分自身の名前をあえて書き写すことの不自然さが、すぐさま解決しうるはずではないか。それが他人の姓名であればこそ、贋の作者は何のこだわりもなくそんな身振りを演じえたのである。私が、私自身に所属するはずの固有名詞ときわめて曖昧な関係しかとり戻しえない理由も、その事実によって説明がつく。もしも私が私自身の日記の真の筆者であるなら、私は、間違いなく、その断片のあらゆる記述を、私を主語とした文章でおし通しえたはずなのだ。刊行者の確信にみちた指摘ぶりにもかかわらず、私の洗礼名はアントワーヌではなかろう。

では、この日記の真の作者の本当の洗礼名はどんなものなのか。おそらく、そう問うことは問題を誤って提示することにほかなるまい。影武者を使ってまで日記を書き残さねばならなかった私が、そのことで何を隠し、何を暗示しているかを察知することこそが、正しいやり方というものではないか。そのために、エジプトの砂漠で多くの誘惑に耐えた聖者の名前をひとまずうけ入れた上で、私の物語をたどりなおしてみよう。というのも、アントワーヌという洗礼名そのものが、すでに多くのことを隠しつつ暗示しているからにほかならない。たぶん、ロカンタンという苗字そのものについても同じことがいえるはずなのだ。

アントワーヌ・ロカンタンという男の身に起ったことがらとして他人が要約する物語ではなく、アントワーヌ・ロカンタンという記号そのものが暗示し、かつ隠蔽している物語を読んでみることから始めねばならないだろう。その物語を読もうとしているのは、いうまでもなく私である。だが、その私が誰であるのか、私は、いま、自信をもって断言することができない。

Ⅳ　近代の散文

『ブヴァールとペキュシェ』論

固有名詞と人称について

不均衡

何の変哲もない二つの固有名詞がふと疑問詞を宙に迷わせる。接続詞をはさんで並置されているだけの二つの名前を前にして、形成さるべき問題そのものが、不意に自信を失ったかのようにひたすら逡巡しはじめるからだ。読むことの始まりとともに、誰か、と聞けばよいのかそれとも、何か、と尋ねるべきなのかという未決定のさなかに、読むものは置きざりにされる。とりわけ、それが何であり誰であるかをよく知っているだけに、逡巡はますます深まるほかはない。

問題の名前は、ブヴァールとペキュシェと綴られる。それなら事態はいとも簡単であるかにみえる。ギュスターヴ・フローベールが、その死によって未完のまま放置せざるをえなかった長編小説の主人公の名前だというのが、それをめぐって口にさるべき言葉だからである。だが、そう自分にいいきかせながら逡巡から自由になることは、すでに、ブヴァールとペキュシェとは誰かという疑問詞を前提にしており、あらかじめ選択が行なわれていたことになる。それなら、フローベールの遺作長編の題なのだと答えることで、とは何かといういま一つの疑問文の形成を促せばよいのか。だが、事態はさほど単純でもない。というのも、それがフランス語で書かれた小説のテクストと関係する記号であるからだ。書かれたという点をとりわけ重視することにしよう。ところで、発さるべき問いは、音声言語によるものなのか、それとも文字言語によるものなのか、あるいは声を文字によって表象したものなのか。いまはとりあえず、それが文字によって綴られた疑問だと想定してみよう。その場合、二つの固有名詞は接続詞をはさんでBouvard et Pécuchetと並置される。この文字の連らなりをめぐって、誰かと問うべきか、それとも何かと問うべきなのかという新たな逡巡が始まる。いずれにせよ固有名詞だということがほぼ明らかである以上、誰かと問うのが順当かと思われよう。その疑問に対する答えは、もちろん知識の有無によって変わってくるだろう。だが、疑問詞が宙に迷うのは、まさしくそれが何であり誰であるかを知ってしまっている場合なのだ。というのもBouvard et Pécuchetという書記的な記号は、それだけでは、題名なのか登場人物なのかの識別を許す要素をなにひとつ包んではいないからである。かりにそれが題名を示すものだとしたら、活字印刷上の習慣に従って、他の書記的記号との違いが強調されねばならぬだろう。通例に従うなら、ローマン体の活字で印刷されたテクストの中で、題名だけはイタリック体によって示される。だが、その逆の場合も存在するように、視覚的な手段による差異の顕在化は必須のものであり、Bouvard et Pécuchetと孤立して印刷されただけの二つの固有名詞には、その示差性はいささかも認めえない。日本語の場合なら、『ブヴァールとペキュシェ』のごとく二重鍵括弧がそれに似た示差的な機能を演じることになるだろうが、いずれにせよ示差性は視覚的に示される。そしてその視覚的示差性を欠いた場合、人は、誰かとも何かとも問うことはできないだろう。それが可能となるためには、Bouvard et Pécuchet を含む文章が、あらかじめしかるべき活字体ですでに印刷されていなければならない。

この二つの固有名詞が音声言語として発音された場合、識別の困難はさらに深まる。それだけが固有名詞として口にされたところで、そこにはいかなる示差性も介入しえないからである。だから、題名であるか作中人物であるかの識別は、その二つの名前が含まれる文章を聴覚的な記号としてうけとめる際の、文脈によるほかはないわけだ。たとえば「……にあっては」を意味する dans に従うなら、それは題名を意味することになるだろう。つまり、他の音声的記号との構文法的な関係が成立しない限り、誰かか何かの識別はどこまで行っても不可能なのである。

ところで、音声言語であれ文字言語であれ、こうした混乱が生ずるのは、たまたま作中人物の名前が題名として選ばれていたからにすぎず、とりわけフローベールの遺作長編に限ったことではあるまいという反論がありうるかもしれない。なるほど、同じ作家のボヴァリー夫人やサラムボーなどの名前をめぐっても、同種の混同は確かに起りうる。フローベールに限らず、どんな作家のいかなる作品であれ、固有名詞を題名に持つものなら、これに似た事態が生じて何の不思議もあるまい。しかし、ブヴァールとペキュシェという家族の名前を前にした場合、ことはいささか複雑なものとならざるをえない。ボヴァリー夫人をとってみれば、それは誰かと聞かれようが何かと尋ねられようが、その固有名詞を主語とした文章の形式はそのつど不変である。ところが、ブヴァールとペキュシェを主語とした文章は、それが題名であるか否かによって動詞活用の人称に単数か複数かの変化が生じざるをえないからだ。例を挙げよう。

『ブヴァールとペキュシェ』は、たしかにフローベールの他の小説と関連がないわけではあるまい。
*Bouvard et Pécuchet **n'est** certes pas sans lien avec les autres romans de Flaubert.* (p. 32)

（ページの指定は、Gustave Flaubert, *Bouvard et Pécuchet* édition présentée et établie par Claudine Gothot-Mersch, Collection Folio Gallimard による。以下同様）

ブヴァールとペキュシェは本当に愚か者であろうか。
*Bouvard et Pécuchet **sont**-ils vraiment des imbéciles?* (p. 22)

いずれも、この作品の最も信頼のおけるエディションを提示した編纂者による序文からとられた文章である。原文は、その総体がイタリック体で印刷されている関係から題名の部分だけにローマン体の活字が用いられ、作中人物との識別を可能ならしめている。このとき明らかになるのは、二つの固有名詞 Bouvard et Pécuchet が、同じ音声の連なりとしてありながら、ときに応じて単数ともなり複数ともなるという事実である。そしてその違いをきわだたせるものは、もっぱら視覚的な印刷術上の示差性なのだ。これが音声言語によって発音された場所、識別可能な要素は固有名詞そのものから動詞へと移動せざるをえないだろう。つまり、Bouvard et Pécuchet / *Bouvard et Pécuchet* の対応は文字言語に限られ、音声言語の領域にあっては sont / est の対立が不可欠な条件となるのである。そして視覚的な記号としてであれ聴覚的な記号としてであれ、Bouvard et Pécuchet が文脈から逸脱したかたちで言表されたとしたら、単数か複数かの選択はどこまでも不可能というほかはなくなる。そこに言表としてのボヴァリー夫人とのきわだった違いが存している。

だが、事態はさらに錯綜した様相を呈する。ブヴァールとペキュシェという二つの固有名詞は並置の接続詞で結ばれていながら、同等の資格をそなえてはいないからである。同じ序文から引かれた次の文章を読み較べてみよう。

……『ブヴァール』は、その図式的な側面、反復的な構造によって人目を惹く……

...Bouvard *frappe par son aspect schématique...* (p. 34)

『ブヴァールとペキュシェ』は、レアリスムを超え、哲学的コントの伝統に結びつく。

Dépassant le réalisme, Bouvard et Pécuchet *renoue avec la tradition du conte philosophique.* (p. 35)

注目すべきは、この二つの文章の主語となっている固有名詞 Bouvard et Pécuchet と Bouvard とが、たがいに交換可能だという事実である。それがいったん題名だと識別された後は、接続詞 et と Pécuchet とはともに省略することができ、そのことによって文意はいささかも変ることがない。この代置可能性は、もちろん作中人物の名前については観察しえなかったものである。二人の人間は、人称代名詞の複数形によって総称されることはありえても、そのどちらか一方を省略することは不可能なはずである。作中人物としてのブヴァールは、決してブヴァールとペキュシェの代理となることはできない。

省略された題名としての『ブヴァール』が『ブヴァールとペキュシェ』とまったく同じものを言表していることはいうまでもなかろうが、なお、その二つの交換可能性には、題名の省略法の慣例という点で人目を惹くものがある。たとえば *Madame Bovary*『ボヴァリー夫人』は *Bovary*『ボヴァリー』と呼びうるし、*L'Education sentimentale*『感情教育』は *L'Education*『教育』と省略してさしたる混乱は生じまい。そうした場合、省略されるのはほとんど修飾語的な部分であり、名詞的な部分が残るのが普通である。*la Tentation de saint Antoine*『聖アントワーヌの誘惑』のごとく固有名詞を含んでいる場合でも、*la Tentation*『誘惑』とすることが不可能ではない。もちろん、この省略は同じ作者の作品が問題となり、それら同士の区別がつくことが必要条件なので、その限りにおいては、*saint Antoine*『聖アントワーヌ』と『誘惑』とはいくらも交換可能である。ところが『ペキュシェ』と『ブヴァール』とは絶対に交換することができない。題名の省略法の慣例からしても、ごく自然な連想という点からみても、『ペキュシェ』が『ブヴァールとペキュシェ』を指示することはありえない。その意味で題名に含まれるペキュシェはブヴァールと並置されているのではなく、あくまでそれに従属する名前だと理解すべきだろう。ブヴァールに対しては、誰かと何かという二つの疑問文を提示することができるが、ペキュシェに関しては、ただ誰かという一つの問いを発することしかできないのだ。活字の印刷法や文脈によっては題名となることも可能な Bouvard は、言表として二つの異なる内容を指示しうるが、Pécuchet の場合は一つの内容を意味するのみで、そこにいかなる誤解もまぎれこみはしない。ブヴァールは『ブヴァール』と省略しうる作品の作中人物たりうるが、ペキュシェは『ブヴァール』の作中人物たることしかできないからである。したがって、疑問詞は、ペキュシェを前にしたときはいかなる戸惑いも覚えることはなく、自信をもって書かれ、口にされることが可能となる。

以上の考察から明らかになるブヴァールとペキュシェの不均衡は、いうまでもなく、フローベールの遺作長編のテクストとは異質の領域に形成されるものである。しかるべき印刷上の慣例に従って書物の内部に位置している場合、この二つの家族の名前が、読む意識を惑わせることはないだろう。だが、われわれがこの二つの固有名詞のテクスト外的な意味作用に執着せざるをえなかったのは、それがまぎれもなく作中人物の名前だと明らかな場合にも、ある種の不均衡が生じているように思われるからなのである。『ブヴァールとペキュシェ』とは、まさしく名前をめぐる不均衡を介して読まるべき小説なのだ。題名そのものにも改めて触れる機会はあろうかと思うが、ここでわれわれは、第一章のテクストそのものを読んでみることにする。分析の対象を第一章に限り全編を読まずにおくのは、そこにほとんどすべての問題が姿を見せているからである。

見せかけの均衡

ところで、『ブヴァールとペキュシェ』のテクストはどこで始まるか。いうまでもなく、それは題名をかたちつくる並置された二つの固有名詞によって始まっている。しかし、題名とテクストとの関係は二重のものである。それじたいがテクストの一部でありながら、同時にテクストを超えたものとしてもあるからである。つまり題名は、水平と垂直の二つの軸によってテクストと関わっている。その事実は、小説という虚構の言説に言及するにあたって識別さるべき二つの概念によって正当化されるだろう。

ここで識別さるべきは物語と語りの二概念にほかならないが、題名は、前者を垂直に超越した記号であり、後者に対しては水平軸上の前後関係を維持している。もちろん、物語と語りという言葉は決定的なものではない。語るという行為と語られる事柄とが区別されさえすればそれで充分だろう。物語とは、語らるべき題材の総体であり、それをしかるべき視点に基づいて組織化することが語りである。その語りを担う存在を話者と呼んで、生身の人間である作者と区別することにしよう。話者は、語るという機能によって自分を支える虚構の存在であるが、同じ虚構の存在たる作中人物が語らるべき題材としての物語的要素であるのと異なり、語りの形成と相関的に存在することしかできない。物語は、話者による組織的な表象行為を介してしか現前しえないものであるが、語りは言葉の現前化そのものである。話者とともに不断の現在を更新する語りを、説話論的な持続と呼ぼう。題名としての『ブヴァールとペキュシェ』は、この説話論的な持続の水準に位置している。それに反してブヴァールとペキュシェは、物語の領域に属する記号である。同じ虚構の存在でありながら、作中人物が決して操作することのできない題名を、話者は思いのままに統御することができるからである。それはもちろん、話者が題名をいくらでも捏造しうるということを意味しはしない。テクストの冒頭に位置する記号を、みずからに委ねられた説話論的な技法に従って、他の物語的な要素と関係づける権利を話者が持つというほどの意味である。小説という虚構の言説は、その定義からして複数の物語的な要素を持つ。話者は、説話論的な持続の冒頭に据えられた記号としての題名を、複数の物語的な要素と適宜結びつけることで語りを支えるのだ。

その関係をより具体的に述べるなら、『ブヴァールとペキュシェ』として予告された固有名詞が、いつ、どのような契機で、ブヴァールとペキュシェとなるかという問題がここに提起されているのだと言い直してもよい。それは、接続詞で並置されていながらも単数であったものが、いかにして複数の作中人物になるかということだ。この過程は、物語が、一つの謎の提示として進展するという事実に対応している。謎という古色蒼然たる言葉にさしてこだわる必要はなかろう。それは、知の欠如にほかならず、謎として意識されることがなくとも、説話論的な持続の一点に、それを充塡すべき物語的な要素が必ず配置されるだろうということだ。

『ブヴァールとペキュシェ』が提示する謎はさして深いものではない。物語が始まるや否や、話者が、その二つの固有名詞がいかなる作中人物の名前であるかをあっさり白状してしまうからである。それにとどまらず、二つの家族の名前の所属が明らかにされてからさして時間もたたないうちに、それぞれの洗礼名までが詳細につげられることになる。人は、『ブヴァールとペキュシェ』が、フランソワ＝ドゥニ＝バルトロメ・ブヴァール、ならびにジュスト＝ロマン＝シリル・ペキュシェという名前を持つ二人の男の物語であると理解するのに何の困難を感じはしないだろう。話者による作中人物の姓名の提示という技法は、ロマン主義から写実主義への移行期に小説を書き始めた世代に属するフローベールにとっても、同時代の作者にとっても、ごく自然なものと容認されるべきものだろう。現実の人間たちがそうであるように、虚構の作中人物もそれにふさわしい家族の名前と洗礼名とを持っていて何の不思議もあるまい。いわゆる客観小説の主人公としては、そうあるのがごく当然だというのが、小説をめぐる制度的思考の暗黙の申しあわせだとさえいえるだろう。

ところで、名前をめぐるごく自然な情報の提供そのものが新たな問題をテクストに導入するところに、『ブヴァールとペキュシェ』の特殊性がひそんでいる。知の欠如の充塡がかえって事態を曖昧にしてしまうからである。それがたちどころに解消されるのでかえって謎とは意識されなかったものが、二人の姓名を戸籍簿のような厳密さで知らされてしまうことに、奇妙なもどかしさの印象がぬぐいきれないのである。

では、新たに導入される問題とは何か。一つは、まず、二人の家族の名前が明らかにされたのちに洗礼名が知らされるという時間的なずれである。話者は、なぜ、家族の名前と洗礼名とを同時に告げようとはしないのか。その疑問を補足するように、次のより重要な問題が提起される。それは、小説をめぐる申し合わせとしてはごく自然に姓名が明らかにされながら、洗礼名の方にはほとんど説話論的な機能が託されていない事実に対する疑問というかたちをとるものだ。説話論的にいって、二人の洗礼名は家族の名前によるまぎれもない抑圧にさらされている。われわれは、ブヴァールの洗礼名が彼の父親とそっくり同じであることを知らされるのみで、ペキュシェの洗礼名にいたっては、未完に終ったとはいえ決して短いものではないこの長編にあって、二度と姿をみせることはないだろう。

これはいかにも奇妙なことだといわねばならない。古代を舞台にとった歴史小説『サラムボー』や宗教的な伝説を材料とした『聖アントワーヌの誘惑』などはともかくとして、十九世紀の同時代風俗を背景に持つ長編小説にあってはきわめて異例のことというべきだろう。『ボヴァリー夫人』のエンマやシャルル、あるいは『感情教育』のフレデリック・モローなどの場合、作中人物たちの親密さの度合に応じて家族の名前から洗礼名への移行はごく自然に行なわれているし、単調さを避ける配慮からであろうか、両者が並用されていることもあるが、そのいずれにあっても、洗礼名の家族の名前に対する優位は決定的である。『ボヴァリー夫人』の田舎医者夫妻がたがいにシャルル、エンマと呼びあっていただろうことを自然に納得させられるように、話者もまた彼らを洗礼名で呼んでいるし、『感情教育』の若者と画商夫人とがそれぞれアルヌー夫人、フレデリックと呼びあっていたように、話者もそうしている。それは、作中人物の呼び方に関する限り、物語と語りとがほぼ円滑に同調していることを意味する。ところが、この遺作長編にあっては物語と語りとの同調が崩れているとさえ断言できないのである。説話論的な水準にあっては、家族の名前が洗礼名を明らかに抑圧している。その事実は確実でありながら、物語の領域でブヴァールとペキュシェの二人が相手をどう呼んでいたのかを知りうる手がかりはほとんど存在しないのである。というのも、直接話法で示される彼らの会話の中にさえ、名前がほとんど姿を見せていないからだ。二人が知りあってまだ間もないころ、ブヴァールという家族の名前が一度ペキュシェの口から洩れるだけで、その後は、台詞の中に相手の名前はいっさい登場していない。だから、現実の日常生活にあってならごく自然なものと思われる家族の名から洗礼名への移行が、物語の水準で起ったのか起らなかったのかさえ、話者は報告する義務をおこたっている。その意味で、『ブヴァールとペキュシェ』は、語りが物語に対する一貫した優位を保ち続けるテクストだといえるだろう。少なくとも、そこには命名法をめぐる社会的な慣習は反映しておらず、三〇年近くの歳月を同じ家の中でともに生活する二人の男が、もっぱら話者の視点にたって、説話論的な符牒に従った家族の名で呼ばれ続けるのである。

物語の領域にあって、二人が「君＝僕」と呼びあう仲に入っていたことは、これまた冒頭部分に報告されている。二人称単数のいわゆる親称が二人の間に成立しているからには、名前に関しても姓から洗礼名への移行が起っていたはずでありながら、話者はその事実にいたって無頓着なのである。その点において、物語の本当らしさはあからさまに放棄されているというほかはないのだ。

以上の指摘が明らかにしているのは、『ブヴァールとペキュシェ』のテクストを特徴づける二重の不均衡である。まず、家族の名前と洗礼名との不均衡が存在し、それが、語りと物語との不均衡に反映しているのだ。この説話論的な不均衡は、フローベールの遺作長編を何度か読み直したことのある者でさえ、二人の主人公の洗礼名をほとんど記憶してはいないという事実に対応している。実際、フランソワ＝ドゥニ＝バルトロメだのジュスト＝ロマン＝シリルだのといった名前は、エンマやフレデリックといったフローベール的な洗礼名と同じ資格で文学的な記憶の形成に加担してはいない。そこにはいかなる説話論的な示差性も含まれていないので、そんな名前を思い出したりすることなしに、誰もが『ブヴァールとペキュシェ』の物語をたどることができる。だから、物語の冒頭で二人の作中人物の洗礼名を律義に報告する話者の言葉には、無償の意味作用がこめられていたというべきだろう。それは、物語的な配慮としては過度の厳密さの域に達しており、その結果として説話論的な予告機能はかえって宙に吊られてしまう。かくして、知の欠如を埋める律義な身振りと思われたものが、テクストに新たな問題を導入することになる。

注目すべきは、『ブヴァールとペキュシェ』の提示する問題が、記号の欠如としてではなくその過剰としてもあるという点だろう。すでに指摘した二重の不均衡とも無縁ではないこうした記号の過剰が、テクストにある種の壊れやすさをもたらす。このテクスト的なあやうさが、作者をフローベールによる意識的な選択であるか否かは問わずにおく。物語と語りとが同調せず、名前の呼び方を統禦している同時代の社会的な規範が話者によって無視されている理由を、心理的に解明することが重要なのではない。それは、テクストを読むこととは異質の次元に位置すべき問題にすぎず、テクストが提起している問題ではないからである。テクストが提起するのはもっぱら形式的な問題であり、心理的な問題ではない。しかも、その形式的な問題は必ずしも解明されることを求めてはいない。テクスト的問題とは解明されるのではなく、それを契機としてその周囲にこれまでは潜在的なものでしかなかった問題体系をそっくり浮上させる機能を帯びているのだ。読むことは、その体系の内部にもろもろの問題群を配置させるという具体的な体験にほかならない。

　では、『ブヴァールとペキュシェ』のテクストをめぐって顕在化さるべき問題体系はどんなものなのか。それは、すでに触れたごとく、不均衡という問題体系である。『ブヴァールとペキュシェ』とブヴァールとペキュシェとの不均衡、ブヴァールとペキュシェとの不均衡、物語と語りとの不均衡、問題とその解明との不均衡、そして、家族の名前と洗礼名との不均衡。これらの不均衡は、並置された二つの固有名詞ブヴァールとペキュシェがそうであるように、見せかけの均衡として提示されている。読むことは、かかる装われた均衡に従って物語をたどるのではなく、決して隠されているわけでもないのに人目には触れない不均衡に対する感受性をあくまで鋭敏なものとして保つための試練になるだろう。ことさら難解な語彙を含んでもいないテクストを、あやうく壊れやすいテクストとしてとり扱うこと、そしてそれを異常だとは呼ばぬにしても、どこかしら尋常さを欠いた言葉だと確信し続けること。『ブヴァールとペキュシェ』のテクストを読むことはそうした不断の配慮で始まる。

肉筆と黙読

固有名詞としてのブヴァールとペキュシェは、『ブヴァールとペキュシェ』の物語に読まれる文字として登場する。だが、小説という散文の表象形式に課された運命としてそうなのではない。文字言語の特権性は否定すべくもないが、着目すべきは、ここでの話者が、語りを可能ならしめる唯一の媒介としての文字によって、しかるべき作中人物をブヴァールとペキュシェという名前の持ち主として提示しているのではないという事実である。二つの家族の名前はそれぞれ作中人物によって読まれる文字として登場し、話者はその事実を報告するにとどまっている。つまり、視覚的記号としてその綴りが解読されたという事実だけが語られているのだ。その説話論的な過程を具体的に分析してみよう。

『ブヴァールとペキュシェ』の第一章は、人通りのたえた戸外の風景描写によって始まっている。ブルードン大通りやサン＝マルタン運河といった地名からたちどころにパリだと察しがつくその無人の舞台装置には、日曜日の華やいだ雑踏からとり残された都会の一隅に漂う夏の暑さばかりが強調されている。「そこに二人の男が姿を見せた」というのだが、それぞれ別の方角から登場する男たちの名前は、まだ明らかにされていない。話者が語ってみせるのは、二人の背丈の違いと服装ばかりである。大柄な男は「山高帽」を頭に乗せ、チョッキの胸元をはだけ、ネクタイをはずしている。小さい方はフロックコートを律儀に着込み「鳥撃ち帽」をかぶっている。その二人が「同時に、同じベンチに腰をおろし」、額の汗をぬぐおうとして脱いだ帽子をベンチの脇に置いたという身振りの描写が、物語に名前を導入する。

そのとき、小柄な男は、隣に坐った男の帽子の裏に「ブヴァール」と書かれているのを認めた。いっぽういま一人の男も、フロックコート姿の鳥撃ち帽の裏に「ペキュシェ」という字を難なく読みとった。

「これはこれは！」と彼はいう。「同じことを考えていたわけですな。帽子に名前を書いておくなんて」(p. 52)

事態は明瞭だろう。二つの固有名詞は、文字という視覚的な記号として物語に登場し、その記号がそっくりテクストに引用されているだけなのだ。話者は、いま姿を見せたばかりの作中人物が読みとった名前の綴りを客観的に報告するにとどめ、あたかもそれまでは二人が何者であるかを知らなかったかのように、命名行為の主体となる責任を回避しているのである。もちろん、この責任回避が保証しているかにみえる話者の客観性は見せかけのものにすぎない。なるほど、帽子の裏に名前を書き込むという同一の仕草に導かれて言葉を交わしあう仲となった二人をその瞬間からブヴァールとペキュシェと呼びはじめる話者の姿勢は、語りと物語との自然な同調ぶりを証拠だてているかにみえる。だが、やがてこの出会いに先立つ遥か遠くの過去へと遡行し、二人のごく親密な身の上をその少年時代の不幸な日々の思い出まで語り出すことになるのだから、話者は、帽子の裏に記された名前という説話論的な細部を介入させることなく、二人の男を初めからブヴァールとペキュシェだと名付けることもできたはずなのである。それをあえて伏せたまま物語を語ることはいささか不自然なことかと思われようが、それは、読者の興味を話の筋につなぎとめておくというより、物語と語りとが自然に同調しているかのごとき錯覚を生むための説話論的な技法というべきものだ。知っていることをことごとく語らずにおくこともまた、話者の特権なのである。語りが物語と円滑に同調しているかのごとき錯覚はほどなく晴らされることになろうが、にもかかわらず、冒頭における話者の錯覚への執着に、テクストの提起する形式的な問題が露呈しているのだ。

では、二つの固有名詞は、なぜ話者によって間接的に語られることも、作中人物によって直接的に告げられることもなく、読まれる文字という視覚的な記号として物語に登場することになるのか。

テクストが提示するこの問題を介して、いくつかのモチーフが交錯する。まず、黙読という共通の振舞いがブヴァールとペキュシェを結びつける。二人は、相手の帽子の裏に記入されていた文字の連なりを声に出して読んだのではなく、黙ってその綴りを解読しているだけなのだ。同時に、その視覚的な記号が印刷された活字ではなく、筆記体の文字だという点も注目に値いしよう。つまり、彼らは、肉筆の名前を黙読したのである。肉筆と黙読という作中人物の振舞いは、いうまでもなく物語に属する細部であるが、その事実はまた、一つの説話論的な要素を触知可能なものにする。それは、肉筆で書かれた家族の名前を黙って読みとる二人の行為は並行して進行したはずのものでありながら、それを語るに際して、話者は、継起的な秩序に従わざるをえないという事実である。つまり、同時に黙って読まれたはずの筆記体の固有名詞が物語に登場すると、話者は、その同時性を語りの上に事実として反映させることができず、そこに順序を導入せざるをえない。現実のテクストにあっては、ブヴァールの名前は明らかにペキュシェの前に位置している。それはすなわち、話者がペキュシェの黙読をブヴァールのそれより先に語っていることを意味する。その事実は、これまでに指摘したことがらとまったく矛盾した現象を証言することになるだろう。というのも、物語と語りとが素直に同調しているかのごとき錯覚をもたらすべく、二つの固有名詞を視覚的な記号として提示したはずの話者は、その文字の綴りが黙読されるという物語的な細部を導き入れることで、その錯覚の維持が一瞬も続きえない事実をみずから告白してしまっているからだ。つまり、物語と語りとの同調は、それが意図的に試みられた途端に崩壊するほかはないのである。語りの領域における順序が、物語の同時性をたちどころに裏切ってしまうのだ。

ところでこのとき見落してはならぬ肝腎な点は、物語にあって決定的な細部が、語りにあっては必ずしも決定的な要素とはならないという事実だろう。二人の男が、相手の帽子の裏側に書き記された肉筆の名前を黙って読みとるという行為は、物語にとっては修正しがたい決定的なことがらを形成している。ところがそれを語る話者は、まず、それに言及するか否かの選択を迫られると同時に、それをいかなる順序で語るかの選択をも下さねばならない。しかし、選択の余地が残されているという理由から話者の特権性を指摘し、物語に対する語りの優位を結論づけるのは誤りである。物語がいささかも要請しているわけではない前後関係を、説話論的な持続の継起性に従って決定せざるをえない話者は、テクストにより大きな責任を負わざるをえないからだ。しかも、原理的には二者択一はいつでも開かれており、ペキュシェの名前がブヴァールのそれに先行してはならない理由は存在しない。したがって、話者の決断はいつでも不条理なものたらざるをえないだろう。絶対的な基準の不在、それは語りの自由を保証するかにみえて、実はその不自由を決定づけているといわねばならない。『ブヴァールとペキュシェ』のテクストは、冒頭から、その徹底した不自由をかかえこむことによって形式的な問題を提起しているのだ。『ブヴァールとペキュシェ』という題名そのものが、その不自由を予告するものだとさえいえるかもしれない。

くり返すまでもあるまいが、ここで問題なのは作者が何を意図したかといったたぐいの心理的な理由の詮索ではない。もちろん、意図は意図として問われねばなるまいが、それには物語を仔細にたどってみれば充分だろう。だが、そこで物語と語りとの同調が夢みられながら、その夢そのものが両者の乖離をきわだたせてしまうといった形式的な問題は、読むものをテクスト空間に幽閉したまま他所への逃亡を許そうとはしない。一つには、語りに対する絶対的な至上権の確立を話者に認めはしない説話論的な限界が存在するというすでに述べた理由によってそうなのだし、作者もまた、書くという振舞いを通じてテクストの全域を統禦しうるものではないという現実からしてもそういうほかはないだろう。作者に許されているのは、せいぜい細心の注意を払うといった程度の相対的な善意にすぎず、その善意とて、テクストの提起する問題を解決しないばかりか、それを問題として認識することもできないだろう。そもそも、物語的水準での黙読と肉筆、ならびに説話論的な水準での順序と錯覚という問題体系に作者自身がどれほど意識的であったかは決して知りえないことだし、またそれがわかったところでテクストを読んだことにはならないだろう。

われわれとしては、二つの固有名詞を介して交錯しあう問題体系の配置をより豊かなものとすべく、あくまでテクストの領域に踏みとどまってみたい。そのため、とりあえずは黙読と肉筆の系列をたぐりよせることにする。

命名の儀式

作品の始まりから「二人の男」として姿を見せる作中人物が、題名によって予告されているブヴァールとペキュシェになるのは、筆記体で綴られた相手の名前を黙って読みとる瞬間からである。だが、命名の儀式がとり行なわれたことで救われるのは話者の方で、作中人物はそのことをいささかの誇りとも思ってはいない。説話論的な技法の達成からもたらされる話者の満足感が瞬時の錯覚でしかなかったことはすでに述べた通りだが、しかし、作中人物とて、まるで喜んでいないわけでもない。確かにブヴァールとペキュシェもほっとしてはいるわけだ。だがそれは、たがいに相手の名前を知ったことからくる満足感なのではない。さきに引用した部分からも読みとれるように、「帽子に名前を書いておく」という同じ配慮によってたがいに結ばれあった仲だという事実が二人を嬉しがらせているのである。だから、説話論的な領域では命名機能を演じているこの部分にあって、名前を知ることは物語の水準では二義的な意味作用しか担ってはいないことになる。相手の家族の名前の綴りさえが重要さを持ってはおらず、それが肉筆で、識別可能な明瞭さとともに記されていた事実の同時的な確認だけが、物語的な意味を持っているのだ。実際、「名前を書いておくなんて」というブヴァールの言葉をうけて、ペキュシェが口にする台詞にも、家族の名前そのものは登場しない。

「なるほど、その通りですな。勤め先きで間違われたら困りますからね」
「そうなんですよ。わたしも勤めに出ていましてね」(p. 54)

読まれる通り、家族の名前を告げあうという自己紹介などまったく行なわれたりはせず、ここでは、装身具の所属をめぐる混乱を避けようとする心遣いの共有から、社会的な身分の類似が語られているにすぎない。読まれた名前を介しての自己同一性の確認など、まるで彼らの関心を惹きはしないかのようなのだ。二人にとって、書き記された名前は、勤め先きの同僚たちの所持品との識別機能しか持ってはいないのであり、いま始まろうとしている二人称的な対人関係にあってはまったく意味を失っている。事実、ここで問題になるのは、「もはや、素朴な感激にひたる年齢を超えて」いるはずの男たちが、相手の言葉のうちに「新たな友情の魅力」を感じつつ続けてしまう会話を介して、ともに独身であること、職業はいずれも書記であること、年齢も四七歳で同じであることといった共通の要素ばかりなのだ。そうした確認の儀式を可能にするものが黙読と肉筆という問題の系列であったことを改めて強調しておこう。二人が黙って文字の綴りを読むことがなければ、物語は始まりさえしなかったからである。

黙読という点だけをとってみると、この冒頭の挿話は奇妙なやり方でわれわれが置かれた状況を象徴している。『ブヴァールとペキュシェ』を読み始めるものは、すぐさま、ブヴァールとペキュシェという名前を読んでいる二人の作中人物の描写を読むことになるからだ。より厳密にいうなら、読んでいる者そのものではなく、読むということを読むのだ。ここでの読むことは、まさしく読むことを読むことによって始まっているのである。われわれが、題名として提示されたブヴァールとペキュシェという二つの固有名詞を読むことでテクストを読み始めるように、物語の作中人物もまた同じ固有名詞をたがいに読みあうことで説話論的な要素となるのである。そのありさまは、彼らとわれわれとが、ブヴァールとペキュシェという視覚的な記号を介して鏡と向かいあうかのような関係に置かれているとさえいえるようだ。だがそれにしても、読者と作中人物とが同じ振舞いを演じることになるようなテクストからなる小説が、これまで存在したであろうか。もちろん、そこにはいささかの時間的なずれが介在しているから、より正確にいうなら、作中人物のほうが読者を模倣しているというべきかもしれない。

作中人物が読者の演じつつある身振りを反復することで形成されるテクストとしての『ブヴァールとペキュシェ』。これは何とも奇妙なテクストと呼ぶほかはないものだが、その身振りが完璧な反復をかたちづくるには、物語から語りへの移行が必要となる。すでに触れておいたように、ブヴァールとペキュシェとはそれぞれ相手の名前を同時に読みとっていながら、その事実が語られるとき、話者によって担われる説話論的な持続の上に、読まれた名前が継起軸にそって配列されることになっていたからである。同時性はそこで順序の支配におさまるのだが、肝腎なのはその事実を改めて確認することではない。われわれが題名として記されていた二つの固有名詞をそれと同じ順序で認めることになるのは、あくまでも語りの領域においてであるが、そこで重要なのは、名前を黙読する作中人物が二人存在するということよりも、むしろ読むという同じ仕草が二度くり返されているという事実なのだ。

かくして読むという行為の主体の複数性は、行為の同一性によって極度に曖昧化され、差異性を希薄にしながら同じ一つの機能のうちに融合してしまうかにみえる。実際、ブヴァールとペキュシェは、説話論的な機能体としては二人である必然性をほとんど担ってはいない。だからといって、彼らが一つの集合体として単数化されると断じるのも正確ではあるまい。同じ行為の反復的な主体となることで、ほとんど数の概念を超越した存在となるというべきだろう。そして、その同じ行為が名前を読むことであったという点が決定的なのだ。読まれた名前ではなく、名前を読むことがしめしあわせておいたわけでもないのにほぼ同時に反復されてしまうという点だけが、説話論的な役割を演じているのだ。読者たるわれわれをブヴァールとペキュシェとが模倣するのはあくまで説話論的な水準においてであり、その意味で彼らは、作中人物という物語にふさわしい名称よりも機能体という範疇に所属するものかもしれない。

ところで黙読という説話論的な要素に肉筆のそれを導入した場合、読者と機能体との類似がたちどころに消滅することは明らかだろう。われわれが読む固有名詞は、題名を構成するものであれ二人の作中人物が帽子の裏に読んだと語られているものであれ、まぎれもなく印刷された活字の連らなりであるが、ブヴァールとペキュシェが読んだものは筆記体で綴られたものだからである。そして読者は、肉筆で記された二つの家族の名前を肉筆そのものとしては絶対に読むことができない。帽子の裏の署名は、われわれから永遠に奪われているのである。だがそれは、印刷された書物を読むものとしての小説の読者の宿命としてあっさり解消さるべき問題ではない。作者フローベールの肉筆原稿にあってさえ、それと遭遇することは不可能だからである。もちろん、言語による表象形式としての小説を読むものにとって、そこで表象されたあらゆるものが不在であることはいうまでもない。記号が提示しうるのは不在そのものにほかならぬからである。それ故、ブヴァールとペキュシェとが同時に坐ったベンチがそうであるように、二人の帽子をはじめとしてそこに描かれているあらゆるものは、印刷されたテクストであろうが肉筆原稿であろうが、読むものからは奪われている。そのベンチや帽子を目の前に再現しうるものなど、一人としていはしないだろう。ベンチという単語はいわゆるベンチはいうに及ばず、特定のベンチとさえいかなる類似性も持っていないし、帽子の場合も同様である。

だが、固有名詞としてのブヴァールとペキュシェの場合、類似は存在する。二人が相手の裏に読みとった筆記体の署名と、作者の肉筆原稿のその部分と、われわれが読むテクストの同じ個所との間には、一貫した類似が否定しがたく維持されている。それは、いうまでもなく綴りの同一性であり、その関係は必然的なものである。したがって、裏側に肉筆の署名があったという帽子と、署名そのものとの間にはまぎれもない表象形式の違いが存在する。署名の場合は明らかに再現に近く、物語から語りへと移行する過程で蒙る言語的な代理作用が徹底性を欠いているのである。

だが、見落としてならぬのは、こうした事態が固有名詞一般について観察しうるわけではないという点である。たとえば、さきに引用した台詞に続く文章を読んでみよう。

それから二人は相手の顔をじっと見た。
ブヴァールの人の好きそうな顔つきは、たちまちペキュシェを魅了した。(p. 52)

ここでの固有名詞は、ブヴァールとペキュシェの名によって識別される二人の作中人物にはいささかも似てはおらず、したがって言語的表象という点でなら、むしろ彼らの坐ったベンチをベンチという単語で指示することの方に遙かに似ている。二人の虚構の存在と、ブヴァールとペキュシェという名前の綴りとの間には、いかなる形式的な類似も存在していないからである。かりに、その名前が客観的な描写ではなく直接話法の台詞の中に出てきていたとしても、事情は変らないだろう。ブヴァールとペキュシェという音声の連らなりとその標記的記号との間にも、本質的な類似はいささかも存在していないからである。

いまや『ブヴァールとペキュシェ』のテクストにとって、黙読と肉筆という説話論的な要素がいかなる形式的な問題を提起しているかは明らかだろう。この小説に最初に姿を見せている二つの家族の名前は、その表象性の希薄さによってほかのあらゆる言語記号と異っているのである。ここでわれわれが読むブヴァールとペキュシェという固有名詞の綴りは、それ以後頻繁に登場することになる同じ綴りの固有名詞と違って、いささかも作中人物を表象してはおらず、筆記体で書きこまれた帽子の裏の文字を、それとの綴りの同一性によってかろうじて表象しているにすぎない。いっぽうは、書かれた文字としての名前の痕跡を類似によって反復しているのだし、他方は虚構の存在をその名前によって表象しているという差異に注目しよう。もっとも、その差異はあくまでも形式的なものであり、物語の推移をたどろうとする者にとってはあっさり消滅するものだろう。

物語にとって重要なのは、そこに読まれる名前の持ち主をそれぞれブヴァールとペキュシェという作中人物として納得することであり、いったんそう命名されたからには、話者が語りの中で彼らをそうした名前で指示することがごく自然な振舞いだと確信することができるだろう。われわれもまた、その確信を共有しないわけではない。だが、テクストの提起する形式的な問題に着目しようとする場合、説話論的な機能体としてのブヴァールとペキュシェが、その確信から自由であることにも意識的である必要があるだろう。すでに指摘しておいたように、題名はテクストの説話論的な水準に位置していて物語的な題材を垂直に超えているものである以上、作中人物がその題名を読むという事態は、実験的な構成による二〇世紀の小説はともかくとして、フローベールが属している芸術的な風土にあっては起りえないことである。ところがここでは、機能体としてのブヴァールとペキュシェが、テクストの冒頭に置かれた題名そのものではないにしても、その綴りを正確に反復した二つの固有名詞を文字通り読むのである。つまり、反復は、物語ではなく語りにとって意義を持つ説話論的な細部だということになるだろう。語りにとって重要なのは、命名の儀式による二人の作中人物の差異の確立ではなく、あくまで、同じ身振りの反復によるその差異の曖昧化を通じて、説話論的な機能体としての役割をきわだたせることにある。ブヴァールとペキュシェとは、作中人物としての二つの異る個体の名前であると同時に、必ずしも複数である必然性のない機能体の名前であるわけだ。そして、帽子の裏に署名を読みとるという挿話は、作中人物が説話論的な機能体となる瞬間を告げているのである。

印刷された活字であれ作者の自筆原稿の場合であれ、ブヴァールとペキュシェという名前が肉筆による署名の反復的な再現であり、必ずしも作中人物そのものを表象する記号ではないという事実から、テクストの形式的な問題の一系列が導き出される。それは、反復の反復ともいうべき身振りの系列的配置である。改めて要約するなら、ブヴァールとペキュシェが肉筆の名前を黙読するという相互反復がまず認められるのだが、その振舞いの模倣性によって機能体となったブヴァールとペキュシェが、読者がいま読んだばかりの題名と同じ綴りの固有名詞を読むという反復が再現され、それと同時に、機能体によって反復的に読まれた肉筆の署名そのものが、語りを担う言語的表象作用の過程で、綴りの同一性に基き形式的に反復されているのである。反復は、表象されるもの、表象するものにとどまらず、表象作用そのものにも認められるという意味で完璧だといってよい。それが、テクストの提起する形式的な問題を読むということの意味なのだ。

表象と反復

『ブヴァールとペキュシェ』の物語はよく知られている。四七歳という年齢まで官庁や私企業で律義に書記を勤めあげてきた二人の独身者が、偶然の機会から知り合って次第に深い親交を結ぶにいたる。その最初の瞬間を、これまで説話論的な水準で考察し、そこに三重の反復という特質を指摘したばかりのところだ。二人は、親しみを増すにつれて書記という職業を単調なものと思いはじめ、パリからの逃亡を夢みることになる。そのとき、ブヴァールに思いがけぬ遺産がころがりこんできたので、二人は退屈な勤め暮しを切りあげ、ノルマンディーに農場を買って、年金による田園生活を楽しむことが可能となる。見出された自然が、いっとき彼らを有頂天にする。だが、そこで営むことになった農業と園業とに失敗し、それを知識の欠如によるものと確信することになる二人は、農業の基盤となる化学を極めてつくそうと、さまざまな文献を買い求めて読書生活に入る。そして、医学、天文学、地質学といった学問体系を途方もない書物とともに究めることになるのだが、そこでの知見はたがいに矛盾しあっているし、理論と実践とは喰い違うばかりだ。いかなる専門書も確かな知識の基盤を提供してはくれず、そのつど、さらに別の科学へと関心を移行させてゆくが、彼らの体験しうるのは時間が無為に流れたという実感ばかりである。おまけに、周囲の村人たちからは奇人とみなされ、県の役人までがその行動に危惧の念をいだきはじめる。宗教や社会主義の知識は、もっぱら世の中との不調和をきわだたせるのみで、深い絶望感が二人を捉えることになる。そのとき、彼らはほとんど同時に、もとの書記に戻って、ひたすら筆写することに新たな希望を見出す。ほぼそのあたりまでがこの遺作長編の十章までに語られているのだが、最終章のほぼ三分の一を清書原稿として書きあげたところで作者に訪れた死が、残りを断片的な草稿の状態で放置させることになる。

これまでの『ブヴァールとペキュシェ』研究は、ほぼ二つの流れに大別される。一つは、草稿のまま放置された部分と清書原稿との関係をめぐるものだ。作者の死の直後からその存在を知られている『紋切型辞典』をはじめ、物語とはいっさい無縁のもろもろの引用句などをひとまとめにして、それを作者が書簡などで『第二巻』と呼んでいるものに相当すると判断し、書記に戻った老齢の独身者たちによって筆写さるべき言葉として作品に含めるというのが、ほぼこの領域での研究が達成しえた地点である。

いま一つは、こうした奇妙な構成を持つ物語と作中人物の振舞いを通じて、作者が何を言わんとしたかを明らかにしようとする試みである。体系化されない知識の悲劇であるとも、体系化をこばむ知識の冒険だとも読めるこの小説をめぐって、オデュッセイだの人間愚の百科全書だのといった比喩が口にされたりもしたが、作者の意図といったものはもちろんその正確な把握をこばみ続け、その結果、さまざまな批評的な言説がいまも生産され続けている。

われわれは、この種の分析のあとをうけて、二つの領域で豊かなものとなってゆくフローベール的な知に新たな見解を附加しようとは思わない。すでに述べられてもいるように、テクストの提起する形式的な問題に共鳴し、そこに響応すべき問題体系を増幅させることがこの文章の目的である。それ故、ここではテクストの全域をくまなく踏査することはさしひかえ、二つの固有名詞を、説話論的な記号としていま少し反響させてみることにする。そこで、三重の反復という冒頭の説話論的な細部が、どのような意味作用の網の目をその周囲に張りめぐらせているのかを感知してみたい。そうすることで、この作品の理解を深めようとする意志などまるで持ってはいない。テクストは理解の対象ではないからである。そこに提起される形式的な問題に反応することだけをテクストは待っている。そうした視点に立った場合、われわれは、肉筆の署名が反復されている事実にすぐさま惹きつけられるだろう。ただし、こんどは、家族の名前のみならず、洗礼名までがそこに記されている。黙読されるという事実も変らない。

タルディヴェル法律事務所

一八三九年一月十四日、サヴィニー＝アン＝セプテーヌ

拝啓

本月十日当市にて逝去された貴殿の生父、もとナント市の貿易商フランソワ＝ドゥニ＝バルトロメ・ブヴァール氏の遺言状にお目を通し戴くべく、当事務所まで御足労願いたく存じあげ候。同遺言状には貴殿にとって有利となるさる重大な事件が書き記されて居り候。

敬具

公証人タルディヴェル

(p. 63)

「伯父が死んだ！」という言葉とともにブヴァールからペキュシェに示されるこの手紙には、複数の物語的な情報がこめられている。まず、おそらく用いられた便箋の形式を模倣したと思われる書式に従って記されている日付けが、できごとの歴史的な時代背景を正確に指示し、これが七月王政下の物語であることを告げている。しかも、この引用の二〇行ほど前に、話者がその日を一八三九年一月二〇日のことと語っているので、「伯父」の死んだのが一月十日、法律事務所でその通知状がしたためられたのが一月十四日、それがブヴァールのもとにとどいたのが一月二〇日と、三つもの日付けを正確にたどることができる。ところで、この時間的な符牒の厳密な配置は、ほとんど無償の記述といってよい。「伯父」の死が知らされるのに十日を要したという指摘は、物語をたどろうとするものに何の助けともならないばかりか、唐突な日付けの出現とその反復によって、かえって、二人が出会ってからその日までにどれほどの時間が流れたかがきわめて曖昧である事実を浮きあがらせてしまうからである。

なるほどブヴァールとペキュシェの出会いは夏の日のことと語られ、その夜にはたがいの洗礼名を告げあうほどに親しくなり、「その翌日」ペキュシェがブヴァールの会社を訪れ、「一週間もしないうちに、君＝俺と呼びあう仲になった」と語られてはいるが、その後の時間的な経過はごく曖昧で、たとえば「ある日曜日」とのみ示されている遠出で、二人が「一日中葡萄畑の中をさまよい、畑のほとりのひなげしを摘み、牧草の上で眠り、牛乳をのみ、料理屋のアカシアの樹のもとで食事をし、夜もふけてから、埃まみれになって、疲労はしていたものの心から満足して家に戻った」という記述が、いかにも初夏の屈託のない光景を描き出していながら、それが翌年の春のことなのかさえはっきりしないのである。

話者は、いうまでもなく、あらゆる時間的な符牒を平等に分配することはないのだから、そのことじたいに問題があるわけではない。注目すべきは、それだけになお一層、ここでの厳密な日付けの指摘がきわだち、物語的な情報の枠を越えて説話論的な過剰の細部としてテクストの形式の問題を提起することになるという点なのだ。

いま一つの物語的な情報は、「伯父」としてこれまで語られていたブヴァールの名付け親が、ここでその「生父」であったと明言されているという点である。少年ブヴァールをパリにつれ出し、資金的な援助を惜しまずに商売を習わせ、「立派な肖像画」を送ってよこしたりもする「伯父」をめぐる話者の語り方から漠然と察せられぬでもなかったが、しかし、私生児としてのブヴァールというその生いたちは、これまで明言されることはなかった。その事実を、読者は、ここで作中人物のペキュシェとともに初めて知らされることになるのである。だが、語りの水準におけるそうした物語的な情報の処理が、ここでも肉筆と黙読という事態に譲ねられている点に注目しよう。物語に直接介入することを避ける話者が、他者の手になる手紙をそっくり引用することで、ちょうど帽子の裏に筆記体で書かれた名前によって固有名詞を導入したように、ブヴァールが私生児だという事実を明らかにしているのだ。客観性への配慮を装ったこの説話論的な手法が、ここでも逆に話者の特権性をきわだたせることになるのはいうまでもない。というのも、話者にとって、それは既知の事実にほかならぬからである。

そのことと関連するいま一つの物語的情報は、実は生みの親であったブヴァールの「伯父」の名前をめぐるものだ。このとき読者は、ブヴァールの洗礼名がフランソワー＝ドゥニ＝バルトロメであることを知らされているので、それが「生父」の洗礼名をそっくり受けついだものであることを初めて理解することになる。だが、すでに死亡したものとして語られるのみで物語には二度と登場することのない父親の名前をめぐる情報は、それがいかに詳細なものであろうと、説話論的には過剰な要素というほかはないのである。テクストにとって重要なのは、私生児ブヴァールの父親の名前そのものではなく、父と子が正確に同じ姓名を共有しているという反復性の確認なのだ。しかもその反復性は、肉筆の手紙を活字として再現するという表象作用上の反復を伴っていることで、冒頭の帽子の裏の名前と響応しあうことになるだろう。しかも肉筆の文字が黙読されるという振舞いそのものがここで反復されるのだ。もっともこの場合は、反復は同時的ではなく継起的に演じられる。まず、勤め先で手紙を渡されたブヴァールは、文面を読むなりその場に卒倒し、意識をとり戻すが早いか、ペキュシェの役所に駆けつける。彼もまた、一読ののち、へなへなとその場に坐りこんでしまうのだが、同一の手紙が二人の人物によって読み直されているという点が重要なのである。つまり、ここに引用されている肉筆の手紙は、そこに含まれている物語的な情報によって読者に知識を提供する細部であると同時に、その同じ文面を読むブヴァールとペキュシェとを反復的な機能体として提示する役割をも担っているのだ。

だが、反復はその点に尽きるものではない。「郵便切手、活字体の事務所の名前、公証人の署名」といった通知状の間違いのなさを証明するものにもかかわらず事態を信じ切れずにいるブヴァールの問いあわせに応じて、法律事務所から二通目の書類がとどく。

公証人は遺言状の写しを送ってよこした。それはこんな言葉で終っているのだ。「従って、余は、認知せる庶子フランソワ゠ドゥニ゠バルトロメ・ブヴァールに、法律によって分配可能な財

産の一部を贈与するものとする」(p.54)

われわれの興味は、ブヴァールの危惧にもかかわらず通知状が真実を伝えていたという物語の展開には向かわない。そうではなく、ここでは公証人による「遺言状の写し」が、部分的ながら逐語的に再現されているという点が問題なのだ。まず、肉筆の文字が肉筆によって写しとられるという反復的な過程が前提となり、それに続いて、前述の通知状で「貴殿の生父」と名指されていた固有名詞が「余の認知せる庶子」の名前として正確にくり返されているのである。ブヴァールの姓名が「生父」のそれを継承したものだという点はすでに語られているのだから、物語の水準に限ればこのくり返しは冗語法だといえるだろう。だが、説話論的にみた場合、固有名詞、肉筆、黙読という系列がここでも反復されているという意味で、形式的な注目に値いする細部だといわねばならぬ。しかも、反復はここでも重層化されている。新たに導入されているのは、フランソワ＝ドゥニ＝バルトロメ・ブヴァールという家族の名前と洗礼名との組み合わせからなる固有名詞の反復である。物語的には父から子への同じ姓名の継承と翻訳しうるこの反復は、テクスト的な表象作用の領域にあっては、肉筆の名前の活字的再現であるという事実とともに、肉筆による肉筆の再現という新たな側面をそなえている事実に着目されねばならない。つまり「遺言状の写し」に現われる固有名詞は、筆記体で綴られた文字の筆記体による筆写なのであり、法律事務所からの手紙に記されている同じ綴りの姓名とは、表象作用という次元で異っているのである。一方は公証人によるオリジナルな筆蹟を活字的に再現したものだが、いま一方は、父親の手になる文字をコピーした公証人の筆蹟の再現なのであり、筆写が介入する以上、反復は二重化されざるをえない。

つまり、同じ手紙の引用文でありながらそこに存在しているはずのオリジナルとコピーとの差異はテクストにあっては消滅し、正確に同じ文字記号の機械的再現といった印象を与えることになる。

もちろん、ここでの固有名詞の反復は、帽子の裏の肉筆署名の場合とはいささか事情を異にしている。公証人からの手紙と父の遺言状の写しとに姿を見せた同一の姓名は、それぞれ作中人物を指示する記号であるからだ。すでにオリジナルな肉筆の段階で、筆蹟そのものではなくその名を持つ特定の個人、すなわちブヴァールの父とブヴァール自身とを明らかに表象しているのである。従って改めて問題にさるべきは、正確に同じ綴りを持つ一つの姓名が、同じ家系に属しながらも社会的にはそうと認定されずにいた二人の作中人物を同時に指示するという事実だということになるだろう。それは、すでに述べたように、同じ名前の父から子への継承と読まれるだけでは充分ではない説話論的な問題なのだ。テクストという点から注目さるべきは、直接話法としても間接話法としても、フランソワ＝ドゥニ＝バルトロメ・ブヴァールという名前が物語に介入することはないという事実である。説話論的な機能体としてブヴァールとペキュシェがここで交互に黙読するだけで姿を消し、以後は話者も、作中人物ペキュシェも、ブヴァールを指示する記号としてこの姓名を口にすることはないだろう。

これ以前には、二度、家族の名前と洗礼名とがそれぞれの口から洩れている。まず、口にされるのは洗礼名である。初めて出会った日の夜、ブヴァールの家を訪れたペキュシェが、ブヴァールに生き写しの「伯父」の肖像画を前にして、まるであなたの父上のようだとつぶやく言葉を受けて交わされる会話が、途中から間接話法へと移行し、話者の語りによって再現された言葉の中にそれは読まれる。

「名付け親なんです」とブヴァールは無頓着に答え、自分の洗礼名はフランソワ＝ドゥニ＝バルトロメだとつけ加えた。ペキュシェのそれはジュスト＝ロマン＝シリルだった。

—«C'est mon parrain» répliqua Bouvard, négligemment, ajoutant qu'il s'appelait de ses noms de baptême François, Denys, Bartholomée. Ceux de Pécuchet étaient Juste, Roman, Cyrille; (p. 57)

ここで二人がそれぞれの名前を名乗っているのは明らかである。物語の水準では、まぎれもなく声として響いたものが間接的に報告されているのだ。いっぽう家族の名前は、一方が台詞として、いま一方が語りによる報告として、それぞれ一方ずつ姿を見せている。知り合った翌朝、勤め先を訪れたペキュシェが中庭で声を張りあげる。

「ブヴァール！　ブヴァールさん！」

Bouvard! Monsieur Bouvard! (p. 58)

もっとも説話論的な厳密さを期するなら、ペキュシェがそう叫んだとは語られてはおらず、誰のものとも識別しがたいその声に誘われて窓から見降すブヴァールの視線が、ペキュシェの姿を捉えたのだとのみ記されている。だが、例外的に相手の名前が直接話法の中で発音されているこの部分が、事務所で働く同僚たちとの識別機能を帯びていることに注目しよう。ブヴァールがペキュシェの名を口にするのも、やはりその仕事場を訪れたときなのだ。「生父」の死を告げた通知を受けとり、卒倒した彼は意識をとり戻すや否や海軍省へと駆けつける。

彼はペキュシェを呼び出してもらった。
ペキュシェが姿を見せた。

Il fit demander Pécuchet.
Pécuchet parut. (p. 63)

ブヴァールが誰かにペキュシェの名を告げたことは明らかである。そして、ここでも、呼ばれた当人は自分の名前を呼んでいる相手を直接目にしているわけではない。名前は、同僚たちの間から自分が選別されるための符牒にすぎず、直接言葉をかけられる契機となってはいないのである。

それが直接話法であれ間接話法であれ、『ブヴァールとペキュシェ』のテクストにそれぞれの名前が声として発音されたと語られているのはこれですべてである。あとはただ、話者がその作中人物を指示する必要性から、それぞれの家族の名前が用いられるばかりなのだ。名前をめぐる説話論的な不均衡がテクスト的な問題を提起するとは、そうした事態をいうのである。われわれが惹きつけられるのは、例外的な希少性なのだが、そこにはきまってブヴァールとペキュシェの対応関係があったことを確認しておこう。唯一の非相称性は、ブヴァールの場合に二度も繰り返し黙読さるべき綴りとして登場している家族の名前と洗礼名との完璧な標記が、ペキュシェについては一度もテクストに姿を見せてはいないという点である。それはおそらく、彼が「小商人」の息子として父親を持ってはいながら、母親の顔さえ知らないまま奉公に出されたという身の上と関係のあることに違いない。ブヴァールが私生児であるなら、ペキュシェは捨て子なのである。その家族の名前も洗礼名も、彼を父親に結びつけはしない。わずかな額の遺産によって母親と結びついてはいても、母の名前は家族の名前ではないからである。

にもかかわらず、ブヴァールとペキュシェの説話論的な相応関係はかろうじて保たれている。その事実は第一章の終り近く、物語が二人のパリからの出発の前夜にさしかかったときに明らかになるだろう。ペキュシェは、二度と戻ってはこない下宿で感慨にふけり、深夜まで寝つかれずに部屋の中を歩きまわる。

もうここに戻ってくることはないだろう。結構なことではないか！　そうは思いつつもなにか自分の記念を残そうと、煖炉の漆喰に自分の名前を彫りつけたのである。(p. 69)

ここに語られている振舞いはまぎれもなく作中人物としてのものであり、説話論的な機能体としてより、性格だの心理だのと関わりを持つ物語的な細部として読まれるべきものに違いない。事実、真夜中に尖った刃物のさきで孤独に漆喰の表面に文字を刻みつけている姿は、並置の接続詞でブヴァールと共存しているかにみえながらなお二番目の存在として彼に依存し、影にまわりながらもときおり過激な行動を示して周囲を驚かせたりするペキュシェの役割を予告しているかのようだ。しかし、間接的に描写されているにすぎないその振舞いが、名前を刻みつけるものだったという点は、この細部をかろうじてテクストの形式的な問題に結びつけている。肉筆の署名というよりは刻みこまれた痕跡ともいうべき文字の綴りは、ブヴァールによる黙読の対象となることもなく物語から忘れさられてしまうという意味で均衡を逸していながらも、ジュスト＝ロマン＝シリル・ペキュシェという姓名が一度も完全にテクストに再現されることがなかったという説話論的な不均衡を、かろうじて救っているのである。作中人物による唯一の記名行為が形式的な問題と無縁でないというのはそうした理由による。

「妙だぞ」または私生児と捨て子

これまでの考察から『ブヴァールとペキュシェ』のテクストを特徴づける運動が導き出されてくる。ブヴァールとペキュシェが、説話論的な機能体と物語的な作中人物との間で演じる激しい振幅運動がそれである。激しいといってもつねに可視的な動きがテクストに刻みつけられているわけではない。それは、きまって形式的な問題として読むものの感性に働きかける運動である。ブヴァールとペキュシェの相対的な差異がきわだつときに作中人物の輪郭が鮮明なものとなり、それが曖昧に希薄化されると、相互反復的な存在としての機能体となるのだが、いずれの場合も並置された二つの固有名詞として示されているからである。

たとえば、二人の境遇をとってみる。私生児と捨て子という両親との関係を導入すればブヴァールとペキュシェはたちまち身を引き離し、それぞれの自己同一性の上にしかるべき外見と性格とをまとった二人の男となる。いっぽう、四七歳の独身の書記という共通項で結ばれるとき、それは反復というテクストの形式的な問題体系をきわだたせる説話論的な機能体となる。知り合った日の晩、別れがたく思いながらついに夕食をともにし、すでに勤め人であると知っていた相手が自分と同じ職種であるとわかったときの二人の喜びは、もちろん物語として語られている。

二人がともに書記であり、ブヴァールがある商会で、ペキュシェが海軍省で仕事をしているとわかったとき、彼らは驚きのあまり、両手を高くさしあげ、あやうくテーブルごしに肩を抱きあうところだった。(p.55)

仕事の内容が同じであることに素朴な喜びを表現している二人の描写を語りによって知らされるとき、われわれはそれを物語的な報告としてうけとめる。それとともに、身振りの同時性を支えているのが二人の口から洩れた書記という言葉である事実から、冒頭の帽子の裏の肉筆の署名という説話論的な要素と共鳴しはじめているのをも感じとらずにはおれない。ここでも文字を書くことが二人を結びつけているからである。これまで書記と訳していたものを筆耕と改め、タイプライターが事務用具として開発されたことで消滅する筆写専門の職業だと認識するなら、それが言葉の意味を超えたところで他人の文字を清書する作業として、これまでに述べた反復の系列とも深く響応するものであることは明らかだろう。だから、彼らは、たんに職業が同じであることに感動しているわけではない。テクストの冒頭から顕在化している形式的な問題にともに加担しうる存在として、相手の仕草を反復的に模倣せざるをえないのだ。その後、ブヴァールの場合は、「字の上手なことを利用せんとして」さる商会に入り、ペキュシェは「さる課長が、その筆蹟に感心して」海軍省に傭われたという二人の前歴が語られることになるのだが、作者がどうして筆耕という職業を選んだのかといった問題はここでは問わぬことにする。肝腎な点は、このテクストが、たんにブヴァールとペキュシェという名の二人の筆耕の物語を語るものではないという点である。すでにこの二つの固有名詞がテクストの形式的な問題を提起していたように、筆耕という職業そのものがその問題系列に組み入れられ、テクストを支えたことになるといった作品がいま読まれているのである。そこにあっては、二人の筆耕の間に起ることがらばかりではなく、作中人物としての二人と、説話論的な機能体としての二つの固有名詞の間に起ることがらも読まれねばならない。というのも、差異を鮮明にきわだたせる別の個体としてのブヴァールもペキュシェも、一人だけでは反復という形式的な問題を増幅する機能を発揮しないばかりか、それが問題なのだと判断しうる根拠さえ持っていないのだ。

たとえばブヴァールの遺産相続が確実となり、引きこもるべき地方の選択も終って、あとは退職するばかりとなった二人の様子を語る次の一節を読んでみよう。

彼らはこの話をいっさい人には洩らすまいと誓いあった。だが、二人の顔はついほころんでしまう。そこで同僚たちは「妙だぞ」と思いはじめた。ブヴァールは筆記用の机にへばりつき、傾斜体の文字に円味をくわえようと両肱を脇に拡げて筆を動かす。はればったい目を仔細ありげにぱちぱちさせながら、笛のような音を洩らしている。ペキュシェはといえば、藁をつめた高い円椅子に腰を乗せ、縦長の直写体を一所懸命書いてはいる。だが、鼻孔をふくらませ、秘密を洩らすまいとするかのように、口をかたく結んでいた。

Ils s'étaient juré de taire tout cela; mais leur figure rayonnait. Aussi leurs collègues les trouvaient «drôles». Bouvard, qui écrivait étalé sur son pupitre et les coudes en dehors pour mieux arrondir sa bâtarde, poussait son espèce de sifflement tout en clignant d'un air malin ses lourdes paupières. Pécuchet huché sur un grand tabouret de paille soignait toujours les jambages de sa longue écriture—mais en gonflant les narines pinçait les lèvres, comme s'il avait peur de lâcher son secret. (p. 67)

物語をたどろうとするものにとって、この一節にはいかなる意味論的な畸形性も含まれてはいないので、誰もがそこに描かれている情景を素直に思い浮べることができる。だが説話論的な視点からすると、この記述にはある種の抽象的な非現実性がまつわりついている。引用の第一行目は、語りとしてごく普通のものだろう。話者が、作中人物のとり交わした約束の内容をかいつまんで語っているだけだからである。また、「二人の顔はついほころんで」しまうという文章にも説話論的な異常はまぎれこんではいない。空間的にも時間的にも一つの位置を共有してはいない二人が演じるまったく同じ振舞いを、とりわけ意義深い細部として話者が要約的に語ることは決して不可能ではないからだ。しかし、「そこで同僚たちは『妙だぞ』と思いはじめた」という一行になると、文法的には充分成立しうる文章でありながら、言説としてはかなり特殊なものだといわねばなるまい。というのも、この構文の二つの要素、すなわち主語の「同僚たち」と、翻訳では省略されているブヴァールとペキュシェという目的語とが、それぞれ時空をともにすることなく離ればなれの個体をなしているからだ。「妙だぞ」と判断する主体が、かりに匿名の複数者であったとしても、全員が二人の書記を知っているなら、その判断の下される瞬間が同時的に起ろうが継起的に進展しようが、話者にこうした言葉を語らせて何の不思議もないだろう。また、「妙だぞ」と判断される対象が同じ時空を共有しているなら、二人の振舞いを不自然に感ずる同僚たちが二つのグループに別れていたとしても、その事実は上述の文章で要約さるべき必然をそなえてもいる。ところで、いま問題となることがらは、判断の主体も対象も、はじめから二つのグループに判然と分割されており、それぞれの主体と対象との間に成立する関係は、どんなことがあろうと絶対に交わることがないという事態である。したがって、「同僚たち」という言葉で総称される人びとが二グループに分類され、その一方だけがブヴァールの、またいま一方だけがペキュシェの振舞いを、別のグループに同じ事態が起っているとは知らぬままにいつもとは違うと思い、何かありそうだと感じとっているのであり、それを直接目的の人称代名詞の複数形として認識しうるものはその両グループの中に一人として混ってはいないのだ。各グループの構成員にとって主語が複数となることには何の不思議もないが、目的語はきまって単数形としてしか想定しえないのである。そのことをめぐってひとこと言いそえておくなら、日本語に訳されてはいないが、「同僚たち」にはとうぜん彼らのという複数の人称にかかる人称代名詞の複数形 leurs がそえられている。この複数形もまた、当事者にとっては不可解なものだといえるだろう。主語となるべき者たちにとって、みずからの立場は、あくまで彼の同僚としてしか把握されることがないからである。

もちろん話者は、そうした事態の並行性をも統合的に要約する権利を持ってはいる。だが、具体的にこうした構文がフランス語で成立しうる状況はきわめて稀なはずである。決して交わることのない時空で演じられる行為が、所有形容詞 leurs と人称代名詞 les によって言表されて不自然でない状況そのものが、きわめて不自然なものだというべきなのである。同じ職業的範疇に属するものだとはいえ、たがいに見知らぬ二組の人間たちが、時間的にも空間的にも他と触れあう機会を持たぬまま、しかも、それぞれの仲間の一人の振舞いをどこか奇妙だと思うという同一の事態が起らぬ限り、こうした語彙の組み合わせによる構文は絶対に成立しないからだ。そのあくまで例外的な状況がここで起ってしまったのである。それ故、「同僚たちは『妙だぞ』と思いはじめた」という文章は、テクストの提起する形式的な問題だということになる。ブヴァールとペキュシェは、たがいに交した約束によって、そうとしめしあわせたわけでもないのに、周囲のものたちにまったく同じ反応を惹き起し、しかもそのことで彼らの同僚という現実には存在しない範疇を言語的に作りだしてしまったからである。本来であれば、並行して進行する事態を個別に表現する二つの正確に同じ構文を持った文章がかたちつくられるはずである。「彼の同僚たちは（彼のことを）『妙だぞ』と思いはじめた」というのがそれである。ここでの彼の同僚も、彼も、明らかに現実の対応物を持っている。だが、その完全に同一の具体的な文章が機械的に複数化されたとき、そこにかたちつくられる複数形は、ほとんど抽象的というほかはないだろう。そこに語られていることをそれぞれの言表の対応物として如実に思い描くことは不可能に近いからである。それを許す唯一の条件は、ブヴァールとペキュシェが説話論的な機能体として、反復という問題体系をテクストの上に具体的に実現しているという事実のみである。

ここで留意すべきことがらは、その二つの固有名詞によって指示される二人の作中人物が、性格の類似や心理的な親近感から同じ反応をあたりに波及させるのではなく、反復的な機能によって説話論的な持続を支えているのだという点である。性格という点でなら二人はほとんど対称的な存在であり、いっぽうは心の秘密を弄びながら、「仔細ありげな」表情を浮べてさえいるし、他方は内面をのぞき見られはせぬかと気がかりなそぶりを示し、そこには明らかに排斥作用が働いている。二人の違いをきわだたせるこの排斥運動は、物語に所属する作中人物としての差異の確立に貢献しており、それは、二人が筆写する文字の書体の形態的な対照性にまで反映している。ブヴァールは傾き加減の曲線的な文字を綴るし、ペキュシェの筆からは縦長の尖った直線的な字体が滑り出していると語られているからである。にもかかわらず、この物語的な相互排斥は、無言で文字を筆写する何の変哲もない二人の書記の態度が同僚たちに「妙だぞ」と思わせてしまうという説話論的機能体としての類似と対立することになる。『ブヴァールとペキュシェ』のテクストを支える振幅運動とは、こうした差異の鮮明化と類似の確立によって不断に活性化されるものなのだ。

忘却の特権化

『ブヴァールとペキュシェ』を物語として読むとするなら、それが偶然の遭遇によって始まっていることは誰の目にも明らかである。独立した個人として表象されている限りは似ているところもあれば違ったところもあるだろう二人の男が、その出会いの瞬間からたがいに何か惹かれあうものを感じ、やがて田舎に閉じこもって生活をともにすることになるという物語が、始まろうとしているわけだ。ところで多くの小説は、それが複数の作中人物を持つものである場合、何らかの意味での偶然の遭遇が物語の特権的な挿話をなしている。友情を主題としているなら同性のものたちが、恋愛が描かれることになるなら一組の男女が、その挿話に従って一つに結びつくことになるだろう。同年齢の独身者が出会うという『ブヴァールとペキュシェ』の場合も、そうした小説類型の一つとみることができ、どこにでもあるという話とは思えないが、まったくありえないことでもなかろうと人は納得する。ただし、ふとしたことで出会った二人がどうしてたがいに惹きつけられるかという理由は、その出会いの契機がそうであるように、どんな作品にあってもあまり明確には語られていない。話者が、物語に対してどれほど特権的な位置に立とうと、偶然の遭遇を説明することは困難だからである。

その困難さは、日常生活におけるその種の体験に対する説明の無力さを直接的に反映している。また、虚構の恋愛なり友情なりの成立を読者が納得するときにも、現実の体験や、それへの類推に支えられているのがほとんどである。物語が、物語として主題となった恋愛の唐突な発生を説明しつくすことは不可能なのである。読者がある恋愛を物語として納得するのは、その成立事情を完全に了解したからではなく、いかにもそれらしい細部に触れたり、効果的な技法に促されて、その虚構をとりあえずうけいれるからにすぎない。それは、物語への絶対的な確信というより、話者への信頼を遊戯としてうけいれることなのである。それが遊戯として進展するか否かは、話者が題材をどれほどうまく語るかにかかっているが、その場合のうまさとは、理由の説明に関わるものではなく、理由を問わんとする意識をほどよく眠らせるための技術にほかならない。本当らしさとは、決して真実そのものなのではない。

ところで『ブヴァールとペキュシェ』のテクストは、冒頭から、物語的な本当らしさを放棄して進行する。あまりにも偶然の一致が目につき、ほとんどありえない符合ばかりが列挙される。帽子の裏の肉筆の署名を同時に黙読する挿話から始まり独身者、書記、年齢といった細部、そして何よりも、同じ時刻に無人の風景の中に登場し、同じベンチに並んで腰をおろしたという身振りの同一性。こうしたさまざまな要素の一致は文字通り偶然というほかはなく、それを説明すべき方法は何もない。ほとんど図式的な抽象性に徹しているかのごとき一連の細部の符合に対し、語りはまったく無力であり、ただその事情を報告することしかできない。だが、それを宿命と呼ぶには、その恩恵に浴する二人の独身者があまりにも華やかさを欠いており、運命の神が微笑むことじたいが不条理なものに思われさえする。おそらく、荒唐無稽な不意撃ちとしかいいがたいものが彼らの身に起っているのであり、話者は、その事実をなかば呆然としながらも語ろうとする。

図式的な一致の徹底化によるこうした始まりは、何の心の準備もない二人の男女が不意の偶然から恋に陥るといったたぐいの題材をいかにも本当らしく語ってしまう小説一般への、きわめてユーモラスな批判と読めぬこともあるまい。だが、ここでは意図された反＝小説という視点からこのテクストを読むという姿勢はとらない。作者がその全域に意識的な統禦を完徹させることの不可能なテクストの次元にとどまっているからである。年齢までが同じだと知って有頂天になる人をめぐって、「この偶然の一致は彼等をよろこばせた」と語る話者は、たしかにその物語的な細部の符合には意図的であるといえよう。しかし、「そこで同僚たちは『妙だぞ』と思いはじめた」と語ってしまう話者の存在を、作者がどれほど意識的に統禦していたかどうかとなるとこれはきわめて疑わしい。すでにみたように、こうした語彙と構文との組み合わせは、物語に語りが従属している限りは不可能であり、説話論的な機能体がテクストの提起する形式的な問題と調和することに語りが影響を蒙ることで、はじめて成立するものにすぎないからである。

そうしたときに、話者はほとんど理由の説明を放棄し、自分自身の無力を語りはじめるほかはなくなる。

かくして二人の出会いには、思いもかけぬできごととしての重大さが加わった。たちどころに、目に見えぬ糸で結ばれてしまったのである。それにしても、この意気投合ぶりを何と説明すればよいのか。一方のしかるべき特徴、まるで気にとまらなかったり厭だと思われたりもするしかるべき欠点が相手を魅了してしまう理由は何なのか。いわゆる一目ぼれというのは、どんな種類の情熱についてもいえることだ。次の日曜日がくるまでに、二人は君＝僕と親しげに呼びあう仲になっていた。

(p. 59)

見られるごとく、ここで話者が語っている唯一の積極的なことがらは、最後の一行にみられる人称代名詞の変化という事実のみである。あとは、「何と説明すればよいのか」にせよ「その理由は何か」にせよ、起っている事態を前にした話者の無力感の表明でしかないだろう。「目に見えぬ糸」という比喩的な表現さえが、そのイメージのあまりの安易さに自分を恥じているかのようだ。かつては物語への「作者の介入」といった概念で説明されもしたこの種の語りの中断には、しかし、一つの説話論的な意味が含まれている。それは、話者には語りえないものが物語には決って含まれていながら、多くの作品にあってはその事実がひたすら隠されており、問題として視界に浮上することさえなかったという事実である。いうまでもなく、知っていながら語らずにおくという説話技法のことをいっているのではない。

ここでの話者は物語には語りえない要素が必然的に含まれているというその事実のみをあからさまに語っているのである。話者は、ブヴァールとペキュシェという作中人物について語っているのではなく、「どんな種類の情熱についてもいえる」という「いわゆる一目ぼれ」を挿話として持つ小説における話者の機能的な限界を語りの主題としているのだ。本当らしさの許容度にそって挿話を配置すれば「一目ぼれ」という事実をそれなりには語れはしても、いったんその理由の説明を語りとして定式化しようとすれば、「私＝貴方」という人称代名詞から「僕＝君」へといわゆる親称へと対話の主語が変化したという形式的な問題に触れるのがせいぜいだろう。ここでも事態は、心理的な領域ではなく、あくまで形式的な水準で起っているのである。

いうまでもなく、話者は、親密さの度合いに応じて二人称の人称代名詞に変化が生じるという言語的な環境を作中人物と共有しながら、その変化が意味するものを日常生活においても体験している読者に向かって、一つの物語的な情報として提供することができる。したがって、それじたいとしてはテクストの形式的な問題というより、作中人物の身に起った心理的な変化を言語的制度の面で象徴する意義深い細部として語られているにすぎないといえよう。にもかかわらず、そこには一つの形式的な問題が提起されている。それはすでに冒頭で触れておいたことだが、話者によって語られていた物語的水準での変化が、テクストの表面にほとんど姿をみせてはいないというかたちで形式化される問題である。つまりここで話者が読むものにもたらす情報が、説話論的な構造にいかなる変化をも及ぼしてはおらず、その意味でほとんど無償の情報というべき性格を帯びるにいたるのだ。

物語的水準での変化がテクスト的な変化を誘発しない理由はさして複雑ではない。台詞として直接話法で再現されるブヴァールとペキュシェとの言葉のやりとりに、人称代名詞の二人称がほとんどといってよいほど姿をみせていないからである。とりわけ台詞が少ないことで記憶される小説ではないこのテクストの中に、どうしてこれほどまでに「君」、「貴方」という代名詞が排除されなければならないのはなぜなのかというかたちで、問題は欠如をめぐって形成されるのである。ここにも固有名詞の場合に導入されていた不均衡が姿を見せていることは明らかだろう。

その理由の穿鑿よりも、まず事態を正確に把握しておく必要がある。「二人は君＝僕と親しげに呼びあう仲になっていた」と話者が語るとき、その瞬間をはさんだ物語の前と後とで、「貴方＝私」という人称代名詞と「君＝僕」というそれとが正確に対応しあっているのかどうかと問うてみた場合、人は、一応は肯定的な答えを提示することができる。ブヴァールとペキュシェは、確かに、それ以前に一度ずつ「貴方」に相当する人称代名詞 vous で相手に語りかけている。知り合った日の夜、まず、ペキュシェの家を訪れたブヴァールが、帰りがけに次のような言葉をかける。

「どうでしょう。ちょっと送って来て頂けませんかね」とブヴァールは言葉をついだ。「外の空気にあたると気持がいいですよ。」

「まったく、あなたって人は！」とペキュシェは決心し、そうつぶやきながら長靴をはき直した。

— «Faites-moi la conduite» reprit Bouvard «l'air extérieur vous rafraîchira.»

Enfin Pécuchet repassa ses bottes, en grommelant: «Vous m'ensorcelez ma parole d'honneur!» (p. 57)

翻訳には姿を見せていない「貴方」を補って訳すと、「外の空気はあなたを涼しくさせるでしょう」となるブヴァールの言葉では、vous がまず直接目的語として使われている。それに対するペキュシェの応答は「あなたは私を魔法にかける」と直訳されるから、ここでの vous はまぎれもない主語人称代名詞である。そして、この二つがすべてなのだ。いっぽう親称の tu となると、ここでの原典となる書物で二三頁ほどの長さを占める第一章の全編を通じて、ただの一度、台詞の中に現われるにすぎない。ブヴァールが遺産相続の知らせを持ってペキュシェの事務所に駆けつけたときの言葉が直接話法で引用されている部分である。

「冗談だと思うかい！」
——«Tu crois que c'est une farce!» (p. 64)

翻訳では省略されているが、この文章の主語が「君」tu であることは誰の目にも明らかだろう。「きみはこれを冗談と思うのか」とブヴァールはペキュシェにいっているのであり、その事実は否定しがたいのだが、一方が相手を二人称の単数として明確に意識している細部がこの台詞一つしかないという点は、形式的な視点からしていかにも均衡を欠いているというほかはないし、また、同じ呼称をペキュシェが口にしていないという点も、これまでの説話論的な構造からして調和を逸しているだろう。もちろん、「君＝僕と親しげに呼びあう仲」となった場合、変化は主語人称代名詞にとどまらず、その目的格や所有代名詞、さらには主語を欠いた命令法構文などにも及ぶはずである。事実、親称へと移行する以前の「貴方＝私」についてみるなら、命令法構文が一つ、名詞的に使われた人称代名詞の強勢形が一つ、所有形容詞が二つ、直接話法の台詞の中に姿を見せているのだが、そうした間接的な符牒さえ、「君＝僕」の関係には認められず、まるで、二人の作中人物の口から洩れる人称代名詞が「貴方」vousから「君」tuへと移行したとたんに、彼らが相手を二人称として意識するのを回避しはじめたとでもいうかのようなのだ。もちろんそれは説話論的な水準での印象であるにすぎず、物語の領域でなら、二人はごく自然に「君＝僕」を主語とした文章で相手を呼び続けていたはずである。だが、この物語的な自然さは、説話論的な水準では頑迷なまでに回避されている。話者が、その事実を示して読者を安心させようとする配慮をまるで示してはいないからである。語りは、作中人物の口から洩れる人称代名詞をひたすら排除することで進行する。それが、作者フローベールの意図によるものかどうかさえ、われわれは知りえない。読者は、ただ、テクストにおける二人称単数の不在をいささか奇妙だと思うのみである。

この形式的な欠如感は、前述された固有名詞の不均衡という事実との関連で、われわれを記号とその指向対象の問題へと導く。人称代名詞の一人称と二人称とは、一般に言語学が指呼詞と呼んでいる範疇に属する語である。具体的な言語の中でのみ、特定の状況そのものを反映するかたちでその指向的価値を持ちながら、いったん文脈から離脱すればたちどころに指向対象を見失う語としてそれは定義される。つまり、「君＝僕」という語は、それじたいとしては対象を持たず、発言者が誰でありその相手が誰であるかが明らかな状況においてのみ、指向的な価値を発揮しうるにすぎない。これに似た前言語的な了解性を前提とする点では、固有名詞も指呼詞に似ているといえる。対話者たちが、あらかじめそれについての共通の知識を持っていない限り、その使用はほとんど不可能だというほかないからである。

その意味で、「君＝僕」という人称代名詞と、固有名詞とは、言語内的な諸関係をこえて、現実的な発話状況そのものに決定的な影響を蒙る記号だというほかはない。もちろんその指摘は、『ブヴァールとペキュシェ』のテクストにあっては、直接話法によって再現される台詞の中でのみ有効性をもつ。というのも、この小説は、自分を「私」として提示しうる話者があえてその特権を放棄することで成立している客観的な三人称小説なのだから、そのテクストに「君＝僕」が姿を見せるとしたら、その一人称と二人称とが話者と読者の関係を示すのでない限りもっぱら台詞の引用の中に限られているはずで、「ペキュシェが姿をみせた」という語りの一節に現われている固有名詞とは性質を異にしているのである。前者はそれが直接話法による台詞の引用である限りにおいて、いわばテクストの中の他のテクスト、より正確にいうなら作中人物の言説の語りの言説への侵入であり、後者にはこの二重性は認められない。語りの中の固有名詞はいつでも三人称単数に置きかえることが可能であり、したがって動詞の人称に変化は及ばないが、前者にこの置換は起りえないだろう。だから、ここでの指摘は、テクストによるテクストの侵蝕という場合にのみ妥当するものだということになろう。

そこで、問題は改めて次のように提起されねばなるまい。まず、『ブヴァールとペキュシェ』のテクストは指呼詞によって限定される言説をほとんど含んでいないという事実が確認される。ところで、これから共同生活を営もうとしている二人の人間の出会いと共感の形成という物語的な状況に、それははなはだふさわしからぬものである。たんに「君＝僕」や固有名詞に限らず、ここだのいまだのの言葉がそこに頻出するのがもっとも自然な人間関係が成立しているはずだからである。にもかかわらず前述のごとき形式的な欠如が印象づけられるのは、話者が、作中人物の言説を直接話法で引用する場合に、ある種の選別を行っているという事実を意味している。もちろん、そのこと自体にさして奇妙な側面が含まれているわけではない。話者には、いつでもそうした特権が留保されているからである。だが、そのことによって『ブヴァールとペキュシェ』のテクストが、語りの言葉と引用される言説との間の形式的な違和感を誘発する機能を発揮しているとみることが可能となるだろう。客観的な三人称小説とは、何よりもまず指呼詞の不在によって特徴づけられるからである。話者は、自分の名も名乗らなければ、読者に二人称で呼びかけながら自分を「私」と一人称で名指すこともないし、いまとも口にしなければ、ここといったりすることもしはしない。その限りにおいて、語りの言葉と作中人物の言葉との間に大きな質的な距離は存在しないといえる。

だが、その類似性はあくまで消極的なものにとどまっている。話者の言説が作中人物の言説ときわだって異質ではないというだけのことであり、それで物語とテクストとの間の不均衡が解消されたわけではないからである。形式的な欠如感は、あくまで記号としての「君」tuの不在に起因している。この不在はいうまでもなく相対的なものにすぎず、その後の展開でもわずかながら使われてはいるし、二人のうちの一方が「われわれ」という人称代名詞を主語とする言表行為を行うなら、そこには必然的に「君＝僕」という関係が成立してもいる。それ故、指呼詞による言説の限定は間違いなく二人の間に維持されているといわねばなるまい。たとえば、遺産相続の面倒な手続きが終ってしかるべき金額が確実に自分のものとなったとき、ブヴァールはこう叫ぶ。

「いっしょに、田舎に引っ込もうじゃあないか！」

――«Nous nous retirerons à la campagne!» (p. 65)

翻訳で省略されている主語は、いうまでもなく一人称複数の「われわれ」であり、対話者同士にとってそれが「君」と「僕」とを指していないことは明白である。したがってここにも「君＝僕」は潜在化されているのだが、にもかかわらず、顕在的な記号としての「君」tuがテクストの上に位置づけられていないことが決定的であるように思う。というのも、テクストとは、その指向対象が問わるべき場ではなく、あくまで顕在的な記号からなる組織体だからである。テクストと物語的な題材との不均衡という点からすれば、「君＝僕と呼びあう親しい仲となった」はずの作中人物たちが、彼ら自身の言葉として口にされたに違いない「君」の一語をテクストに刻印しえないという事実は、否定しがたい形式的な欠落として残る。語りと引用された台詞とが言説としてきわだった対照性を示さないということは、あくまで文体的な配慮であるにすぎない。だが、その配慮そのものが、すでに成立している説話論的な構造への無意識の調和への欲望として、テクストから「君」を排除しているとしか思えないように事態は進行しているのだ。話者は「いっしょに、田舎に引っ込もうじゃあないか！」という言葉を引用したあとで次のように語っている。

自分の喜びに相手を結びつけようとするこのブヴァールの言葉を、ペキュシェはごく当り前のことと思っていた。二人の一体感は、絶対的で深いものだったからである。(p. 65)

ブヴァールのこの言葉に対してペキュシェがいかなる言語的な反応を示したかについて、話者はまったく何も語ってはいない。それに続いて、相手の遺産だけをあてにして隠居生活に入るのを潔しとしないペキュシェの自尊心に言葉がさかれているのだが、田舎に引きこもろうという提案がどんな言説を惹き起したかをめぐって、話者はどこまでも沈黙をまもっている。もちろんそれは不自然なことではないだろう。物語の領域において、ペキュシェがいかなる反応をも示さずただ黙ってうなずいたということは大いにありうることだからである。また、何がしかの言葉を口にしはしたが、話者が、それを作中人物の言説として語りの言説の中に引用せずにおくという権利も禁じられてはいない。だが、二人の一体感が完璧なものであり、ブヴァールの提案をペキュシェがごく自然なものと受けとめたと分析されているからには、提案が却下されたのではなく、そこにはまぎれもなく同意が表明されていたのである。

もちろんこの同意を作中人物の言説として再現するには及ばないし、語りの言説としてそれを組織しなおす必要もないだろう。省略によっても充分に伝達可能な細部だからである。だが、ひとまず物語的な水準にとどまるなら、同意とはペキュシェの心の中に「そうだ、いっしょに、田舎に引っ込もうじゃあないか!」という声として響かぬ言葉が、そっくりそのまま反復されたことが前提となっているだろう。つまり、ブヴァールの提案を肯定することは、暗黙のうちに、「君」と「僕」しか含むことのないのが明らかな「われわれ」を主語とする彼の言葉を、ペキュシェがそっくり反芻することとしてしか確認されえないのである。そうすることで、一人の人間の提案がはじめて二人に共通の決断となるだろう。

いうまでもなく、そうした経緯はあくまで物語的な水準に生起するにとどまり、テクストに直接反映すべきものではない。だがここでの「われわれ」は、すでに一度だけ使用されている同じ人称代名詞と異なり、もはや一人称単数と二人称単数とには分解されがたいものであり、言表行為の主体を誰とは限定しがたい奇妙な「われわれ」をテクストに導入する契機となっているのである。事実、それからさして時間もたたないうちに、発話者を決めがたい台詞が直接話法として引用されたことになるだろう。それは、落ちつきさきを定めるよりもさきに、二人がすでに田園生活を夢想しはじめているというその内面が語られる部分である。そこでの語りは文字通り「彼ら」という三人称複数を主語とする描写で始まっているが、そのとき、二人の作中人物というより一体化した意識そのものがはやくも語られ出しているような印象をもつという点に注目しながら、やや長い段階ではあるが「われわれ」の出現の前提にもなる語りの部分からその段落全体を読んでみることにしよう。

早くも二人は、花壇ぞいに薔薇を刈りこみ、鋤で雑草を取り除き、木を耕し、チューリップの鉢を植えかえたりしている自分たちを、シャツのそでを腕までまくった姿で想像していた。雲雀のさえずりで目を覚して畑に出かけ、籠をかかえてリンゴをとりにゆき、それからバターづくりや、麦打ちや、羊の毛むしりや、蜜蜂の巣の世話などを監督に出かけ、牝牛の喘き声や刈りとられた乾草の匂いに胸をおどらせてやるぞ。もう筆写なんかはしない。上役たちもいやしない。支払期日さえ気にすることはない。——何しろ自分の家があるんだから。うちの鶏や畑の野菜をたべればよい。自分の木靴をはいたまま食事をすればよい。——「何でも好きなことをしようじゃあないか！　髪ものばそうじゃあないか！」(p. 66)

時間的にも空間的にも明らかに異なる一点に位置する二人を同じ一つの文章の主語にするという視点から、すでにその命題の超論理性に言及した「彼ら」を主語とする文章ほどではないにしても、ある種の不気味さがこの引用文に認められることは確かである。最後の一行、つまり明らかに作中人物の言説の直接的な再現であることだけが明らかでありながら、その発話者が具体的に誰であるかが伏せられている台詞の問題はいったんおくにしても、すでに冒頭から、文章は明確でありながら、テクストと物語との著しい不均衡が人目を惹く。まず、ここで話者の視点が作中人物の内面にあるという点は明らかだろう。描写されているものが行為や身振りではなく、二人の思い描くイメージそのものだからである。その際、主語が三人称単数であれば事態は明瞭だろう。自分自身を未知の光景の中に位置づけ、そこで起るであろうことをあれこれ想像してみるというのは誰にも起りうることである。だが、二人の人間がそうした想像にふけるとき、そこに同じイメージを思い浮べるということはまずありえない。ましてや、それぞれが相手の存在をも人影としてそこに認め、しかもその姿がともに「シャツのそでを腕までまくった」ものだという想像の構造というのはどういうものだろう。彼らの想像があたかも睡眠中に同じ夢を見るように、偶然にも、まったく同じ輪郭におさまったということだろうか。それとも、ほぼ同じ状況を思い描きながら、それぞれが勝手に想像してみる仕草を、話者が要約的に編集したかたちが提示されているのだろうか。

少なくとも、「……している自分たちの姿を……想像していた」までの話者の言説は、その点を曖昧なままに放置している。「雲雀のさえずりで目を覚して」から、「乾草の匂いに胸をおどらせてやるぞ」

までは、二人のうちのどちらか一方が、「われわれ」を主語とした構文として自分自身にいいきかせた文章の内容を、話者が三人称複数に置きかえて報告していると理解することが論理的には可能なものである。「もう筆写なんかはしない」以後は、直接話法ではないが、台詞そのものと考えることができるかもしれない。その場合は、そうした言葉を交互に口にしあったり、興奮のあまり口ぐちにとなえあったというふうにとることも不可能ではない。だが、「何しろ」という接続詞はまぎれもなく話者のものであり、それが内面的な声であれ顕在的な台詞であれ、作中人物に属することのない単語だということは間違いのない事実だろう。とするなら、この段落の総体が話者の言説にほかならず、そこでは推測と憶測とが話者の内面独白として語られていると考えることもまったく不可能ではない。冒頭で二人を「彼ら」として提示したのちに、その深い「一体感」によってついに同じ想像にふけることさえ許されるにいたった二人は、作中人物ではなく機能として相互反復を演じはじめているので、もはや存在しなくなった虚構の内面から、話者がはじき出されてしまったかのようだ。直接話法による台詞が段落をしめくくるかたちで登場しながら、その発話者を誰とも限定しえなくなってしまったのは、そのためであろうか。

いずれにせよ、ここでの語りは、そうした説話論的な疑問に何ひとつ答えることができず、その意味でなら話者の存在そのものが希薄化しているとみえるべきかもしれぬ。話者は、話法の組み換えによって物語を統禦する存在というより、説話論的な秩序に従って脈絡もなくテクストを織りあげてゆくだけの機能を演じ始めているようにさえみえる。というのも、ここで「彼ら」として提示されるブヴァールとペキュシェは、二人の作中人物としてその相対的な差異をきわだたせることをやめており、どちらがどんな言葉を口にしようとそれが同じ文章におさまってしまうという分離しがたい説話論的な機能体となっているからだ。睡眠中に同じ夢を見る二人の人間というのは奇跡的な存在だというほかはあるまいが、ここでのブヴァールとペキュシェは、もはや正確に同じ夢しか見ることのできなくなってしまった存在として、説話論的な機能体となっているのだというべきだろうか。「何でも好きなことをしようじゃあないか。髪ものばそうじゃあないか」の主語はともに「われわれ」なのだが、その一人称の複数形こそ、もはや一人称の単数と二人称単数とには分解しがたくなった畸形の説話論的な人称と呼ぶべきものではないか。

原理的にいうなら、「われわれ」を主語として持つ文章の主語はまぎれもなく「われわれ」なのだが、その言表行為の主語は「きみ」を排除する「私」である。つまり、複数の人称代名詞を主語とする文章の言表行為の主体は単数であるわけだが、『ブヴァールとペキュシェ』のこの部分においては、その主体が、「われわれ」という複数の人称代名詞によって自分を「われわれ」と呼ぶ複数の存在であるかのように事態が進行してしまう。読者が発話者を誰と限定しえない理由は、言表行為の主体の複数化という現象と無関係ではあるまい。そして、何もこの部分に関らず、作品のテクストの全編に「きみ」という二人称単数の人称代名詞が姿を見せる割合が他の小説と比較して少ないのは、ブヴァールとペキュシェがあらゆる瞬間に二人の作中人物であるわけではなく、「われわれ」という主語を持つ文章の言表行為の主体ともなりうる説話論的な機能体としてテクスト上にしかるべき位置をしめることがあるからに違いない。

すでに述べたように、『ブヴァールとペキュシェ』のテクストは、その二つの固有名詞が作中人物と説話論的な機能体との間を揺れ動く振幅運動に促されて展開される。そのため、テクストと物語はたえず調和しあっているわけではなく、むしろその不均衡が露わになったときにさまざまな形式的な問題を提起しながら説話論的持続を支えることになる。この形式的という点が重要なのだ。たがいに共感しあう二つの個体が、内面に於てもほとんど一体化するほどまでになったという事実を、物語として納得するための技法がこの作品を特徴づけているのではなく、そうした事態が、形式的な問題としてテクストに刻印されているという点が独特なのである。発話者を誰とは特定しがたい台詞が唐突に段落をしめくくることになるといった具体的な言葉の畸形化が、その形式的な問題の一つであるといったことは、いまさらくり返すまでもあるまい。また、そうした形式的な問題を刻みつけたテクストとしてあるが故に、『ブヴァールとペキュシェ』は、三人称による客観小説の形式を装っていながら、いわゆる写実主義的な小説の範疇を越えることにもなるだろう。このテクストが、物語を写実的に語ってみせた話者の言説のみからなってはおらず、言語記号の形式的な問題そのものが説話論的な持続を支えるという二重の契機を内包しているからである。それは、語られた物語であると同時に、語りを媒介する言葉そのものの表象的な戯れとその限界をもあわせて表層に刻みつけた作品なのだ。それは、ブヴァールとペキュシェという何の変哲もない二つの名前をめぐる疑問詞の逡巡というかたちで冒頭から提起されていたものだし、それに続いて分析されたもろもろの不均衡と、反復という問題体系における形式的な諸問題、つまり人称代名詞の性と数を前にした話者の希薄化、等々として確証されたものである。そこで徐々に明らかになったのは、二つの固有名詞が、あるときは作中人物として物語的領域をテクストに登場させ、またあるときは、説話論的な機能体として語りを浮上させるという点である。

『ブヴァールとペキュシェ』のテクストは、こうしたさまざまな要素の交錯しあう場として読まれねばならない。というより、そこに物語だけをたどることは本質的に不可能なテクストなのだ。われわれは、まだ、その第一章をくまなく読みつくしてさえいないのだが、その終り間近かに、再び発話者の限定しえない作中人物の言葉が直接話法で引用されている。シャヴィニョールと呼ばれるノルマンディーの寒村へと二人が到着し、ついに念願の田舎暮しを始める最初の晩のことである。パリから荷物を運ぶ馬車で九日もの旅をしたペキュシェが、待っていたブヴァールと再会して夕食をとったあと、真夜中すぎに庭をひとまわりする。

二人は大声をあげて野菜の名前を呼ぶのが嬉しくてならなかった。「あ、人参だぞ！ やあ、キャベツだぞ！」(p. 72)

どちらがこの声を現実に発したかはもはや問題ではあるまい。いまや、説話論的な機能体として、同じ言葉を同時に口にしてもおかしくはない状況がテクストの上に形成されているからだ。物語の領域ではいささか不自然なその振舞いも、語りの水準ではむしろ必然と呼ぶべきものである。その事実を確認すべく残りの章をくまなく読んでみるには及ぶまい。作者によって清書原稿として残されることはなかった十章の終りが、どんなものとして構想されていたかを草稿によって知りうるからである。あらゆる試みが失敗に終り、生きることにいかなる興味をもいだかなくなった二人は、あたかも同時に同じ夢をみるかのように、こんな振舞いを演じることになるはずだったからである。

それぞれがひそかにすばらしい思いつきをはぐくむ。それをたがいに隠しあう。——とき折り思い出しては微笑んでしまう。——やがて、同時にそれを打ち明ける。筆写をしよう。

Bonne idée nourrie en secret par chacun d'eux. Ils se la dissimulent—De temps à autre, ils sourient, quand elle leur vient; —puis se la communiquent simultanément: copier. (p. 414)

あたかも同時に帽子の裏の名前の綴りを黙読しあったことが決定的であったかのように、ここでは同じ単語が二人の口から同時につぶやかれる。筆写という振舞いが、家族の名前の筆記体の綴りとして物語の冒頭から登場していたことをここで改めて指摘するにも及ぶまい。しかも、その言葉がまったく同じ音のつらなりとして発音されるだろうことを説話論的に運命づけられている二人には、もはや固有名詞も二人称単数の人称代名詞も必要なかろうことは明らかだろう。それぞれ相手をブヴァールとペキュシェと名指し、「君」と呼びかけあったりすることは、物語の作中人物としての日常的な権利にすぎない。説話論的な機能体の自己同一性は、決してそうした権利によって保証されたりはしないだろう。二人がブヴァールとペキュシェと呼ばれることを正当化しうる唯一のものは、あくまでテクストの形式的な問題だからである。あるいは、同時に同じ夢を見ることで機能体たることを保証される二つの並置された名前は、もはやいかなる物語的な権利をも主張することなく、テクスト的問題を身をもって生きるのみである。そのとき二人は、顔もなければ名前も持たず、過去さえ見失った純粋の身振りとして自分自身を反復しあい、その反復が一つのものであるか二つのものであるのかと問うことさえ忘れ始めている。テクストを支えるのはこの忘却にほかならず、ブヴァールとペキュシェとは、忘却の特権的な形式が選びとった忘れがたい名前にすぎない。

曖昧さの均衡

セリーヌ著『北』を読む

『北』は滅法面白い。はたしてこれが小説なのかと問うてみるまでもなく、とにかく面白い読みものなのだ。なるほど、セリーヌはいつでも面白いということはあるだろう。だが、その死の直前に発表されたこの長編の面白さは、上機嫌の酔漢が語ってみせる駄法螺の痛快さに似て、とても尋常のものとは思えない。気がかりなのは、この面白さだ。絶体絶命、もうこれまでと観念すると、すんでのところで危機は回避される。物語は、そうした出鱈目な偶然に導かれて淀みなく語りつがれてゆく。

登場人物は、いわずと知れた裏切者の三人組セリーヌ、妻のリリー、役者のル・ヴィガン、それに袋に入った猫。彼らはとりあえずの滞在地バーデンからひたすら北を目ざし、ナチス崩壊期のドイツという申し分ない舞台装置を横断する。あたりには死骸や重症の病人たちがごろごろしているというのに、三人組はかすり傷ひとつ負わない。彼らが途方もなく頑強な体躯の持ち主かというと、話者のしがない町医者のセリーヌはステッキなしに歩けない身だ。しかもそのドイツ語だって、あまり立派なものとは思えない。それでいながら、あらかたの証人が死んでしまったというのに、彼だけが生き残って死刑をまぬかれ、いまこうして滑稽な冒険譚を戦後のパリで語っているわけだ。だとすると、人間、死なずにいるということは、これほど痛快なものなのだろうか。生きている限り、人はどんな嘘だってつける。

「でたらめの話ってんだろうって？……とんでもない！……私は忠実な年代記作者だ！……」とセリーヌはのっけから宣言する。「もちろんその場にいなけりゃあ……これは成行きってやつで……誰にもできるわけじゃない」

ところで年代記作者とは、たまたま事件の現場にいあわせながら、しかも生還しえたという特権的な存在にほかならぬ。この特権は古代ギリシャ人を戸惑わせたほど厄介な代物である。年代記作者はすべてに万能で、これは本当だとも、これは嘘だとも口にすることができるからである。そして年代記的な時空にあっては、その両方がときに真実として容認されてしまう。『北』の面白さは、この双頭の鷲のような真実をとりあえずうけいれることの痛快さからくるものだ。それは、いかにも堂々としたセリーヌの年代記作者宣言を、私は嘘つきだという言表として読みかえてしまうことの爽快さでもあるだろう。事実、年代記作者がドイツの森林地帯で出逢う人間たちは、ついにその自己同一性を明らかにすることのない曖昧な連中ばかりだ。彼らとの身近な交渉を介して生きのびるには、誰が、どんなことを本気で考えているかなどと疑っている余裕などありはしない。一瞬ごとに更新される彼らの表層的な身振りに即応することだけが、生の唯一の保証となるだろう。

たとえば、ベルリンのホテルの向かいに住むフランス語の巧みな紳士は、瓦礫に埋まった無人の広場で、不在の総統に熱狂的な歓呼を送るのだが、それが装われた狂気なのか否かは誰にもわからない。こいつは密偵だと直観したセリーヌは、同行者をせきたてて夜逃げ同然にホテルを去るわけだが、その判断が正しいのかどうかは当の本人でさえ知りえない。相手が本当の密偵なのか、たんなる無害な狂人なのか、その身元を確かめていたりしたら、たぶん逃亡の機会を逸してしまうだろう。

そもそも、セリーヌのパスポートの写真すらが、いまの彼にはまったく似ていない。長い亡命生活の結果、「私たちはピカソの絵になっちまった……」。だから、自分が誰かを知らない連中に向って、この変型した顔も本物だし、この肖像写真も本物だと主張することは、その両方が偽ものだと弁じたてているようなものだ。こんな写真をはった役立たずの身分証明書をポケットに入れて爆撃下のベルリンをうろついていたりすれば、落下傘で密かに降下した連合国側の工作員と思われても仕方がないではないか。事実、この亡命中の裏切者たちは、地下鉄の乗換駅の雑踏で、そうした疑いをかけられてヒットラーユーゲントの餓鬼どもに囲まれる。いかなる弁明も無効である。『北』における危機はいつでもこうした自己同一性の危機なのだ。

ところでこの冒険譚の痛快さは、証明書なしに彼らの身元を確認しうる味方が、不意に嘘のような有効な身振りで事件に介入することにある。この地下鉄での災難には、ピクピュスと名乗るフランス人が、同行のル・ヴィガンの顔を識別し、危機を救ってくれる。それは工場労働に従事しながらレジスタンスを組織しつつあるブローニュ出身のフランス人なのだが、セリーヌ一行のとっさの気転にだまされつつ、彼らを同志の刺客と信じてしまう。

そこで裏切者たちは手榴弾を握らされて、おそるおそる旧知のＳＳの高官のもとに出向くことになる。もちろん、彼らはハルラス教授を暗殺したりはしない。手榴弾はまったく邪魔物であるが、ここでも、裏切者の三人組は、証明書なしに身分を保証しうる有力者によって救われるわけだ。「やあ、懐かしいですねセリーヌ……」。彼らは、「親しみの持てる精力的な男、繊細な感覚、私たちの国じゃ滅多に見られない精神、深みってやつの持主……道化の閃めきを具えた否みがたい叡智」の恵まれたハラルス教授にその身分を保証され、盛大な歓迎さえうける。「権威に頼るのもたまにはえらく気分の良いもんだ……」。だが、問題は必ずしも権威ではない。顔を知っている人間に逢えたということが決定的な勝利なのである。

何かにつけて「……ウワッハッハ！……ワーッハッハ！」と哄声するハルラスは、この『北』に描かれた人物の中でもっとも生彩のある肖像におさまっている。もちろん、彼が何を考えているのか、何をしているのかさえわからないのだが、彼自身も、部下だの同僚だのの言動ははかりかねている。事態は末期的であり、あらゆる存在の身元のほどはいかがわしくなっている。にもかかわらず、その曖昧さが奇妙な均衡を保っているところがこの長編の面白さだ。

セリーヌ一行は、この表層的な均衡を巧みに操りつつ生きのびる。本当のことを知ろうとすれば、その均衡は一挙に崩れ落ちるだろう。だが、その崩壊の犠牲になるのは間違ってもセリーヌではない。ハルラスによって「療養」の目的で送りこまれたツォルンホフの領地で、わけのわからぬ使いに隣り村の薬屋まで出かけた折に、彼らはまた、一群の女たちに囲まれて危機に陥る。だが、あと一歩で絶体絶命という瞬間に顔見知りのＳＳが出現して救われる。この危機と救出の弁証法が、その痛快な出鱈目さでわれわれを興奮させる。危機一髪という言葉は、セリーヌの法螺話のために発明されたものだと思われずにはいられぬほどだ。まるで、何ものかが彼らの行動を見張っていて、いざという瞬間、ピクピュスだのハルラスだのSSだのを送りとどけているとしか思えぬからである。

だが、それが何であるかは問わずにおき、この年代記がそうしたものだと容認しておくことにしよう。『北』が真実を語っているか否かを問題にしたとき、この痛快な読みものはたちどころについえさってしまうだろう。物語は、論証を欠いた強引さで、そうわれわれに告げている。

忠実な年代記作家セリーヌが『北』で語っている亡命譚は、総統暗殺の陰謀が失敗に終って、「際限なしの混乱」がドイツ全土へと波及するにいたった一時期のことだが、「まるでごたまぜのバロック」というほかはないその無秩序は、十五年後にその体験を語りつつある一九五九年のセリーヌをなおも捉え続けている。語られている物語が無秩序な舞台装置を持っているように、語りの時間もまた混乱しているのだ。

「私の話がどこへ飛ぶか分からないって？……なにちゃんと連れ戻して進ぜるさ！」と自信をもって宣言するセリーヌは、その数ページさきになると、「読者はせいぜい自分で按配していただきたい！……時間も！　空間も！」とあっさり前言をひるがす。「私ばっかり、歴史家ばっかり、継ぎ接《は》ぎやっちゃいけないってのか？」。それでいながら、「バロック芸術」こそこの国の典型的な表現様式なのだというさる婦人の言葉どおり、「この大破局の展開にもちゃんとそれなりの筋書きがある」ように、語りの時間も、無秩序ながらしかるべく組織化されている。この出鱈目な法螺話が滅法面白いのはそのためである。では『北』の説話論的な構造はどんな形態におさまっているか。

忠実な年代記作者はここできわめて饒舌である。その饒舌は、語りつつある現在に話者として介入するセリーヌ自身が、事態の推移を語る以上の役割を演じているからだ。たとえば焼野原のベルリンからツォルンホフへとハルラスに導かれて移動するとき、話者はこう語っている。

どんな作家だって言うだろうが、観客を呼び寄せるのは容易なこっちゃない……（中略）舞台一面、臓物ばらまいて……断末魔のさまを見せるのか？　剣闘士が出なきゃ欠伸もの！　どてっ腹に風穴の剣闘士じゃなきゃ……痙攣して！……でっかい車ん中で私は私たちがピクピク顫えてるとこを想像した……。

この言葉は、「すっかり瞑想に耽っておいでのようですね」という同行のハルラスの言葉で中断されるのだから、「三時間かかった」というツォルンホフへの移動の途中で話者を捉えた四四年当時の感慨ということになるだろう。いよいよ罠に落ちた亡命三人組が、待ちうけているあまたの死刑執行人たちの前で演ずべき断末魔の儀式について、あらかじめこんなふうに覚悟をきめていたというように読めもするからだ。だがセリーヌは『北』の冒頭で「われわれの話の物語はすべて退屈だ！……」と述べた上で、読者たる「じんみんとエリート」が求めるものは「血潮にまみれた処刑の場」であり、「拷問と断末魔の悲鳴と闘技場いっぱいに飛び散る腹綿」なのだと記しているのだから、その感慨はこの年代記を読もうとする一九五九年の読者たちに向けた作者の挑戦的な宣言でもあるだろう。『北』を書きつつあるセリーヌはこの作品こそが、「本物を見せろ、血を流せ……」と絶叫する現代の聴衆の趣味にふさわしいといっているわけだ。だから、ここで語りの時間は混乱しているともいえるし、また、巧みに按配されているともいえる。だが、いずれにせよ、そうした按配が可能であるのは、すでに述べた痛快きわまりない危機と救出の弁証法によって、彼が絶体絶命の窮地から生還しえたからなのである。彼自身は、間違っても血まみれの死体とはならなかった。

「……いざって時に安全な場所へ逃げ出さないとどうなるか、これでみんなにも分かるだろう……」と書くセリーヌにとって、もっとも安全な場所とは、年代記を綴る現在という時間なのだ。この現在を握って手離さぬ限り、過去など何とでもなろうし、語りの時間と語られている時間の距たりなど、どんなふうにも按配することができる。ところで『北』の面白さは、「支離滅裂だ……筋道もへちまもありゃしない……忘れられた冒頭の…数かず……」といった説話論的な持続の脱線ぶりにもかかわらす、語られている物語を支配していた危機と救出の弁証法が、安全であるはずの現在にも認められるという点にある。ただし、その関係は逆転している。

周知のごとく、セリーヌが忠実な年代記作家の役割を受けいれるのは、せっぱつまった危機状態においてである。「まだでき上らんのかね？　セリーヌ、あんたには何百万て貸しがあるんじゃよ……」とせきたてられ、彼は語らざるをえないわけだ。途方もない額の借金のことをちらつかせながら物語を完成させせよと迫るのは「私のアシル」として登場する書肆ガリマールの老齢の社主ガストンである。死刑をまぬかれはしたものの、誰からも「世界の腐敗菌」と考えられ続けている「頑固な臨床医」セリーヌは、もはや患者など期待しえない以上、あることないことを忠実な年代記作者として語り、書かざるをえない。だが、いかにも意義深く思われるのは、この「世界的な《未曽有の人非人》」から人々が語ることを奪いはしなかったということだ。逆に、制裁として語ることを課しているとさえいえるのである。彼の最大の不幸は、たまたま惨劇の現場にいわせながらも生還しえたという特権に加えて、語る才能にまで恵まれてしまっていたということだ。

　セリーヌにとっては、『城から城』で結末のわかっている物語を、現在と過去とを交錯させて語るなど苦もないはなしである。「人生のたそがれにするべきことは、誰にも会わずなにも語らないことだ」と自覚していながら、いざ語らざるをえないとなると、とたんに饒舌になってしまう。そして、東を見ればウラルまで地続きだというベルリン北方の森林地帯の領地で、身分のほどもいかがわしく何を考えているのかもわからない連中のなかから正確に三人の男の死を語り、何でそんなところをうろついているのか見当もつかないジプシーたちが大祭典をくり拡げつつあるときに北へと脱出を試みる亡命三人組の物語を、脱線に脱線をかさねながらも一挙に語りきってしまう。瞬昧でいまにも崩れそうになる均衡を最後まで持続させるセリーヌの才能は、とにかく途方もないものだ。

　こうした彼は、北を目指しつつ好んで危機に埋没していったように、物語という言葉の危機の中に深入りしてゆく。だが、事実、彼は語り続けることによって死なねばならなかったし、死んでもその物語から自由ではないだろう。

　語りつつある彼の前に一人の救出者が姿を見せる。老ガストンの手下として年代記の進展ぶりを観察しにやってくるのではあるけれど、精神的には彼の数少ない味方であるロジェ・ニミエがそれだ。「気も心も高潔な、気品に溢れた、友誼にあつい」この男は、「鼠の死を願うどころか、なんとかこの鼠を窮状から救いだそうとする……」。少なくとも彼だけが、「ゆっくり時間をかけて私をなだめる」ことができる。老ガストンのように忠実な年代記の中に彼を閉じこめず、「だからって、しゃっぽ脱ぐんですか？　許しを乞おうってんですか？」と挑発しさえする。

ロジェが、四四年の危機に際して何度か不意に姿を見せた救出者のように、語りの現在に介入する救出者であることは明らかだろう。だが、物語の中の救出者たちがそのつど示した有効な身振りをロジェは演じてはいない。語りつつあるセリーヌは、ここでは涼しい顔で救われようとはしていないのだ。生還したが故にこうして年代記を綴りうる特権的な話者は、むしろ救出を拒否し、物語の捕囚として危機の底まで降下しようと覚悟をきめている。

現実に於てなら嘘のように生きのびてみせたセリーヌは、その体験を語るにあたって、言葉からは救出不能である自分を確信している。滅法面白い読みものであるかにみえた『北』が一挙に悲劇となるのはその瞬間である。あれほど痛快に逃げおおせてみた裏切者も、物語からは脱出しえなかったのだ。だが実際、祖国を裏切ることなど、物語を裏切ることにくらべてみれば、何とも他愛ないはなしではないか。

小説の構造
ヨーロッパと散文の物語

近代、その外部と内部

もしかりに、ヨーロッパが真の反省的思考に目覚める瞬間があるとするなら、そのときヨーロッパが描きあげるだろうその自画像は「小説」を中心とした構図におさまることになるだろう。あるいは逆に「小説」を構図の中心に据えたヨーロッパ像が想定されぬ限り、ヨーロッパはその自意識を獲得することはなかろうというべきかもしれない。「小説」を視界におさめえなかったが故に、デカルトは真の反省的思考を実践しえなかったし、マルクスも、またニーチェも、そしてフロイトも、「小説」を曖昧にとり逃がしてしまったが故に、ヨーロッパ的な現実を周到に描きつくすにはいたらなかったのだ。階級闘争も、永劫回帰も、無意識も、「小説」に対してはひたすら無効の身振りしか演じてはいない。そしてその事実を自覚する瞬間に、ヨーロッパは初めて真の反省的な思考を獲得することになるだろう。またそうでない限り、ヨーロッパは、ルイ十四世の時代と質的にはほとんど変らぬ仕草で思考をめぐらせ続けるほかはあるまい。

というのも、「小説」という現象は、ヨーロッパにとってブルジョワジーがそうであったようには、必然的な存在とはとてもいいがたいからだ。「小説」とは、ヨーロッパ的思考にとっては本質的に過剰なる何ものかであり、しかもその過剰なる何ものかがヨーロッパの地で、十九世紀に入ってからときならぬ隆盛を体験したという事実を、ヨーロッパはいまだ説明しきれずにいるからである。もちろん、説明の試みがまったく行われなかったわけではない。印刷技術の飛躍的な増大、読み書き教育の徹底化、余暇の増大、等々、資本主義経済の発展とブルジョワジーの階級的上昇という視点からの説明はいくらもなされている。だが、そうした解明の試みは、「小説」ジャンルの特権化を具体的な現象として捉えるものではない。

「小説」への欲望がなぜこの時期に不意に増大したのか。ヨーロッパは、その事実を前にしていまだに驚き続けているというのが現状である。そしてその驚きを充分に咀嚼しえないうちに、「小説」はゆるやかな衰退への傾斜を滑り落ちはじめている。だから、人はもはや驚くことを忘れているとさえいえるかもしれない。いったい、なぜ「小説」でなければならなかったのか。この何でもない問いに、ヨーロッパは答えることができない。というのも、ヨーロッパ的な思考は、遂にジャンルとしての「小説」を定義しえないからである。周知のごとく、ヨーロッパは、ギリシャ以来「抒情詩」を、「叙事詩」を、「劇文学」を定義することが可能であった。それでいながら、事態を散文で記述するフィクションとしての「小説」は、ヘーゲルいらい今日にいたるも定義不能のものとしてあり、ヨーロッパ的思考のある部分は、そのことに明らかな苛立ちを表明してもいる。そしてその苛立ちは、ジャンルとしての定義を放棄し、構造として解明する方向を目指しているかにみえる。物語の構造分析にならって、「小説」の説話論的な構造を明らかにしようとする姿勢がそれである。だが、文章構造の統辞論的なモデルに従ってなされるこうした試みは、「小説」の特性をきわだたせるというより、むしろ「小説」を物語一般に還元することで満足するほかはなかった。ジャンルとしての「小説」がその定義不能性ゆえに規範的な美学から無視され排除されたとするなら、構造としての「小説」は、その説話論的な分析によって凡庸化されたということができる。

かくして「小説」という現象は、ヨーロッパ的思考にとっては、いまなお定義も分析も不可能な過剰なる存在としてあり続けることになる。ヨーロッパ的思考を超えた現象だという意味で過剰としてある「小説」は、それが明らかにある歴史的一時期のヨーロッパにおいて活況を呈したという意味では、みずから触れえない自分自身の一部、すなわち欠落部分をも構成することになる。過剰であり同時に欠落でもある「小説」とは、したがって荒唐無稽な記号として自分を提示するほかはないことになる。だから近代以後のヨーロッパ小説を読むことに求めうる唯一の意義は、近代という思考の磁場に不意にかたちづくられる不可解な隆起点＝陥没点の汚染作用を如実に感知することにつきるだろう。

なるほど「小説」とは、近代の産物には違いない。歴史的＝地理的にいって「小説」の隆盛が観察しうるのは間違いなく十九世紀のヨーロッパにおいてだからである。だが「小説」は、そうした時間的＝空間的な発生、というより起源なき生誕の条件にもかかわらず近代には帰属していない。それは近代が視線でその輪郭をまさぐりえないほどに近代を超えているという意味で外部にありながら、しかも近代が意識しえない近代自身の一部として機能しているという意味では、その内部でもあるからだ。だから「小説」は近代に帰属しえないといっても、そのあり方はすぐさま反＝近代といった関係をかたちづくるものではない。反＝近代とは、完璧なかたちで近代に帰属しうる思考にほかならぬからである。だからむしろ、近代とは、なかば意図的に自分が到達しえない何ものかを生産した上で、その過剰または欠落の生産にみずから加担してしまったことの戸惑いを、意識の上で遂行される抑圧として解消しようとする思考形式として定義されるのであり、その定義に必須となる抑圧の対象が「小説」であったと考えるべきなのだ。近代が「小説」を定義するのではなく、あくまで「小説」が近代を定義しうるものでありながら、「小説」によって定義されうる近代のイメージは、いまだ空白のまま残されている。そしてその定義が空白としてとどまり続ける限り、ヨーロッパは真の反省的思考への目覚めを、回避しているというほかはあるまい。

ヴァレリーという負の記号

ヨーロッパ的思考にとって同時に過剰でもあり欠落でもある「小説」。こうした現象を前にして、人は、まず、苛立つ以前にその現象をなかったものと思いこむことを選択する。たとえばポール・ヴァレリーにとって、「小説」とはありえない形式である。『若きパルク』の詩人にとって、「小説」をあれやこれやの物語と区別する本質的な差は何ひとつ存在しない。しかも「小説」は、「詩」と異なり、それ自身があらためて要約され物語られることも可能なのだから、みずからが「小説」としてありうる固有の条件ともいうべきものを欠いている。だからヴァレリーは、ジャンルとしても構造としても「小説」は存在しないと結論づけるのだ。

こうしたヴァレリーの小説不信という姿勢は、少なくともジャンルの分類と構造の分析という視点からする限り、きわめて聡明なものだということができる。というのも、それ自身がながい歴史を持つジャンルとしての「小説」定義の試みの無効性と、後に構造主義者が行うであろう「小説」の構造分析の無効性とを、ここで簡潔に要約しているからである。しかもヴァレリーが、同時代のそれも身近なところに「小説家」マルセル・プルーストの存在を実感しながらあえて小説不信を表明していることのうちに、「小説」こそが近代を定義しうる可能性の契機たる現実を肌で触知し、それによって露呈されるに違いないヨーロッパの崩壊をさし迫った危機として予見していたのだともいえると思う。その意味で、ポール・ヴァレリーは、ヨーロッパが真の反省的意識に目覚める瞬間に立ちあうことで、「小説」を意識的に拒絶しえた存在なのかもしれない。少なくとも彼は、ジャンルとしての「小説」の定義に腐心し、その構造分析に精を出したりする無邪気な連中にくらべれば、「小説」という荒唐無稽な現象をかかえこんでしまったヨーロッパの悲劇に、はるかに意識的であったといえるだろう。小説にほとんど言及することなく、ブルジョワ的な叙事詩としての未来を曖昧に肯定しているかにみえるヘーゲルより、ヴァレリーの姿勢がはるかに意義深く思えるのは、そうした理由による。

ヴァレリーは、「小説」が演ずる逆説的な近代定義の資質を鋭く見抜いていた数少ない精神の一人である。ヨーロッパがヨーロッパとしてあるためには、「小説」が存在してしまってはならないのだ。だから、その小説不信のうちには、歴史的な「小説」蔑視の伝統とはまったく逆の、目覚めた危機意識を読まねばなるまい。「小説」を正当化しうる言葉を口にした瞬間、ヨーロッパはヨーロッパであることをやめねばならない、あるいはヨーロッパはまるで異なる顔をまとって、近代と呼ばれる時間の厚みそのものを解体させねばならない。こうした自覚に達していた限りにおいて、ヴァレリーの存在は、マルクスより、ニーチェより、フロイトよりもはるかに貴重である。「小説」による近代定義の可能性に意識的である上に、そのとき定義されうる近代に、近代が耐ええないであろうというヴァレリー的な予感が、階級闘争や永劫回帰や無意識が達しうる地点を超えて、非表現的な問題と向きあっているからである。

いうまでもなく、ここで肝腎なのは、ポール・ヴァレリーの再評価といった試みではない。現象としての「小説」が、マルクス＝ニーチェ＝フロイトという知的三角形をたえず凌駕しつつあるという事実の指摘が重要なのである。そして、その知的三角形を凌駕しうる「小説」現象が定義しうる近代という地点に据えられたとき、マルクスとニーチェとフロイトは、はじめてそれにふさわしく読まれうる状況が実現するのだ。またそうでない限り、階級闘争も、永劫回帰も、無意識も、「小説」の抑圧に加担し続けるほかはないであろう。つまり、「小説」がヨーロッパに真の反省的な意識を目覚めさせる瞬間に、マルクス、ニーチェ、フロイトという三つの記号は、近代とたやすく折り合いをつける意味作用を超えて、空白のまま残された近代の定義を充たしうる新たな意味作用を開示しうるのだ。

この三つの特権的な記号を二重化せしめ、われわれにとって真に必要とされる磁力を吸収させる直接の契機となるのが、ヴァレリーの存在だという認識は重要である。というのも、ヴァレリーという記号は、みずからは消滅することでマルクスが二つあり、ニーチェが二つあり、フロイトが二つあるという事実を示しながら、しかもその二つ目の記号を具体的に生産することが可能であったきわめて特権的な記号として機能していたからである。だから、人が安易に小説不信と名づけるヴァレリーの姿勢は、来たるべきヨーロッパの自意識の戯れを演出する負の触媒のような役割をはたしているのだ。ヨーロッパがその真の自意識に目覚めるのに必要なのは、二つ目のマルクス、二つ目のニーチェ、二つ目のフロイトの言説である。だがこの二つ目の言説は、一つ目のマルクス、一つ目のニーチェ、一つ目のフロイトによってではなく、消滅する記号としてのヴァレリーによって支えられているのだ。

おそらく、こうした二重化というか、言説のそり返り現象を惹起しうる資質こそが「小説」と呼ばれる現象に特徴的なものといえるかと思うが、それについて触れるのはいまは適当ではなかろう。ここでは、ヴァレリーがその聡明さによって感知しえた「小説」の危険さを、ヨーロッパがいかにして意識せずにやりすごすことができたか、その記憶喪失ともいうべきものの歴史をごく簡単に振りかえってみるにとどめておこう。

記憶喪失は、いうまでもなく無自覚な「小説」抑圧の歴史をかたちづくる。ヴァレリーは、もはやその記憶喪失による抑圧を信頼することができないほどに「小説」を恐れていたのであるが、ヨーロッパの、とりわけヴァレリーを生み落した精神風土としてのフランスは、「小説」を真剣に恐れることなど、ついぞありはしなかった。「小説」について語られる言葉は、古典主義時代と呼びならわされている十七世紀以来、ひたすら、それがギリシャにモデルを持つことのない賤しいジャンルだという、身分の不確かさを指摘するものばかりだったのである。そしてその無意識の抑圧がデカルトの時代に始まっているという事実は、きわめて意義深いことだといえる。

侮蔑とその忘却

はじめに聞えてくるのは、だから、「小説」に対する蔑《さげす》み、貶《おとし》めの言葉である。だがその言葉を発するのは、公式の美学、規範的な詩学の擁護者たちにとどまらず、まさに小説家自身ですらある。そして規範的な詩学の擁護者と「小説」の実作者たちがともに口にする「小説」への侮蔑の言葉は、「小説」が「詩」であるというものにほかならない。「小説」に対する讃美を述べるものであれ、不信を表明するものであれ、彼らは口をそろえて、「小説」が「詩」の一形式だと主張しているのである。今日ではバロック時代という呼び名が定着した十七世紀前半から、狭義の古典主義時代としての同世紀後半にいたるまで、フランスに於いて千篇以上書かれたと推定される「小説」のほとんどが、「詩」の一形式と見なされていたというのはいかにも奇妙に聞こえるが、これはまぎれもない事実である。

いうまでもなく、バロック期の文学の特徴は、前世紀にイタリアの文人の註釈を介して発見したギリシャ＝ローマの古典的なモデルに従って、ジャンルの規則の確立を目指すという点にあった。したがって、アリストテレスやホラチウスの詩学に典拠を求める美学的秩序が模索された時代である。この時期に活躍した小説家の一人ボワロベール Boisrobert が一六二九年に発表した『インドの物語』*l' Histoire indienne* の序文に、「すぐれた小説は叙事詩としての性質を持っている」と書かれているように、「小説」は、何よりもまず「叙事詩」の規則に従って書かるべきジャンルだという認識が明瞭に示されている。

さらに、同世紀の中葉における熱烈な「小説」擁護論者の一人ユエ Pierre Daniel Huet は、ラ・ファイエット夫人の小説『ザイード』の附録として一六七〇年に公表された『小説の起源をめぐるスグレ氏の手紙』*Lettre à M. de Segrais sur l'origine des Romans* の中で、「英雄的な詩 Poëme héroïque の規則に従って書かれた小説」を、規則にかなった *réguliers* ものと呼んでいる。この英雄的な詩というのは、いうまでもなく叙事詩のことだが「小説」というジャンルを全く認めようとしなかったボワロー Boileau の場合は、シャルル・ペロー宛の書翰詩の中で、「小説」をたんなる「散文で書かれた詩」Ces poëmes en prose que nous appelons Romans. と呼んでいるほどだ。古典主義時代の文学的規則の集大成ともいうべき『詩学』の著者ボワローが「小説」を認めなかったのは、「軽佻浮薄な小説にあっては、あらゆることが容認されてしまい」、規則とはほど遠い存在に思えるからだ。だが、規則に従っているにせよ規則を無視しているにせよ、「小説」が散文で書かれた「詩」、とりわけ散文形式の「叙事詩」とする理解があらゆる人に共有されている点は、注目されてよかろう。「小説」は、「小説」としては存在しえず、かろうじて散文の「叙事詩」の規則に従ってその存在が認められうるものなのである。

　こうした視点は、もちろん十七世紀の後半から編纂しはじめられた多くの辞書類にも共通して認められる。たとえばフランス語による最も古い辞書ともいうべきリシュレ Richelet の『フランス語辞典』（一六八〇年）*Dictionnaire françois* によれば、「小説」を意味する Roman の語が、ガリア地方で話されていた言語とラテン語との混濁からなるものであることを説いた後に、「今日では、叙事詩の規則に従って才気ある散文で書かれた恋愛物語を含む虚構」と定義している。要するに、辞書による定義を必要とするほど一般的な現象としてうけいれられていながら、誰も「小説」のジャンルとしての自律性には思いをいたさず、この現象をひたすら「叙事詩」に従属するものとしてしか理解することがなかったのである。

これが、「小説」の無意識的な抑圧というべきものの実態なのだが、それを正当化するような事情がまったくなかったというわけではない。その一つは、すでにリシュレの辞書にいささか粗雑なかたちで触れられているごとく、「小説」Romanという単語の語源そのもののうちに何かしら不純で俗化したものという否定的な要素が染みこんでいるというものだ。つまりRomanという単語には、中世における唯一の知識人たる聖職者が読み書きするラテン語の持つ純粋で由緒正しいあり方に比較して、世俗の人間が話す混濁の言語という意味が深くまとわりついているのである。そして、この不純にして俗化した言葉で書かれた物語をRomanと呼ぶ習慣がほぼ十二世紀に定着する。これは散文であれ韻文であれ、日本では一般に「物語」と訳されているものである。

こうした語源的な問題とは別に、いわゆるバロック期に多く書かれた「小説」のほとんどが、その長さと、筋のまとまりのなさと、人物の性格の一貫性の欠如といった事情によって、ジャンルの典型ともなりうる傑作を残しえなかったという事実が考慮されねばならない。「叙事詩」の規則に従うという大かたの申しあわせは、「小説」に有利に働かなかったのである。そして唯一の例外ともいうべきラ・ファイエット夫人Madame de La Fayetteの『クレーヴの奥方』*Princesse de Clèves*が一六七八年に出版されたとき、それはRomanというよりNouvelleと呼ばれるものだった。筋の簡潔さ、心理的統一感、背景描写の行きとどいたありさまなどによって、この作品は、バロック期の「小説」とは明らかに異なるものを多く持っていたのだ。もっとも、その成功ぶりを、これこそ「叙事詩」の規則に従ったことの勝利だとする擁護者がいなかったわけではないが、これはNouvelleの傑作として評価され、「小説」の特権化に貢献することにはならなかった。今日の規準に従って長編小説をRoman中編小説をNouvelle短編小説をContoと呼ぶのなら、『クレーヴの奥方』は明らかに長編に分類されうるだろうが、古典主義時代にあってはそうは認められなかったのである。

だが、これが長編であろうが中編であろうが、事態にはさしたる変化も起らない。デカルトが初めてフランス語で、ということはラテン語ではなく通俗的な日常語で一冊の哲学書を書いたことで記憶される世紀にあって、文学とは、「叙事詩」か「抒情詩」か「劇」かのいずれかのジャンルに属するものでなければならず、ギリシャ＝ローマ以来の規範的な詩学におさまりがつかぬものがあれば、それは正統なる根拠を欠いたもの、粗雑なるもの、不純なるものとして軽蔑されるほかはなかったのである。それは、固有のジャンルをかたちづくることのない、身分の賤しい試みと見做され、公式の美学からは遠ざけられるほかはなかったのである。かくしてフランスは、「小説」という突然変異の畸型をかかえこみながらも、十七世紀から十八世紀にかけて、権威あるジャンルとしての「演劇」を文学の中心に据えて感性の制度化をおし進めることになったのである。だから、いわゆる大革命を通過した後に、ロマン派が文学を真に十九世紀にふさわしく刷新しようと試みたとき、その運動の中心に位置するヴィクトール・ユーゴーが実践した改革は、「劇」の改革にほかならなかった。ユーゴーは、まさに近代を「劇」の時代として捉えることで人類の歴史の再構成を試みるのだが、彼にとっての歴史とは、原始時代を「抒情詩」に、古代を「叙事詩」になぞらえるといった具合に、ギリシャ以来の詩学が正統的な文学ジャンルと見做し、十七世紀がそれを受けつぐこととなった由緒正しいジャンルの分類をそのまま踏襲しており、やがて『レ・ミゼラブル』を書くことになるこのロマン派の詩人＝劇作家の中に、「小説」が演ずべき役割は存在していなかったのである。

ヴィクトール・ユーゴーのロマン主義的改革に先立つ革命直後の混乱期、ならびにそれに続く反動期の擬古典主義的な風潮は、スタール夫人やサド侯爵をはじめとする幾人かの作家、批評家による小説論が数多く書かれた時代である。そうした理論的な書物に一貫して認められるのは、「小説」を擁護するにせよ中傷するものにせよ、ジャンルとしての「小説」を基礎づけるにたる詩学＝修辞学的な規則の不在と、技法的な充実によってもたらされる「小説」の隆盛という現象の間の不均衡に苛立つ姿勢である。擁護者たちは、「小説」の定義の不可能性のうちに未来を、中傷者たちはそこに途方もない退屈さを認める。一八〇二年のスタール夫人にとっての「小説」は、「人間の生活をあるがままに描写する限りにおいて、虚構というジャンルの中で最も有用なもの」とされるが、それとほぼ同時期のミルヴォワは、「こうした情けない物語にすっかり飽きてしまったので、わたしはもはやモリエールとラシーヌしか読むまい」と述べている。こうしたことがらは、いずれも、何をもってすぐれた「小説」と断ずるかという価値判断の基準が共有されていなかったことに由来する事態だといえる。つまり、規則不在であるが故に擁護され、また中傷されもするというのが、「小説」の宿命だったのである。だから、十九世紀の初期を象徴すべき唯一の小説家シャトーブリアンにとって、「小説」とは「なかば描写的、なかば演劇的な一種の詩」としてしか認識されていないし、近代批評の先駆者ともいうべきサント・ブーヴにとっても、それは「未来の叙事詩」として理解されるしかなかったのだ。

いまわれわれは、「小説」がながらく耐えねばならなかったこの居心地の悪い存在形態からさほど遠く距った世界に住んでいるわけではない。「小説」は、ギリシャ＝ローマの詩学によって定義されることもなく、したがってそこにモデルを持つことのない不純で低俗な言葉による正当性を欠いた表現として蔑まれ、貶められたまま発展したジャンルならざるジャンルにすぎない。それは起源としての古典的な典型を持たず、みずからを捏造しつづけた畸型の怪物にほかならない。ヨーロッパ的な思考が飼いならそうとして、遂に馴致されることのなかった「小説」。それにとっての規則が、たえず相対的な価値しか持たぬようないかがわしいジャンル。おのれの自己同一性をさぐりあてることが遂に不可能な、宙に迷った言葉たち。正当な身元確認にとって不可欠な自己同一性を永遠に禁じられた「小説」とは、ヨーロッパにとってはこの上なく厄介な現象である。ポール・ヴァレリーがこの現象を容認しがたく思ったのは、至極当然というべきなのだ。というのも、かつてヨーロッパは、起源も定かでなく、自己同一性も確かでない何ものかを自分の一部としてかかえこんだことはなかったし、また、規範的な詩学にとって過剰でもあり同時に欠落でもあるような畸型の怪物に、これほど大がかりな自己増殖を許したこともなかったのだ。だから「小説」は、近代にとっては最大の問題としてヨーロッパを不断におびやかしている。そしてヨーロッパは、その問題を絶えず不可視の疑問符にすげかえ、瞳でまさぐることを避け続けて来たのである。

もしかりに、過去一世紀を「小説」の時代と呼ぶのであれば、それは、この身分の賤しくいかがわしい言葉の戯れから、賤しさといかがわしさとを分離し、それを見ずにすごすことの歴史であったといえる。それに視線を落さずにいることがもはや不可能となったいま、「小説」の歴史は、必然的に近代がその真の反省的意識に目覚めるという事件の生まなましい叙述たらざるをえないところにさしかかっていると思う。だがその具体的な叙述には、別の機会が設けられねばならない。

V　フィクション、理論を超えて

エンマ・ボヴァリーとリチャード・ニクソン
『ボヴァリー夫人』とフィクション

大統領と姦通

フィクションをめぐる理論的な言説は、ときおり、奇妙な固有名詞の配置で読む者をいらだたせる。そこでは、アメリカ合衆国大統領の名前が、十九世紀のヨーロッパ小説のヒロインと隣りあわせにしばしば姿を見せているからだ。フィクションの考察が行われているのだから、小説の作中人物や作者の名前が固有名詞として登場するのは当然だし、それを論じた哲学者や文学理論家の名前が姿を見せていても何ら不思議でない。だが、どうして合衆国大統領の名前がこうも頻繁に顔をのぞかせているのかと、誰もが訝しげに首を傾げる。これは、とりわけアングロ＝サクソン系の研究者の著作に顕著に認められる傾向である。

その点をめぐっては、『表現と意味』*Expression and Meaning* におさめられた論文「フィクション的言説の論理的地位」《The Logical Status of Fictional Discourse》の著者ジョン・R・サール Jon R. Searle の場合が典型的だといえる。フィクションにおける断定は「装われた」断定にすぎないというサールは、その「装う」という動詞に二つの異なる意味を識別しなければならないといいそえ、その異なる意味は、「欺く」ことと「遊戯する」にほかならぬと書き記しているのである。その具体的な説明にあたって、彼は、ごく自然な事態の推移だというかのように、リチャード・ニクソンの名前を招きよせる。

私が、シークレット・サーヴィスに気づかれぬままホワイト・ハウスに潜入すべくニクソンのふりを「装う」とするなら、私は第一の意味でふりを「装って」いる。私が、謎当てのジェスチャーでニクソンのふりを「装う」とするなら、それは、第二の意味においてである。（二〇八頁）

いうまでもなく、フィクションにおける断定が「装われた」断定だという場合、それは第二の意味として理解されねばならないというのがサールの立論である。フィクションは、「欺く」のではなく、「遊戯」する目的で「装う」ことから生まれると述べたあとで、彼は『アンナ・カレーニナ』の冒頭の一句をめぐって、ナボコフを引き合いに出しながらその「非＝フィクション性」を論じ始めたりするのだから、第二期目に失脚したことで名高い合衆国大統領とトルストイの長編小説で自死をまぬかれぬ姦通する人妻の名前とが、ほぼ同じ資格で哲学的な言説に登場していることになる。こうした並置現象は、読者に快い印象をもたらすものとはとてもいいかねる。述べられている事実が正当なのだから、そこに動員される固有名詞など無視すればよいとはいいきれぬ齟齬感が、読む意識に不信の念をいだかせるからである。

ニクソンの名前が引かれているのは、この論文の執筆当時、たまたまこの名前を持つ人間が合衆国大統領の地位にあり、誰もがメディアの網状組織を通して聞いたことのある名前だとサールが判断したといういう以外の理由によるものではなかろう。『アンナ・カレーニナ』が引かれていることもまた、その冒頭の一句をナボコフがいくぶんシニカルに引用しているのだから、この種の著作にふさわしい充分に名高い作品だとサールによって見なされたからだろう。この種の「有名性」に依拠する思考の安易さにはひとまず目をつぶることにするが、ニクソンもアンナも、ともに代置可能なとりあえずの名前であることはいうまでもない。実際、ときに応じて、大統領はロナルド・レーガンによって、姦通する人妻はエンマ・ボヴァリーによって置き換えられる。もっとも、アメリカの大統領と人妻の姦通に言及せねばフィクションは論じられぬという理論的な根拠など、何一つ存在していない。その登場ぶりは、あくまで論者の恣意的な選択によるものだ。

サールの議論を間接的に批判することにもなる『名指しと必然性』*Naming and Necessity* のソール・クリプキ Saul Kripke は、ニクソンという固有名詞の位置づけを十ページ以上にもわたって論じることになるのだが、ここで様相論理学的な文脈での「可能世界」を詳細に論じているクリプキについて言及することはせずにおく。問題は、「可能世界」的な文脈からフィクションを論じようとする者の多くが、あたかもサールを継承することが理論家としての義務だというかのように、ごく自然にアメリカ合衆国大統領（や、ときには連合王国の女性宰相）の名前を文中に引用しているという事実の指摘につきている。

例えば、哲学者によるフィクション論のほとんどが、テクストの「フィクション性」そのものを問うことなく、もっぱら命題における指示対象の存在の有無をめぐる議論にとどまっていることを批判するため、『フィクション理論における可能世界』*Possible Worlds in Literary Theory* の著者ルース・ローネン Ruth Ronen は次のような例を引いている。

シャーロック・ホームズは、ベイカー街に住んでいる。（八四頁）

サッチャー夫人は、ダウニング街十番地に住んでいる。（八四頁）

構文法的にも意味論的にもほぼ同じといってよいこの二つの文章は、分析哲学的な伝統によって、シャーロック・ホームズがフィクション的人物だという理由でマーガレット・サッチャーとは異なる非在の人物と見なされる。それに対して、「フィクション性」は命題の指示対象の存在か非在かではなく、もっぱらテクストの水準で論じらるべきだと主張する著者の立場を強調する目的で、あえて類似した二つの文章が引用されているのである。

ここでも、ゴットローブ・フレーゲとバートランド・ラッセルにおよそその起源を持つその「哲学的」な伝統そのものについては詳しく論じずにおく。問題は、むしろ、マーガレット・サッチャーとシャーロック・ホームズとがフィクションをめぐる理論的な言説にほぼ隣り合って姿を見せているという事実の指摘につきている。そこには、ローネンが彼の理論には批判的だとはいえ、恰好の例としてリチャード・ニクソンとアンナ・カレーニナとを挙げたジョン・R・サール的な思考の伝統が生きているといわざるをえないからである。

ローネンと同様、存在しない人物を指示する命題はことごとく「偽」と断定するフレーゲ＝ラッセル流の伝統を批判するエイミー・L・トマソン Amie L. Thomasson は、『フィクションと形而上学』*Fiction and Metaphisics* の中で、彼女とほぼ同じ視点から、次の二つの命題をともに「偽」と断定したり、「真偽」の判定は不能と見なしてしまう「分析哲学」の不条理を指摘する。

ハムレットは、シェークスピアによって創造された。（九四頁）

ハムレットは、ロナルド・レーガンによって創造された。（九四頁）

誰の目にも、第一の命題は「真」で第二のそれは「偽」と映る。だが、「分析哲学」の伝統に従うなら、ハムレットという不在の人物が主語となった段階でこの命題はいずれも「偽」と判断されるしかないので、合衆国大統領とシェークスピアの悲劇的ヒーローとのありえない関係は検討されぬままその場に放置されてしまうというのが、この文章を書いたトマソンの立論である。彼女は、「ハムレットは、シェークスピアによって創造された」を「真」、「ハムレットは、ロナルド・レーガンによって創造された」を「偽」と判断することで成立する文学的な文脈をも「分析哲学」は否定するのかというのだろう。だが、なぜロナルド・レーガンがここに召喚されねばならぬのかと問われれば、論者は一つの例にすぎないと答えるしかあるまい。とはいえ、レーガンとニクソンとが共有する合衆国大統領という地位は、その選択が必ずしも非作為的だとはいえぬ事実を告げているようにも思える。おそらく、合衆国大統領の名前を引くことが、引用する主体に何か確かなことを保証するというかのごとき暗黙の申し合わせがどこかに成立しているかに事態は推移しているからである。それらが、いずれも代置可能な名前であることはくり返すまでもないが、ここでわれわれがいいうる数少ない確かな事実は、その名前を含む著作が、レーガン政権下に書かれた違いないという点につきているのかもしれない。

もっとも、ケンドール・L・ウォルトン Kendall L. Walton の『ごっこ遊びとしてのミメーシス』*Mimesis as Make-Believe* には、律儀なことに、ニクソン、レーガン、ジョージ・ブッシュ（Wのない方だ）という歴代大統領の名前がことごとく引かれている。そこから、フィクション論者の多くが共和党出身の大統領に言及しがちだと結論することは、もちろん誤りである。サッチャーにも言及している『可能世界・人工知能・物語理論』*Possible Worlds, Artificial Intelligence, and Narrative Theory* のマリー＝ロール・ライアン Marie-Laure Ryan の場合は、サールのニクソンに相当する「有名人」の枠組みをナポレオンからゴルバチョフにまで拡張しているが、周知の名前の引用を通して、人がフィクションについて貴重な何を理解することになるかといえば、後に詳しく見てみるように、それはいったって疑わしいといわざるをえない。

こうした理論家たちがそれぞれの例によって立証しようとしているのは、それ自体としてはあながち見当違いとはいえないものである。だが、そこに散見する名前がアメリカ合衆国の大統領やそれに類する名高い政治家にかぎられているという事態は、読む者にある種の居心地の悪さをもたらす。実際、彼らの理論をたどるにあたって、どうしてそのつど故リチャード・ニクソン氏の肖像を思い浮かべねばならぬのか、と誰もが苦々しく思わずにはいられない。中には、念入りなことに、『ごっこ遊びとしてのミメーシス』のように、ニクソンの似顔をあしらった「ニューズウィーク」誌の表紙の写真を印刷した書物まで存在するありさまなので、フィクションをめぐる言説はリチャード・ニクソンに憑かれているとつい口にせざるをえない。

もっとも、読む者を不快な思いに誘うのは、ニクソンという人物そのものではない。「有名人」と見なされるニクソンの名を引いておけば、みずからのフィクションをめぐる理論が一般に許容されやすくなるだろうと思う理論家たちの、ほとんど機械的というほかはない身振りの安易さが不愉快なのである。正直に告白せねばなるまいが、多くの人が彼の名前を知っているはずだという蓋然性をのぞけば、ほとんどの人は、故リチャード・ニクソン氏について具体的には何一つ知ることがない。かりにアンナ・カレーニナが誰かを知らなかったにしても、トルストイの『アンナ・カレーニナ』を読みさえすれば、そのイメージをほぼ等身大に思い描くことができる。ところが、マス・メディアに流通しているニクソンという視覚的＝音声的な記号をどれだけ拾い集めてみたところで、その総体がアンナのそれに比較しうる確かな輪郭におさまることはまずないといってよい。そんな名前を持った人物を、どうして誰もが知っている「有名人」といえるのか。

そもそも、フィクションをめぐる理論的な言説が、「有名人」の名前ばかりを引用していることの理由はいかにも曖昧である。マス・メディアの領域にその名前が頻繁に流通していることは、そう呼ばれている人物のまぎれもない現実的な存在を確信させるに充分な知をもたらしてはくれないからである。実際、ほとんどの人間にとって、アンナ・カレーニナは、リチャード・ニクソンより遥かに鮮明なイメージにおさまる人物の名前なのである。ニクソンという名前が喚起するイメージは、それとは較べようもない漠たる輪郭におさまり、一貫性も欠いたままごく曖昧に揺れているにすぎない。

そのとき、人は一つの疑問に逢着する。サール以来といってよかろう理論家たちのこうした「有名人」への性懲りもない参照は、ことによると、合衆国大統領をつつみこんでいた曖昧さを、フィクション的な人物の周囲にもおし拡げているのではないかという疑問である。例えば、『可能世界・人工知能・物語理論』のマリー＝ロール・ライアンは、ルース・ローネンやエイミー・L・トマソンなどとほぼ同じ内容の批判を分析哲学に向けるにあたって、次のような二つの例を挙げている。

　コナン・ドイルがシャーロック・ホームズを創造した。（十四頁）

　スーザンってエンマ・ボヴァリーみたい。あの子、虚実の区別がついてないんだもの。（十四頁）

幸いなことに合衆国大統領は登場していないが、ここに姿を見せている二人のフィクション的な人物であるシャーロック・ホームズとエンマ・ボヴァリーとは、読者が当然知っているとみなされるいわば非在の「有名人」として、それぞれの作品世界とはいっさい無縁の文脈のもとに召喚されているにすぎない。実際、「スーザンってエンマ・ボヴァリーみたい」という言表は、その主体が『ボヴァリー夫人』のテクストを充分に読んでいるか否かをいささかも明らかにはしていない。ギュスターヴ・フローベールの処女長編そのものを知らなくとも、多くの参考書が触れているいわゆる「ボヴァリスム」の文学神話に多少とも通じていれば、誰にも口にしうるものだからである。その意味で、ここに登場しているエンマ・ボヴァリーは、ちょうど哲学者ジョン・R・サールによってニクソンがそうと見なされたように、文学理論家マリー＝ロール・ライアンによって、誰もが知っているはずの「有名人」とみなされていると判断できる。そこにあるのは、言及されている対象をめぐる特殊な知ではなく、誰もがその名を気軽に口にしている同時代の集団的な記憶への一般化された盲信ともいうべきものだ。いまや、こうした「有名性」に対する理論家たちの芸もない依存が、その主体をどのような領域に誘っているかを究明してみるべきときがきている。

「虚構世界」と「有名性」

「可能世界」的な視点からフィクションを論じようとする者のほとんどは、ある理論的な前提を共有している。すでに述べたことだが、それはフレーゲ＝ラッセル流の分析哲学の伝統における「存在」概念への不信である。その場合、「存在」とは、われわれが生きているこの「現実世界」においてのみ生起するものを意味しているが、その「単一世界」的な現実観を複数化せんとして、「可能世界」論者は「作品世界」という概念を提起するのである。フィクションをいわゆる「ごっこ遊び」の基盤にすえるケンドール・L・ウォルトンは、その概念をめぐってこう記している。

> われわれは、フィクション的な諸世界を、外部から観察しているのではない。われわれは、その内部（内部というのは、われわれの遊戯世界の内部という意味で、作品世界の内部という意味ではない）に、アンナ・カレーニナやエンマ・ボヴァリーやロビンソン・クルーソーや他の作中人物たちとともに生きており、彼らの喜びや悲しみを共有したり、彼らとともに歓喜したり落胆したり、彼らを熱愛したり唾棄したりする。もちろん、こうした諸世界はフィクションでしかない。……だが、内面から見ると、それらは現勢化されたものに見える。（二七三頁）

またしても、ここに引かれた三つの「有名人」の名前は論者の恣意的な選択によるものである。当然のことながら、いずれの名前も代置可能であり、アンナ・カレーニナやエンマ・ボヴァリーやロビンソン・クルーソーでなければならないいかなる理論的な必然性もない。それと同時に、ここに一部の作中人物への過度の思い入れがあるのは明らかであり、『ボヴァリー夫人』という作品への共感が、その主要な作中人物でしかないエンマへのそれによって代表しうるかという疑問がすぐさま生じる。そもそも、「彼らの喜びや悲しみを共有したり、彼らとともに歓喜したり落胆したり、彼らを熱愛したり唾棄したりする」といったいかにも十九世紀的な読み方の有効性を、ウォルトンは本気で信じているのだろうか。しかも、ここで「遊戯」と呼ばれるものは、フィクション的な人物の演じる身振りへのもっぱら「心理的」な共感（もしくは、反発）でしかなく、テクストがフィクションとして持っているはずの説話論的、描写論的、主題論的な要素はことごとく無視されている。

そうしたウォルトンの視点は、はたしてそれでテクストの「フィクション性」が語りうるのかという問いへと人を導きもする。さらには、「外部」と「内部」といったきわめて観念論的な差異が、論述の総体を疑わしいものにしていることにも触れておかざるをえない。それがフィクションであろうと事実の客観的な記述であろうと、言語的なテクストを読むという行為は「他者」の言葉と距離なしに接し合うという遭遇体験にほかならず、「外部」や「内部」といった概念は、その無媒介的な体験をいったん内面化したのち、きわめて抽象的なものとして事後的に想像されるものにすぎない。

リュボミール・ドレゼル Lubomír Doležel は、『ヘテロコスミカ——フィクションと可能世界』*Heterocosmica – Fiction and Possible Worlds* の中で、ウォルトンのそれより遥かに説得力のある概念を導入している。彼は、あらゆるテクストを、「世界＝構築＝テクスト」《World-construction-Texts》と「世界＝想像＝テクスト」《World-imaging-Texts》とに分類しており、例えば、「エンマ・ボヴァリーは自殺した」という命題は、『ボヴァリー夫人』を読むことでその「真偽」を識別される「世界＝想像＝テクスト」だと定義される。それに対して、『ボヴァリー夫人』のテクストそのものは、「世界＝構築＝テクスト」とされるのだが、事態はかならずしも明瞭ではない。「エンマ・ボヴァリーは自殺した」という命題の「真偽」は、「エンマ・ボヴァリー（原文では、題名を意味するイタリック体で書かれている）のフィクション世界」によって判断さるべきだというドレゼルの断言を目にすると、誰もが戸惑わざるをえない。この書物の定義によれば、「エンマ・ボヴァリーのフィクション世界」とは「『ボヴァリー夫人』の作品世界」との関係でその「真偽」を判定さるべき「世界＝想像＝テクスト」の集合にすぎないはずだが、著者はそれを「世界＝構築＝テクスト」と見なしているとしか思えぬからである。それとも、ドレゼルは、『エンマ・ボヴァリー』という長編小説があると思っているのだろうか。

読む者の当惑は、ドレゼルが、「シャルルの会話は舗道のように平板だった」という『ボヴァリー夫人』の名高い一行をめぐって、それは「エンマの批判的な視線」によって感知されたシャルルのイメージにほかならないが、三人称の客観的な記述の中にあらわれているこの主観的な感性には、ある程度の「信憑性」がそなわっていると述べるとき、さらに増大する。ここでの「信憑性」とは、しかるべき客観性をそなえた、というほどの意味だろうが、「この（平板という）シャルルの性格は、フィクション世界のしかるべき事実に即した領域に位置しており、……その振るまい方の中にその性格の確証を発見しても誰も驚きはしない」（二七頁）とドレゼルはいう。

だが、こうした断言は、『ボヴァリー夫人』を読んだことのある人の口からはとうてい洩れることはないものである。実際、エンマの目には「平板」な性格の持ち主と映ったシャルルは、エンマの死後、誰にも予想しえない突飛な行動によって周囲の者たちを驚かせ、ときには話者をも面食らわせるほどだ。いきなり書斎に閉じこもって、誰にあてたのかも判別しがたい匿名の手紙でまわりの者たちにあれこれ不条理な指示を送るシャルルの不意の変容ぶりこそ、『ボヴァリー夫人』という作品にこめられたテクスト的な現実にほかならず、それを視界におさめることなく、シャルルをどこまでも「平板」な人物ととらえているらしいドレゼルの「世界＝想像＝テクスト」なるものには、とうてい信頼をよせることができまい。

ほとんどの理論家にとって、彼らが「フィクション世界」と呼ぶものは一つの自明性と見なされている。だが、それは、おそよ根拠を欠いた曖昧な輪郭におさまり、一つのフィクション作品について意義深い何かを示唆することもなければ、『なぜフィクションなのか』*Pourquoi la Fiction?* のジャン＝マリ・シェフェール Jean-Marie Shaeffer が「フィクション装置」《dispositifs fictionnels》と呼ぶものを明らかにすることもない。「可能世界」論者の中ではもっとも厳密な思考の持ち主と思えるトマス・パヴェル Thomas Pavel が、その「作品世界」なる概念をめぐって、『フィクション的世界』*Fictional Worlds* の中でこう述べているのはほとんど例外的なのかもしれない。

> 『ボヴァリー夫人』のテクストはわれわれをフィクション的世界へと導入するが、その世界の拡がりはテクストの長さとは無縁のものである。それぞれの章から、重要さにおいて劣る二、三の文章を除去したとしても、テクストの短縮化は、それが投影する作品世界を短縮することにはならないからである。（二二七頁）

きわめて大胆なものに映るかもしれないこの主張は、ある作品のテクストを読む場合に誰もがごく自然に行っていることを正直に述べたものだといえる。テクストのあらゆる細部は意味を持っているが、その意味をことごとく開花させることは不可能だし、またかりにそうした試みを実施した場合、読むことは永遠に終わりえない体験となるほかないからである。実際、文学の批評においては、意識的であると否とのかかわらず、誰もが多かれ少なかれこの種の「テクストの短縮化」を行わざるをえない。パヴェルは、そういっているのであり、その指摘は、例えば、作中人物の振る舞いをめぐって、「彼らの喜びや悲しみを共有したり、彼らとともに歓喜したり落胆したり、彼らを熱愛したり唾棄したりする」などと書く理論家の無邪気な発言より遥かに信頼がおける。

だが、ここにも解きがたい問題が残される。それは、そうした事態を指摘するにあたって、パヴェルが、なぜ『ボヴァリー夫人』を例として挙げているかという問題である。これまでの場合と同様に、それが「有名な」作品であるという以外に、フローベールの処女長編がここで参照されねばならぬ理由はいっさいなさそうに見える。だが、その恣意性にとどまらず、原文で二百ページを超える『フィクション的世界』の中で、これが『ボヴァリー夫人』への唯一の言及だという事実を見過ごすことはできまい。この種の希少性は、フィクションにあっては明らかに積極的な意味を持つ記号であり、それ故、無視しえない何かがそこにあると示唆している。とするなら、「重要さにおいて劣る二、三の文章を除去」するという場合、パヴェルはいかなる基準でそれを実行に移そうとしているのだろうか。

トマス・パヴェルに代わってそれに答えているのは、ルース・ローネンである。一編の作品の細部に矛盾する事態が観察しえたとしても、そのことで作品の「フィクション世界」が破綻をきたすことはないという彼女は、その例として、『ボヴァリー夫人』におけるエンマの目の色をめぐる記述をとりあげようとする。ローネンは引用していないが、その矛盾する細部をフローベール自身のテクストにしたがって読んでみることにしよう。

彼女の美しいところは眼であった。茶色のくせに睫毛のせいで黒く見えた。

(筑摩書房版全集、第一巻、十三頁)

こうして近くから見ると、彼女の眼はよほど大きく見えた。眼を覚まして、幾度も目ばたきするとことさら大きく見えた。その眼は陰では黒く見え、日なたでは濃い青にみえた。（前掲書、三〇頁）

あるときは「茶色」で、またあるときは「黒」く、ときには「濃い青」でさえあると書かれているエンマの眼の色については、ドレゼルの用語にしたがって「世界＝想像＝テクスト」を構築することはまず不可能である。だが、ローネンはその点に関してこう書いている。

エンマ・ボヴァリーの眼についての描写に不統一が観察しうるという事実は、『ボヴァリー夫人』の世界を構築不能な状態に陥らせはしない。（九三頁）

なぜ「構築不能に陥らせはしない」のか、その理由は詳細に論じられてはいないが、彼女は、眼の色をひとまず無視しても、エンマの人物像をフィクションとして思い描く主体が、そのことで決定的な混乱に陥ることはないといいたいのだろう。それはそれで正当化しうる一つの視点といえようが、そのとき改めて問題になるのは、ローネンが、「日なたでは濃い青にみえた」という一行に見られる「青」という語の『ボヴァリー夫人』における主題論的な配置を無視することになるという事実にほかならない。この長編における「青」という色彩の意義深い配置については、この小説の普及版を編纂したクローディーヌ・ゴト＝メルシュ Claudine Gothot-Mersch やジャック・ネフ Jacques Neefs らが註で詳細に論じていることで、ことさらめずらしいことではない。にもかかわらず、ルース・ローネンが「青さ」にまったく言及していないのは、彼女がごく一般的な校注版でこの作品を読んだことがないからだろう。実際、彼女は、エンマの瞳の色の不統一を、ジュリアン・バーンズ Julien Barnes のエッセイで知ったと素直に白状している。テクストに矛盾する細部が観察しえたとしても、そのことで「フィクション世界」が破綻をきたすことはないというトマス・パヴェル流のテーゼを立証するのに恰好な例を、テクスト的な現実とは異なる批評的な言説から示唆された彼女は、それをみずからの理論的な言説に導入しただけなのである。だとするなら、ルース・ローネンのフィクション論への『ボヴァリー夫人』の登場には、恣意的とさえいえない安易さによって支えられているといわざるをえない。エンマ・ボヴァリーは、『フィクションと形而上学』の著者にとって、「有名人」ですらなかったからである。

「理論」から「紋切り型」へ

どうやら、フィクションをめぐる理論的な言説の担い手たちのほとんどは、ケンドール・L・ウォルトンもルース・ローネンも、文学的なテクストの「読み」の水準においては、ほぼ素人だと断定せざるをえない。ここでいう素人とは、集団的な記憶への一般化された盲信によってしか作品を読めない者をいう。

例えば、エンマ・ボヴァリーを「虚実」の判別のつかない女としてとらえたマリー＝ロール・ライアンや、シャルル・ボヴァリーを「平板」な性格の持ち主としてしか理解できないリュボミール・ドレゼルなどの読みが、そうした「素人性」を露呈させている。みずからフィクションの作者でもあるトマス・パヴェルや、ここには召喚することのなかったウンベルト・エーコなどをのぞくと、原典の解読の杜撰さに見合った理論構築の杜撰さが、いまや隆盛をきわめているかに見える「可能世界」論的なフィクションの考察に深い不信感をつのらせずにはおかない。フィクションを論じる以前に、文学的なテクスト一般に対する畏怖の念の不在が、彼らの言説をおよそ信頼のおけぬものにしているからである。

例えば、《シャルルの妻》という記号をめぐる『可能世界・人工知能・物語理論』に見られる以下の指摘に接すると、誰もが呆然とするほかはない。マリー＝ロール・ライアンは、こう書いているからである。

『ボヴァリー夫人』のようなテクストの意味論的な世界を再構築するためには、《エンマ》や《ボヴァリー夫人》や《シャルルの妻》といった異なる表現を、それぞれの意味や客観的な機能の違いにもかかわらず、同じ個体を指示するものと見なす必要がある。（六九頁）

いかにももっともらしいこの指摘が、『ボヴァリー夫人』にはとうてい適用しがたいものであることは、原典を一度でも読んでみた者の目には明らかだろう。誰もが知るように、このフローベールの処女長編には、《ボヴァリー夫人》と呼ばれる女性は三人登場しており、《シャルルの妻》もまた二人姿を見せているからである。だから、《エンマ》という固有名詞はともかく、《ボヴァリー夫人》や《シャルルの妻》がこの作品で同じ個体を指示することは、テクスト的な現実からして不可能というほかはない。

マリー＝ロール・ライアンは、どうしてそのような初歩的なミスを犯しているのか。

いうまでもあるまいが、この作品ではシャルルの母親も、またシャルルの初婚の未亡人エロイーズも《ボヴァリー夫人》と呼ばれているし、《シャルルの妻》もまた、先妻のエロイーズと後妻のエンマの二人が存在しており、シャルルの母親と最初の妻とを識別するために、フローベールは、ときに前者には《ボヴァリー老夫人》、後者には《ボヴァリー若夫人》という表記を使い分けている。理論家マリー＝ロール・ライアンが、『ボヴァリー夫人』を特色づけるこうしたテクスト的な現実にまったく無知だとはにわかには信じがたい。だとするなら、論理的な言説を仕立てあげようとする瞬間に、自分が持っているはずの作品をめぐる知識をすっかり忘れ、『ボヴァリー夫人』でなければ小説一般に妥当することにもなろうこの種の指摘を口にしてしまったというのだろうか。それとも、論理的な言説は、テクスト的な現実とは無縁の領域に構築しうると彼女は達観しているのだろうか。

いずれにせよ、フローベールの『ボヴァリー夫人』に、《ボヴァリー夫人》と呼ばれておかしくない女性が三人登場しているというこの作品ならではのごく特殊な事実は、そのヒロインの呼び名をめぐる同一性の確定を作品のテクストの論理があらかじめ禁じている。にもかかわらず、三人の《ボヴァリー夫人》の間の混同など、どれほど不注意な読者にあってさえ起こりえないのだから、ライアンの指摘はたんに誤っているというにとどまらず、まったくもって無益なものだといわざるをえない。

『ボヴァリー夫人』については間違っても口にすべきでない言辞を思わずぽろりと洩らしてしまうというこの理論家の軽率さには、どこかしら精神分析的な「反復強迫」の概念を思わせる何かが見えかくれしているように思えてならない。実際、『ボヴァリー夫人』に言及するたびごとに、マリー＝ロール・

ライアンは何やら「失策」めいた振るまいを演じてしまうのである。例えば、彼女は、「われわれの現実知識は、虚構にかんする事実陳述の真偽を判定するのにも使われる」と断言する。何故なら、テクストがシャルルを人間として提示しており、「二という数字が人間の脚の本数として一番《ざら》」であるという理由で、「シャルル・ボヴァリーは一本脚だ」という陳述は、『ボヴァリー夫人』の「作品世界」においては「真」たりえないとライアンは論を進めるのだが、この長編小説を多少とも知っている読者なら、この女性理論家による粗雑な議論の展開をはらはらしながら見守るしかないだろう。

ことさらそうと書かれてはいないが、シャルルは、この長編小説において、確かに二本脚の持ち主である。その点において、ライアンの指摘は、一般論として正しいといえそうだ。しかし、誰もが知っているように、この田舎医師は、「二という数字が人間の脚の本数として一番《ざら》」であるはずなのに、誤った診断による無謀な手術のせいで、作中人物イポリットから一本の脚を切断し、とうてい《ざら》とはいえない「一本足」の状態へと陥れてしまった張本人である。実際、医師シャルルは、往診の途中で、イポリットの義足の音が村の舗道に響くのを耳にすると、首をすくめて別の道へと逃れざるをえないほど、「一本脚」に憑かれた男なのだ。したがって、『ボヴァリー夫人』においては、「シャルル・ボヴァリーは一本脚だ」という陳述の「真偽」は、たんに現実世界の一般性のみならず、「作品世界」のテクスト的な現実と照合しつつ、「イポリットは一本脚だ」という陳述との関係で、その意味作用を解読されねばならないきわめて微妙な細部を構成する。

その微妙さに見合った厳密さという点からするなら、かりにそれがたんなる例でしかないにせよ、「シャルル・ボヴァリーは一本脚だ」は、この作品にあってはロにすることをさしひかえるべき一句だというべきかもしれない。あるいは、少なくとも、その言表行為は、「イポリットは一本脚だ」という言表をほとんど機械的に引きよせずにはおかない不吉な言葉だといわねばなるまい。『ボヴァリー夫人』の物語では、その父親の骨折の治療に訪れたベルトーの農園でシャルがエンマと出会い、先妻の死後、彼女と結婚することになるのだが、イポリットの手術の失敗は彼女を決定的に姦通へと走らせることになるのだから、「足」の事故は、説話論的にいっても、テーマ論的にいっても、きわめて重要な意味を持つ。それは、あえてくり返すが、「二という数字が人間の脚の本数として一番《ざら》ではない状態を医師ボヴァリーが、みずからの誤診と誤った処置によってつくり出してしまったからにほかならない。そうしたテクスト的な現実を知っていながら、「シャルル・ボヴァリーは一本脚だ」といった命題を書き綴ったのだとしたら、マリー＝ロール・ライアンは文学的なテクストへの羞恥心をことのほか欠いているといわねばならない。また、そのことを忘れていたのだとしたら、理論家ライアンに『ボヴァリー夫人』に言及する資格などないと断言すべきだろう。

フィクションをめぐる理論的な言説の多くが、この種のテクスト的な誤読に陥りがちな理由はいささかも複雑でない。すでに見たように、彼らの大半は文学作品の「有名性」に依存しており、テクストを読むことに関しては、「素人」の域を出るものではないからである。こうした「有名性」に対する理論家たちの依存は、彼らを、「集団的な記憶への一般化された盲信」へと導かずにはおかない。この作品ならこのように読まれているはずだという漠たる思いこみこそ「一般化された盲信」と呼ぶべきものにほかならぬのだが、そこには、テクスト的な現実と改めて向かい合おうとする真摯さが決定的に不足している。その結果、彼らが『ボヴァリー夫人』に言及するたびごとに、まるでフィクションが理論に復讐しているかのように、『紋切り型辞典』*le Dictionnaire des idées reçues* の新たな項目がつけ加えられてゆく。それを列挙してみると、こうなるかもしれない。

「エンマ：虚実の区別がつかない」

「シャルル：その会話は舗道のように平板だ」

「『ボヴァリー夫人』：ヒロインの自殺で名高い」

『紋切り型辞典』とは、いうまでもなく、「あらゆる主題について、……礼節をわきまえた慇懃無礼な人間たりうるために人前で口にすべきすべてのことがらが列挙されるはず」のものとして、フローベールが構想した辞典にほかならない。そうすることで「多数派がつねに正しく、少数派がつねに誤っていると判断されてきた事実を示す」というのが編者の目論見である。「文学については、凡庸なものは誰にでも理解しうるが故にこれのみが正しく、その結果、あらゆる種類の独自性は危険で馬鹿げたものとして辱めてやる必要がある」というのだから、編者フローベールの姿勢はことのほかシニカルなものであるといえる。これまでに見たフィクション論者たちの『ボヴァリー夫人』の読みは、そのシニシズムを改めて目覚めさせるに充分なものだったといえる。

いわずもがなのことだが、フローベールが『紋切り型辞典』を構想したのは、『ボヴァリー夫人』執筆中のことだ。「多数派がつねに正しく、少数派がつねに誤っていると判断」されるにふさわしい『ボヴァリー夫人』の「素人」読みを避けるには、「集団的な記憶への一般化された盲信」の導きだす「紋切り型」を疑ってかかることをおいてほかにはないはずだが、フィクションを論じる者の多くはどうやらその疑念を欠き、「誰にでも理解しうるが故にこれのみが正しい」ことばかりを口にしているかにみえる。

『ボヴァリー夫人』は、多くの人がそう信じているように、何ごとにつけ「虚実の区別がつかない」女性の物語ではない。その夫の会話は、いつでも「舗道のように平板」であるとは限らない。また、この小説は、ヒロインの自殺で名高いわけでもない。だが、奇妙なことに、二〇世紀のフィクション論者の多くは、ひたすら「礼節をわきまえた慇懃無礼な人間」たろうとして、そうした「紋切り型」で自らの理論を補強しているように見える。だとするなら、『紋切り型辞典』は、構想から一五〇年もの歳月が経過した二一世紀のいまも、なお有効な書物たりつづけていることになる。それを露呈させているのが『ボヴァリー夫人』のテクストであることは、いかにも意義深く思われる。では、ギュスターヴ・フローベールは、そのことを素直に祝福するのだろうか。それとも、うんざりして、不機嫌そうに黙りこくってしまうのだろうか。

『赤』の誘惑」をめぐって

フィクションについてのソウルでの考察

「葛藤」と「無秩序」

この会議のテーマが「平和のために書く」であることを私はよく承知している。私に課せられたセクションが「世界秩序をめぐる東アジア的な思考」であることも知らぬわけではない。にもかかわらず「平和」でもなく「秩序」でもなく、その対立概念ともいえる「葛藤」と「無秩序」に言及することでスピーチを始めたいと思う。

とはいえ、「平和のために書く」という問題設定そのものに疑念をさしはさむつもりではないことを、すぐさまいいそえておく。また、グローバル化された大衆消費社会の安価な娯楽にすぎないハンチントン教授の『文明の対立』における粗雑な議論を、東アジア的な視点から批判するつもりもない。「葛藤」

や「無秩序」への私の執着は、言語をめぐるごく単純な原則に由来している。それは、ある定義しがたい概念について、大多数の人間があらかじめ同じ解釈を共有しあってはならないという原則にほかならない。とりわけ、文学においては、多様な解釈を誘発することで一時の混乱を惹起する概念こそ、真に創造的なものだと私は考えている。そうした創造的な不一致を通過することがないかぎり、「平和」の概念もまた、抽象的なものにとどまるしかあるまい。

そこで、文学と無縁ではないばかりか、その核心にも触れている一つの言葉の意味論的な「無秩序」や解釈の「葛藤」と対峙してみたい。とりわけ私の興味を惹くのは、「フィクション」という単語の意味をめぐる大がかりな不一致にほかならない。作家や批評家、哲学者はいうまでもなく、誰もがこの言葉を数え切れないほど口にしているはずであり、それが広く流通しているごく一般的な語彙であることは間違いない。だが、いったんその言葉の意味やその構造をめぐる理論的な考察が始まると、学問領域の対立や、とりわけ専門家を自称するものたちの相互の無関心からいたるところで軋轢が生じ、事態は混沌とするばかりである。「フィクション」という単語の意味論的な「無秩序」は、哲学や文学理論の領域でほとんど無政府主義的と呼ぶしかない状態に放置されているといっても過言ではない。だが、二〇世紀の思考をしかるべく刺激したはずの「フイクション」をめぐる理論的な考察は、東アジアの知的な風土にいまだ定着しているとはいいがたい。過去三〇年来、西欧でことのほか活況を呈した「フィクション」研究は、この地域の知的な風土ではほとんど顧みられることがなかったのである。

これはいささか奇妙なことといわねばなるまい。プラトンはいうまでもなく『詩学』のアリストテレスでさえ「フィクション」が何であるかを、真の意味では知らなかったのだから、今日の理論的な考察の基盤にある西欧的な思考にとって、「フィクション」は非＝正統的な私生児とも考えられるからである。その語をめぐる意味論的な無秩序が無政府主義的な状況に陥っているのは、そうした理由によるものであるはずだ。その意味で、非＝西欧圏の思考がその究明に大きく貢献するはずでありながら、それはいまなお素描されるにいたっていない。私の言葉を煽りたてているのは、そうしたことが意識されてさえいない現状に対する知的というよりもむしろ凶暴な苛立ちにほかならない。

「混沌」として「頽廃」した

「フィクション」という語彙をめぐる解釈の無政府主義的な混乱は、多くの著者によってすでに指摘されている。『フィクションの特性』*The Distinction of Fiction* の著者ドリット・コーン Dorrit Cohn は、その著作の冒頭で、「この語彙の複数の意味は、辞書の『フィクション』という項目からもはっきりと見て取れるが、その唯一の共通分母は、それぞれの辞書の項目がすべて『捏造された何ごとか』と呼んでいるもののようだ」と書いている。その「共通分母」をのぞくとほとんどの欧米の辞書が齟齬をきたしているとするなら、人々がこの言葉でまったく別の事態を指示しているのも当然だといえる。このアメリカの女性文学理論家は、「フィクション」の意味論的な混乱がほぼ一世紀の歴史を持っている事実を指摘するため、二〇世紀初頭のドイツの哲学者ハンス・ファイヒンゲルが一九一一年の著作『かのようにの哲学』に書いた言葉を引用している。

ハンス・ファイヒンゲルが一世紀前に指摘しているように、「〈フィクション〉という単語は混沌として頽廃した言語使用に陥りやすい。論理学者でさえ、その語彙の定義をしたり、その複数の異なる意味を識別したりすることなく、それを使用している」のである。（二頁）

ファイヒンゲルの著作は、副題の「人間の思考におけるフィクションの理論的、実践的、宗教的なシステム」が示しているように、「フィクション」を文学的に論じるのではなく、人類の思考一般におけるその概念の考察にあてられている。それをめぐって、ドリット・コーンはこう書きそえている。

かくしてベンサムは法律的な「正義」という語彙をフィクションと呼び、カントは人間の知的な直感の産物（時間や空間という概念）を「体験的なフィクション」と呼び、ニーチェは統一された主体（統一された自己を持つという）としての個人的な実存の感覚を、われわれが内面に持っている類似の状態はある基層の効果としてのフィクションにほかならぬと告げている。（二頁）

この引用は、フィクションが文学の問題となる以前に、すでに哲学的な概念だったことを想起させるに充分である。「重力」を「フィクション」と呼んだニュートンを敷衍するなら、ジャン＝ジャック・ルソーの「自然の状態」からフロイトの「無意識」まで、あらゆるものが「フィクション」と呼ばれかねないとコーン教授はいう。実際、彼女の著作以後に書かれた『政治という虚構』（浅利・大谷訳、藤原書店）の著者フィリップ・ラクー＝ラバルトにとっては、ナチズムもまた「フィクション」である。それ以前にも、『差異と反復』（財津理訳、河出書房新社）の著者ジル・ドゥルーズが哲学の書物は「サイエンス・フィクション」でなければならぬといい、ロラン・バルトが『テクストの快楽』（沢崎浩平訳、みすず書房）でイデオロギーの体系を「フィクション」と断じ、ミシェル・フーコーが彼自身の哲学的＝歴史学的な著作は「フィクション」にほかならぬといっているように、この語義は文学以外の場でもひたすら拡張の一途をたどっているかにみえる。

哲学的な主題としての「フィクション」を文学の問題として初めて本格的に論じた書物は、ケーテ・ハンブルガーが一九五七年に刊行した『文学の論理』（植和田光晴訳、松籟社）である。このドイツの女性文学理論家は、ファイヒンゲルの提起した「かのように」《Als Ob》の構造は、数学、物理学、法学などの抽象的な体系には妥当するが、文学の「フィクション」には妥当しないと指摘している。「シラーはその作中人物メアリー・ステユワートを、あたかも彼女が現実のメアリーであるかのように造形したのではないからだ」と書く彼女は、文学における「フィクション」を「かのように＝構造」ではなく「として＝構造」と定義し、ファイヒンゲルが「装われたもの」と「フィクション的なもの」の差異を識別しそびれたことを批判している。

大筋においてケーテ・ハンブルガーの主張を受け入れているドリット・コーンは、文学テクストの「自己参照性」の概念を重視し、「フィクション」を「非＝参照的な物語」と定義する。他方、ハンブルガーはアリストテレスの『詩学』に由来する「叙事詩」と「劇文学」というジャンル論的な視点から、「三人称の物語」のみをフィクションたりうるものと定義する。だが、そのいずれもがフィクションの必要にしてかつ十分な条件でないことはいうまでもない。

コーンはジェラール・ジュネットの『フィクションとディクション』（和泉・尾河訳、水声社）を初めとする二〇世紀の後半に書かれた文学理論の著作を列挙しながら、「フィクション」という語彙の「混沌として頽廃した言語使用」が文学理論を扱う近年の著作でますます助長されていると慨嘆する。そうした彼女の断定に反論すべき理由もないし、その慨嘆にはむしろ同情的だといってもよいのだが、なお、彼女自身の著作が、厳密たろうとするその善意にもかかわらず、「混沌として頽廃した言語使用」と呼ぶほかはない状況をさらに助長させているという現実は否定し難い。ここで「非＝参照的」と訳した英語の表現に含まれる「参照的」《referential》の語は《reference》から来ているのだが、それは後に見るように、言語哲学の伝統からすれば「指示」に相当するものであり、そこですでに「混沌として頽廃した言語使用」が実践されている現状は否定しえないからである。また、「フィクション」ではない「三人称の物語」や「非＝参照的な物語」はいくらでも存在する。こうして、この分野での新たな著作は、それが卓見にみちたものであろうと、新たな「フィクション」の定義を一つつけ加えるという退屈な事態の恒常化に貢献するしかないのである。

ファイヒンゲルに倣って「その語彙の定義をしたり、その複数の異なる意味を識別したりする」ことをめざしている『フィクションの特性』の著者が無自覚のうちに陥るこのジレンマは、しかし個々の理論家の思考の混乱や、論理的な慎重さの欠如や、方法的な欠陥からくるものではない。それは、本質という概念からはおよそ遠く、その純粋状態というものを持ちえない「フィクション」が、綜合や分析をたやすく逃れるその非＝カテゴリー的な力によって、とは何かという設問をいたるところで流産させてしまうからにほかならない。その点からして、「フィクション」を論じようとする者は、いたずらに厳密たろうとして、その語の「混沌として頽廃した言語使用」を怖れるべきではないというのがここでの私の立場である。

「事実の」／「装われた」

『表現と意味』*Expression and Meaning* におさめられた「フィクション的言説の論理的位置」《The Logical Status of Fictional Discourse》という論文の中で、ジョン・R・サール John R. Searle は、「一つのテクストがフィクションであるか否かを見分ける基準は、必然的に作者の発話内的な意図に位置づけられるべきものである。一つのテクストをフィクション世界と同定すべき構文法的な、あるいは意味論的な、テクスト的特性は存在していないからだ」と書いている。このパラドックスを、彼は次のように表現する。

フィクションの物語の単語やその他の要素が普通の意味を持ち、しかも、その単語やその他の要素がそうした意味を持つように限定する規則が遵守されていないといったケースがどうしてありうるだろうか？　『赤頭巾』の中の「赤」が赤を意味し、しかも、「赤」を赤に関係づけている規則が作動していないといったケースがどうしてありうるだろうか？（五八頁）

「この論文の目的は、フィクション的な発話と字義通りの真面目な発話との間の違いを究明することにある」というサールの姿勢は、いわゆる「スピーチアクト理論」につらなるものである。その理論の創始者であるJ・L・オースティンの考えを普遍化した『スピーチアクト』の著者でもある彼は、フィクション的な言説における断言を、ごく普通の現実的な世界での話における事実の主張に「寄生的」なものとみなしている。オースティンの「寄生」という概念をさらに「装われた」と呼びかえるサールは、「フィクション」における作者はあたかも「事実の主張をしているかに装っている」と主張するのである。「フィクション」的な人物やものは指示の対象たりうるというサール的な視点は、一般に「偽装主張説」と呼ばれているものだ。

リチャード・ローティが「虚構的言説の問題なんてあるのだろうか？」（『哲学の脱構築』所収、室井・加藤・庁・吉岡・浜訳、御茶の水書房）という論文でいささかの皮肉をこめて書いているように、言語の分析哲学は文学理論とはまったく無関係に「フィクション」と真実の問題を議論し、意味論と認識論の分離に失敗しつづけてきたといってよい。サールもまた、同時代の文学理論における「フィクション」論的な成果とはいっさい無縁に、専門とする分析哲学の内部でのみ議論を展開している。「指示されるものは、いかなるものであれ存在しなければならない」というバートランド・ラッセルの「指示」《reference》をめぐる「存在の公理」によるなら、たとえば「フィクション」の登場人物としてのシャーロック・ホームズを「指示」の対象とする主張はすべて誤りということになる。シャーロック・ホームズは現実の世界には存在していないからというのがその理由である。

そこでサールは、師のオースティン譲りの「寄生的な」という概念や、みずから提起した「装われた」という概念を導入することで「フィクション的（あるいは伝説的、神話的）な実体」への指示と「存在の公理」との矛盾を解決しようとする。彼は、現実世界には存在しないがゆえに「指示」の対象とはなりえない「黄金の山」や「四角な円」などと異なり、シャーロック・ホームズなどの「フィクション」の作中人物については「フィクション＝内＝存在」《exist-in-fiction》という概念によって「指示」の対象とされうるという結論に達するのである。だが、前記の論文におけるローティの指摘をまつまでもなく、これはいかにも中途半端な妥協の産物にすぎず、ときにはその真意さえ疑わせかねないものだといわねばならない。「フィクション」を嘘と区別すべく導入された「装われた」という概念を、サールはつぎのような拙劣な比喩で語っているからだ。

人々は、何ものかを殴る時に特徴的な具体的な腕や拳の運動によって、誰かを殴るふりをすることができる。……同様に、子供は、具体的な自動車の運転席に座り、ハンドルを握り、ギアーのレヴァーをおす、等々によって、あたかも停車中の自動車を運転しているかのようなふりをすることができる。（六八頁）

哲学者たちが自説を補強すべく導入するメタファーはしばしば拙劣なものとなりがちだが、サールの用いるメタファーの杜撰さには心底から驚かされる。これは、「装われた」という事実の説明にはなりえても、「フィクション」については何ら妥当するものではない。「フィクション」の作者は、いつか「真面目な主張」――本物の自動車を運転すること――をしようとするために、とりあえずそのふり――運転の真似――を装っているのではないからである。実際、「フィクション」を書く者は、「フィクション」を書くことに魅せられているのであり、「真面目な主張」に魅せられてそれを模倣しているわけではない。だから、自動車の走行に魅せられて、あたかもそれを現実に走行させるがごときふりをしている子供という比喩は、いかにも不適切というほかはない。

「スピーチアクト理論」に対する厳しい批判は、ジャック・デリダの一九七一年の論文「署名、出来事、コンテクスト」(『有限責任会社』所収、高橋・増田・宮崎訳、法政大学出版局)に見られる。『エクリチュールと差異』の著者でもあるデリダの批判は、形式的にはオースティンの『言語と行為』(坂本百大訳、大修館書店)に向けられているが、実質的にはこのイギリスの言語哲学者の「寄生的な」の概念を受けつぎ「装われた」へと発展させた弟子のサールに照準を定めている。名高いデリダ＝サール論争にここで詳しく触れている余裕はないが、「書かれたコミュニケーション」と「話されたコミュニケーション」とを識別せず、「言説行為をコミュニケーション的行為」としてしか考察していないところにオースティンの議論の欠陥を見ているデリダはこう書く。

書かれたものが、書かれたものであるためには、それは依然として「働きかけ」つづけ、読解可能でありつづけるものでなければならない――たとえ書かれたものの著者と呼ばれる者が自らの書いたものに、自らが署名したと思われるものに責任をもつことがもはやなくなったとしても。当の著者が、彼が一時的に不在である場合にせよ、死んでしまった場合にせよ、あるいは一般的に言って、この著者が自らの絶対的に顕在的で現前的な意図＝志向や注意に、また自らの〈言わんと欲すること〉の充実に依拠することをせず、「自らの名のもとに」書かれたもののように思われることそのものをこうした依拠によって維持しなくなった場合にせよ、それらのいずれの場合でもかまわない。

（二四頁）

オースティンがコンテクスト構成の責任者とみなす言表の主体や、サールが「発話内意図」の起源だという作者などの概念を、デリダの指摘する「エクリチュール」の特性がことごとく無効にしていることは明らかである。話される言葉における主体の現前に対して、書かれたテクストにおける主体の不在という視点から書かれた文字の漂流性を論じるデリダの目には、「寄生的」ないし「装われた」という概念そのものが無意味になるほかないからである。なぜなら、「書かれた記号はおのれのコンテクストとなんらかの断絶力を含んでいる」のであり、「このような断絶力は、書かれたもののなんらかの偶有的述語であるのではなく、それの構造そのもの」だからである。

ジェラール・ジュネットは、その論文「フィクション行為」において、サールの論文「フィクション的言説の論理的位置」を多くの点において「フィクション」論における「決定的」な貢献とみなし、その「装われた主張」という考えをおおむね受け入れている。だが、このフランスの文学理論家は、あえて「フィクション＝内＝存在」の概念を導入する必要はなく、「通常言語の、それの述べていること以上の、あるいは以下の、さらにはそれとは異なることを意味するという明白な資質（これはフィクション以外の領域でも幅広く活かされている）」を想起するだけで充分ではないかと指摘する。その場合、作者の「発話内的な意図」とは異なる意味が形成されるから、ジュネットはある意味でデリダの姿勢に近いともいえる。

だが、著者の「発話内的な意図」を揺るぎないものと確信するサールは、「私が『私はいまフィクションの概念をめぐる論文を書いている』というとするなら、この指摘は、真面目でありまた字義通りのものでもある」と言っている。著者サールの意図は一見したところ明白であるかにみえる。彼の目的は「フィクション的な発話と字義通りの真面目な発話との間の違いを究明することにある」だからである。彼はまたこうもつけ加えている。「批評家が作者の意図を完全に知りえないと想像することは非条理である」。だが、かりに「真面目な発話」であろうと、それが「書かれた記号」であるかぎり、デリダの指摘するごとく、コンテクストの構成責任をになう主体はそこに不在である。実際、書かれた言葉の引用という反復形態においては、いま見た「私が『私はいまフィクションの概念をめぐる論文を書いている』というとするなら」の一句がそうであるように、すでに「いま」という言葉はとめどもなく曖昧さをおび、コンテクスト（サールが論文「フィクション的言説の論理的位置」を執筆しつつある現在）からは無限に遠ざかるほかない。だから、ジュネットのいうように、一つの文はそれがいっている以上のこと、以下のこと、または別のことを意味しうるのである。そこで、サールのいっている「以上のこと」や、「以下のこと」や、「別のこと」がどのような言葉の配置におさまりうるのかを考察してみることにしよう。

「赤頭巾」、「赤い靴」

一見したところごく些末な設問から分析を始めたい。サールが「赤頭巾」に言及したのはなぜかという設問である。それは、すでに見たように、「赤」という単語が「フィクション」においても日常生活においても同じ赤を意味すると主張するためだった。彼にしたがうなら、『赤い』は色を塗った（あるいは色を塗りうる）対象についてのみ賓辞たりうる」ものである。「頭巾」は「色を塗りうる」対象の一つであるが故に、「赤頭巾」は例として成立しうることになる。このことは、日本の文学理論家であり作家でもある三浦俊彦が、『虚構世界の存在論』（勁草書房）の中で、「虚構『赤い靴』において、少女カレンは赤い靴を履いて踊った」は命題として真だと書いていることとも関係を持つ。これが真であるのは、『赤い靴』が、主人公である少女の靴が赤である世界だけを含んでいるからだと三浦はいう。だが、彼は著作『虚構世界の存在論』の中で、「赤紫」のように境界領域にある色についてそれが妥当するか否かは決定しえないと述べ、サールとは異なり「虚構世界」の不完全性に言及している。

　この三浦俊彦の指摘は、『ミメーシス』（篠田・川村訳、筑摩書房）の最終章を「茶色の靴下」と名付け、ヴァージニア・ウルフの長編小説『灯台へ』（伊吹知勢訳、みすず書房）の分析にあてているエーリッヒ・アウエルバッハの姿勢を想起させずにはおかない。アウエルバッハによって選ばれた「茶色の靴下」は、三浦の提起した色彩の曖昧な境界領域を無視した題名だからである。実際、ヴァージニア・ウルフの美しいテクストで、問題の靴下は、「茶色」よりも遥かに高い頻度で「赤茶色の毛編みの」と形容されている。「赤茶色の毛編みの靴下」という言葉にこめられた色感や質感に快く惹きつけられた記憶のあるウルフの読者なら、誰しも『ミメーシス』の最終章の題名にある居心地の悪さを覚えずにはいられないはずだ。

　では、アウエルバッハは、作者のヴァージニア・ウルフが何度も書き記した「赤茶色」という言葉をなぜ無視したのか。この疑問は、サールがなぜその論文「フィクション的言説の論理的位置」で「赤頭巾」に言及したのかという疑問や、三浦がなぜ「赤い靴」に言及したのかという疑問へとわれわれを導く。論文の論理的なコンテクストからすれば、彼らがその論文で「赤頭巾」や「赤い靴」に言及せねばならぬ必然はなく、ほかのどんな色彩――「青髭」でも「白雪姫」――でも、文意は変わらないからだ。実際、サールは、「フィクション」分析の対象としてアイリス・マードックの『赤と緑』を取りあげるとき、「この論文の中で用いられるフィクションのこの例や他の例は、意図して無作為に選択されている。言語の理論は、特別に選ばれた例ではなく、いかなるテキストをも扱うべきものと信じているからだ」と書く。では、「赤頭巾」も「意図して無作為に選択され」ているのだろうか。それは大いに疑わしいといわざるをえない。サールの真面目な発話が真ではないと断言しうるいくつかの客観的な事実が存在しているからである。

まず、「赤頭巾」の「赤」は赤だという文章が、彼自身の他の書物からの引用だという事実が挙げられる。『言語行為』（坂本・土屋訳、勁草書房）の「言語行為としての指示」の章に、彼は『赤頭巾』という題名においてすら、『赤』という語は、赤を意味するということを確認しておくことは重要である。すなわち、虚構に関する習慣は、語あるいはその他の言語要素の意味を変化させないのである」と書いていたのである。二つの異なるテクスト問に見られるこの反復は、「赤頭巾」が「意図して無作為に選択され」た例ではないことを証明している。この言語哲学者が、しかるべき事態の説明に、意図して同じ例を選択しているのは否定しがたいからである。また、「赤」という語そのものも、『スピーチアクト』の『事実』から『当為』を導く議論について」の章で『自由と理性』（山内友三郎訳、理想社）の著者R・M・ヘアーの「記述的な評価」の概念を批判的に考察する際に、彼はヘアーの「ある一人の人物が、あるものは赤いと述べるとき、その人物は、重要な点においてそのものに類似するいかなるものも同様に赤であるという見解をとることを余儀なくされる」という文章を引用しているのだが、サールは「見解」のみならず、それを「『赤と呼ぶ』ことを余儀なく」されもするというヘアーの視点を問題視する。サールは、「それを赤と呼べば、しかじかのことをすることを余儀なくさせられる」というところから、同語反復的な真理が義務を生成せしめることが重要なのではなく、「彼はそれを赤と呼んだ」という経験的な事実が前提とされねばならないという。当然のことながら、それを理論的に展開するにあたり、サールは「赤」を含む命題をいくつも書き記さざるをえない。

「フィクション的言説の論理的位置」にも意義深い「赤」の反復が見られる。すでに触れておいたように、サールは「赤頭巾」の「赤」は赤だと述べた直後に、「意図して無作為に選択され」た例としてアイリス・マードックの『赤と緑』をある新聞記事との対照において分析し始めているからだ。ここで重要なのは、彼がこの「フィクション」のテクストの一部を引用していることではなく、彼が「赤」という単語を「赤頭巾」に続いてくり返し文中に書きつけているという事実である。その頻繁な引用とて意図的ではないと彼はいうだろうが、「赤頭巾」から「赤と緑」へという偶然とはとうてい思えない反復には読まれるべき意味がある。著者自身のうちに、例として「赤」を選択せしめる「間テクスト」的な必然があったとしかいいようがないからである。

実際、『赤と緑』という作品の題名は、文学的な「間テクスト」的な記憶においてすぐさまスタンダールの『赤と黒』を想起させるし、哲学の領域での「間テクスト」的な記憶は、ヴィットゲンシュタインの『色彩について』(中村・瀬嶋訳、新書館)などにおける「赤‐緑‐色盲」の問題へと人の思考を導かずにはおかない。また、それと同じ赤と緑の関係がポール・ヴァレリーによってコレージュ・ド・フランスの「詩学」講義で論じられていたことを誰もが思い出さずにはいられない。さらには、ジャン＝ピエール・リシャールが『詩と深さ』（有田忠郎訳、思潮社）の「ネルヴァルの魔法の地理学」の章で、植物的な「緑」のテーマが「赤」にゆきつくさまを、「ネルヴァルの燃えあがる植物性の理論的な終局」としてみごとに解読していることも想起される。ネルヴァルに「赤の呼び声」を読みとるマルセル・プルーストの分析にしたがい、フランスの批評家リシャールはこう結論する。「緑は、したがって赤に行きつくのである」。そうしたことは、自分の論文のコンテクストとはいっさい無縁だとサールはいうだろうが、書かれたテクストは、筆者の意図を超えて、いっている「以上」の、あるいは「以下」の、さらにはそれとは「別」のことを口にせざるをえない無数の「間テクスト」的な誘惑にさらされているのである。

「赤」の氾濫

ここで興味深いのは、言語学者や哲学者の多くが、しばしば「赤」に言及しつつその論を展開しているということだ。例えば、ジョン・R・テイラーの『言語のカテゴリゼーション』は、その冒頭から「色にかかわる語彙は、多くの点で、カテゴリゼーションの理論にとって理想的なテスト領域を提供する」と述べてから、「赤」の音声形式に言及することで議論を始めている。ウィルフレッド・セラーズの『科学、知覚、現実』の「経験主義」の章では、「物理的な対象は感覚内容の事実的かつ可能的な原型である」という事実を語る例として何度も「赤」に言及している。「ジョーンズは、一つの赤い三角形の拡がりを感じ取った」、「赤い三角形の拡がりが存在する」、「赤い三角形の感覚内容が存在する」、等々、である。ウィラード・クワインもまた『ことばと対象』（大出・宮館訳、勁草書房）の第一章「言語と真理」を「日常的自称」の考察から始め、すぐさま「痛い！」という痛みをあらわす主観的な一語文と同時に「同時に観察している複数の人々がほぼ一様な刺激状況」を持ちうる客観的なケースとして、「赤」の分析を始めている。「赤‐緑」の色盲が「red のうちに火と夕日を入れて草は除き、ロブスターはゆでた後だけ入れる」という識別をどのように習得するかという問題からその考察を深めるクワインは、「不明瞭性（vagueness）は、語の学習の基本的なメカニズムの当然の帰結である」といい、「たとえば“red”（赤い）という言語的反応を引き出す刺激は、境界のはっきりしたクラスを成すのではなく、ある基準型を中心にしてその周囲に分布している」と述べている。ネルソン・グッドマンは、『事実・虚構・予言』（勁草書房、雨宮民雄訳）の「投射の理論に向けての展望」の章で、「袋Bの中のすべてのビー玉は赤い」が、いかなる条件下で「推定上投射可能な仮説」たりうるかを検討するために、「堆積Sの中のすべての袋詰めは色が一様である」から始めて、さまざまな「赤」や「非＝赤」のケースを列挙している。

グッドマンとは哲学的な立場を異にするジャン＝ポール・サルトルもまた、『存在と無』（松浪信三郎訳、人文書院）の中で、運動は物体の質を変化させないが、その存在様態は確実に変化させる例として玉突台をころがる「赤い」球をとりあげ、以下のように述べている。

玉突台の上をころがるこの赤い球は、赤であることをやめるわけではない。しかしこの球はそれがあるところのこの赤であるにしても、この球が静止しているときと同じありかたであるのではない。この赤は廃滅と恒常性のあいだに宙ぶらりになっている。……それゆえ、この赤は廃滅によって存在から脱れ出るとともに、存在によって廃滅から脱れ出る。したがって、この赤は、世界のうちにおいて、《このもの》という一つの範疇にぶつかる。この範疇の特性は、「決して存在するのではないが、さりとて、《このもの》たちは無でない」ということである。（上巻、三八二―三八三頁）

重要なのは、サルトルもまた「赤」に言及しているという点につきている。哲学者たちは、あたかもそれが論証の正当性を保証するにたるものだと確信しているかのように、「赤」を思い描き、「赤」という語を文中に書きつけているのである。こうした無数の例は、サールのあげる「赤頭巾」の「赤」が、「意図して無作為に選択され」た例とはとても思えない理由を提供している。

「フィクション」を論じる理論家たちもまた、哲学者たちに似た気軽さで、率先して「赤」の一語をその議論に導入してやまない。『フィクションの真実』という挑発的な著作で詩における《reference》の問題を論じたフランス系のアメリカの文学理論家ミカエル・リファテールは、「詩の意味論」の章で、文学的な「フィクション」がどれほど「ミメーシス」から遠ざかりうるかの例として、アルフォンス・アレの小説から「紅海のほとりでトマトを収穫する卒中症の枢機卿」という一行を引用している。ここでの「赤」は紅海という慣用的な言い方にのみ現れ、残りの形容詞や名詞は、すべてそれが「赤」であることが文化的に知られているものばかりである。

すでに登場していた「赤頭巾」の「赤」もまた、こうした「赤」の氾濫に手をかすように、しばしば理論家によって引用されている。例えば、『表象は感染する』(菅野盾樹訳、新曜社)の著者ダン・スペルベルもまた、「赤頭巾」に言及することで、人類学的な理論を構築しているからだ。リチャード・ドーキンスの免疫学的な「模倣子」《memes》の概念を文化の伝達に適用し、表象は伝達の過程で自己を複製するにとどまらず、それを変形させると考えるスペルベルは、その理論をシャルル・ペローによって集大成されたこの説話が口から口へと語られて行くに従って変形され、いくつかの異なるヴァージョンに分類されたと述べている。その中の標準的なものは複製されやすいが、不完全ヴァージョンは聞き手の中で訂正され、標準ヴァージョンに近づくというのである。

より直接的に「フィクション」を扱ったジャン＝マリ・シェフェールの『なぜフィクションか』にも、その冒頭から「赤頭巾」が登場する。だが、そこでの中心人物は狼であり、「赤頭巾」のパロディ的ヴァリエーションともいうべきマルセル・エメの短編小説「狼」が分析されている。二人の幼い少女が、両親の留守中に一匹の狼の訪問を受ける。平和好きでおとなしい人格者を装う狼は歓迎され、すぐにうち解けた仲となる。娘たちは「赤頭巾」ごっこをしようと提案し、その遊戯を知らなかった狼に、残忍な狼の物語を語って聞かせる。かくして、本物の狼が「フィクション」の物語の狼を演じるという複雑な関係が成立するのだが、その結末についてはここでは語らずにおく。フランスの文学理論家シェフェールは、この遊戯の成立過程から「類似」、「模倣」、「ふりを装うこと」、「魅惑」、等々、「フィクション」をかたちつくる諸要素を抽出する。「赤頭巾」のパロディに言及するシェフェールは、サールの理論そのものをもパロディ化しはしまいかと読者は興奮するが、どうやら彼にはその意図はなかったようだ。

それにしても、サールによれば「意図して無作為に選択され」たはずの「赤頭巾」の「フィクション」をめぐる理論的な書物への侵入ぶりはどうだろう。かりにそれが偶然の一致だったとするなら、偶然の一致には著者の意図を超えたところでなにがしかの意味を持つのであり、いずれにせよ、サールのいう「フィクション＝内＝存在」は著者の「発話内意図」では統御しかねるものなのだ。この色彩は、それぞれの著者の意図とは無縁に「間テクスト」的な磁場を構成しており、そこでは各々のテクストがおさまるべきコンテクストを無視した意味作用が、命題の意味論的、統辞論的、文法的な論理にとらわれることなく形づくられてゆく。言説の論理を超えたかたちで類似した言語記号を引き寄せ、差異のシステムの外部に形成される吸引力を、「テーマ」と呼びたい。「フィクション」のテクストの分析にふさわしいテーマ解読は、理論的なテクストにも適応可能であるかにみえるからだ。実際、サールも、三浦も、アウエルバッハも、スペルベルも、シェフェールも、彼らが意識して選択したわけではない「赤」のテーマ体系に拘束されて発言している。「フィクション」をめぐる理論的な言説も、筆者の意図の及ばぬ「テーマ」の領域で、知らぬ間に「フィクション」に近づこうとしているかのようだ。

「赤」の怪物

アウエルバッハの『ミメーシス』は、ホメロスの『オディッセイ』の読解で始まりヴァージニア・ウルフの『灯台へ』のそれで終わっている。数千年の距たりを持つこの二つの作品は、そのいずれもが肝心な瞬間に男性の足元にかがみこむ女性を描いているという点で親しく結ばれあっている。第一章

「オデュセウスの傷跡」の章でアウエルバッハが「みごとに用意された感動的な場面」として分析するのは、オデュセウスの足を洗おうとするエウリュクレイアがその足に手をふれ、傷跡からかつての主人だと直感する名高い場面である。他方、第二〇章の「茶色の靴下」のラムゼー夫人は、灯台守の息子のための靴下を編んでおり、寸法の似た自分の息子の足に編みかけの「赤茶色の毛編みの靴下」を何度もあてがって長さを調節しようとする。だが、他人の靴下のモデルとなることを快く思わない息子は、母親の懇願を無視しつづける。少年による母親の無言の拒絶は、傷跡から主人の帰国を知って歓声をあげようとするエウリュクレイアにそれを禁じるオデュセウスとよく似ている。年老いた乳母とまだ若い母親という違いはあるが、男性の足元にかがみこんだ女性が、相手からその仕草の停止を求められているという類似は、誰にも否定しがたいものである。『オディッセイ』と『灯台へ』の類似はそれにつきるものではない。ラムゼー夫人の靴下はついに編み上げられずに終わるが、それは夫の帰国を待つペネローペの機織りが終わらないのと同様だからである。

男性の足元にかがみ込む女性というイメージは、二つの作品の「テーマ論」的な類似をきわだたせるに充分である。にもかかわらず、アウエルバッハには、自分が冒頭と巻末で同じ「テーマ」を持った作品の細部を分析しているという自覚はまったくない。だが、『ミメーシス』を読む者は、始まりに見た光景に類似した光景に最後で再会することになるこの書物の構成に、まるで「フィクション」を読んでいるかのような感動を覚える。それと同時に、アウエルバッハほどの綿密な読み手が、みずからの書物がそうした構造におさまっていることに無自覚であることがわれわれを驚かせる。その驚きを誘発することが、理論的な書物を「テーマ論」的に読むことの意味にほかならない。原著に書かれていた「赤茶色の毛編みの靴下」を「茶色の靴下」と要約してしまうやや軽率なアウエルバッハは、みずからの批評が「フィクション」として機能しかねないことに徹底して無自覚であり、「赤茶色の毛編みの靴下」という表現を「赤」の「テーマ」系の中で生きかえらせるのは、われわれ読者にほかならない。

この「テーマ論」的という視点は、「ナラトロジー」的な発想による「フィクション」の理論家たちによって採用されることはなかった。おそらく、その理由は、「テーマ論」的な分析がコンテクストを操作する作者の意図を無視しがちだからだろう。『時間と物語』(久米博訳、新曜社)の著者ポール・リクールの「筋立て」《mise en intrigue》の概念は、アリストテレスの『詩学』から始まり、プロープからジュネットにいたる二〇世紀の物語の構造分析を検討しながら、「フィクション」的な言説から「テーマ論」的な意味作用の戯れを完全に追放することにあてられているかにみえる。リクールの場合は、アリストテレスの『詩学』における「ミュートス」の概念を維持しつつ、さらにアウグスティヌスの『告白』における時間概念を視界におさめつつ、文字通り「時間」と「物語」の問題を論じており、「フィクション」そのものには本質的な興味がないのかも知れない。いずれにせよ、このフランスの哲学者は、みずからの言葉があくまで「真面目な主張」にとどまり、それが「フィクション的な言説」へと変貌する可能性などなかろうと信じている。

「テーマ論」的な読みは、アウエルバッハの『ミメーシス』についてそうしたように、それが「フィクション」として書かれたか否かにはかかわりなく、作者の意図によって限定されたコンテクストの中では仮眠状態に陥っている言語記号を目覚めさせることにある。実際、『ミメーシス』の言葉は、無意識的にではあれ、読まれることによる覚醒の瞬間を待っていたのであり、であるが故に魅力的なテクストだといえる。だが、「フィクション」を語るにあたって、著者が、さまざまなテクストの中で睡眠状態にある言語記号と、それが目覚める瞬間に誘発する驚きと無縁の場にあらかじめみずからを位置づけるにはおよばないはずである。「混沌として頽廃した言語使用」を避けようとするあまり、驚きを自粛することは、「フィクション」論をめざす著者たちを「フィクション」から遠ざけることでしかない。

そこで、さまざまな理論家たちが書きつけた「赤」を改めて「テーマ論」的な視点から検討してみたいと思う。すると、そこには、ほぼ三つの異なる「テーマ」系が見えてくる。「赤頭巾」は「フィクション」の登場人物を換喩的に名指したものだが、同時に、その「頭巾」が身体をおおうものの「テーマ」系につらなることはいうまでもない。続いて、ビー玉や玉突台の上の球のように、手で操れるものの「テーマ」系がある。最後に、「赤い三角形の感覚」のように、概念化に貢献するイメージの「テーマ」系がある。クワイン、セラーズ、テイラー、グッドマンなどの理論的な著作に登場するこうした「赤」は、他の色に置換可能な概念化の「テーマ」系に属している。それをいったん排除すると、そこには、残りの二つの「テーマ」系の組み合わせからなる奇妙な存在が「赤い」色をまとって姿を見せる。それは、まぎれもなく頭を持ち、足を持ち、手を持ち、頭脳を持った人間を思わせるイメージである。

いうまでもなく、それは「フィクション」としての形象であり、その同一性は定かでないし、性別も年齢もあくまで曖昧である。だが、「赤頭巾」がその身体の上部の先端をおおっており、その下部の先端をおおうものとして「赤い靴」があり、その靴の中の足は「赤茶色の毛編みの靴下」を履いている。こうして安定する身体の上下軸が、「フィクション」としての形象に人間を模倣したイメージを与えているかに見える。それは、全身に枢機卿の法衣のような「赤」の衣服をまとい、ふとのぞくその顔は、いまにも卒中を起こしそうな「赤」ら顔であり、目鼻立ちの識別を許そうとはしない。だが、漠たる人影を思わせるその形象は、日本語でなければ「赤い海」と書かれる紅海のほとりで「赤」いトマトを収穫するかと思えば、袋に詰められたビー玉がすべて「赤」であるかどうかを確かめ、玉突台の上に「赤い」球を転がすこともできる器用な指先の持ち主である。頭脳もいたって明敏で、色盲でありながらもゆでたロブスターを「赤い」と断定しうるし、文学作品においてはしばしば「緑」が「赤」に行きつくことさえ心得ている。

哲学や文学における「間テクスト」的網状組織の上に素描されるこの異様に赤い形象を、「テーマ論」的な「怪物」と呼ぶことにしよう。「フィクション」の作品には、これほど誇張された「赤さ」に支配された作中人物など登場したりはしないからである。それは、もっぱら理論的な考察を読むことによって可視的なものとなったものだが、理論家たちは、自分のテクストがこの奇態なイメージの不意の登場に寄与したことをまったく意識していない。実際、人間を思わせるこの「赤い」形象は、作者という正当な起源を持たず、父親も母親もないまま生成されたものだといってよい。あくまではかないこの瞬時の形象は、理論的な書物の「真面目で事実的な発話」を契機として、その言表行為の主体の意志とは無縁に、もっぱら偶発的に導きだされた「テーマ論」的な「怪物」にすぎない。個々の論文の論理的なコンテクストを無視した読み方がそれを出現させたという意味で、それを受けとめるには精神分裂症的な姿勢が要請されるという人がいるかもしれない。この種の解読はあまりに「無政府主義」的で、いかなる学問領域もそれを受け入れはしまいという人もいるだろう。だが、デリダの指摘をまつまでもなく、書かれた言語記号は本質的に無責任な漂流を生きるものであることをここで改めて想起しておきたい。

すでに引用した論文「署名、出来事、コンテクスト」の中で彼はこう書いている。

> いかなる絶対的な責任からも最終審級の権威としての意識から切り離され、孤児としてその誕生時より自らの父の立ち会いから分離されたエクリチュール――こうしたエクリチュールによる本質的な漂流……（二四頁）

私はいわゆるデリダ派に属する人間ではないが、この「いかなる絶対的な責任からも最終審級の権威としての意識から切り離され」たというエクリチュールの「孤児性」という概念には深い共感をいだかざるをえない。その「孤児性」なくしては、仮眠状態に陥っている言語記号を目覚めさせることとしての「読むこと」は成立しえないからである。勿論、デリダは、書かれた文字の「漂流性」をラディカルに突き詰めた場合に、この「赤い怪物」のような「フィクション」が出現するとは思っていなかったに違いない。したがって、彼はその出現にいかなる責任もないのだが、私は、このスピーチが視界に浮上させるこの「赤い怪物」のはかないイメージを、故ジャック・デリダの記憶に捧げたいと思う。

私にとっての「平和」とは、この「赤い怪物」のように精神分裂症的かつ無政府主義的な言葉の配置が視界にふと浮上させるはかないイメージにほかならない。綜合も分析もその定義や純粋形態を導きだすことがなく、意味論的な「無秩序」や解釈の「葛藤」にみちた概念が「平和」なのだといってよい。そしてそれを乱すのは、個々の学問の閉域で「フィクション」を論じる研究者たちの、過度に排他的な厳密さへの「装われた」善意にほかならない。だが、その善意をあえて「フィクション」と呼ぶことはせずにおく。

「かのように」

最後に、「東アジア」的なものに簡単に触れておく。それは、ゲーテ・ハンブルガーやドリット・コーンが言及していたハンス・ファイヒンゲルの『かのようにの哲学』を日本の知的な風土がどのように受けとめたかという問題とかかわりを持つ。いささか驚くべきことだが、この書物が一九一一年にライプチッヒで刊行された直後の一九一二年の東京で、ファイヒンゲルの哲学を題材にした文学作品がすでに執筆されたのである。《Als Ob》の日本語に相当する『かのやうに』を題とした、森鷗外の中編小説がそれである。これは、おそらく世界でもっとも早いファイヒンゲルに対するポジティヴな応答だといってよい。若き日に長いドイツ滞在を経験した森鷗外ならではの素早い反応だといえようが、書かれた言語記号は、その本質的な漂流性によってこうした思いがけない遭遇を組織しうるものなのだ。ファイヒンゲルを引用するハンブルガーやコーンが、こうした主題に対する「東アジア」的な貢献の可能性を一瞬たりとも疑わずに「フィクション」を論じていることに、日本の批評家としてある種の居心地の悪さを憶えずにはいられない。

一八六八年に近代化への歩みを踏み出した日本の最初の本格的な小説家の一人である森鷗外は、『かのやうに』に、ドイツから帰朝したばかりの若い歴史家と長いフランス滞在の経験がある同世代の画家を登場させている。二人は、少壮歴史家が前夜にその大半を読み上げたというファイヒンゲルの著作について熱心に語り合う。歴史家はフランス語で《comme si》とその題名を説明し、それをあえて「意識した嘘」と解釈してから、その哲学がいまの自分にふさわしいものだという。「点と線は存在しない。例の意識した嘘だ。しかし点と線があるかのように考えなくては、幾何学は成り立たない」という言葉などは、『かのようにの哲学』をほぼそのまま引用したものである。歴史家は、現実はそうした「かのように」を土台にして出来上がっており、文学もまたそうだという。「小説は事実を本当とする意味に於いては嘘だ。しかしこれは最初から事実がらないで、嘘と意識して作って、通用させている。そしてその中に性命がある。価値がある」というのが歴史家による文学の「フィクション」観である。

こうした視点は、ある意味でサールの「装われた主張」の概念を先取りしたものといえる。だが、「その中に性命がある」という指摘は、「フィクション的な主張」を「事実的な主張」に「寄生」的なものとみなす立場とは明らかに異質なものだといわねばなるまい。一九一二年の日本の首都で、ドイツでも出版されたばかりのファイヒンゲルの哲学書をめぐってこんな会話が成立するのは、この「フィクション」の作中人物がいずれも特権階級に属しているからだ。子爵の御曹司である少壮歴史家は日々書物とともに暮らしており、父親から「極端な自由思想」に陥ることを怖れられている。

そこに一つの「フィクション」外のできごとが介入する。この作品が書かれる数年前に、天皇の権威を基盤として発展しつつあった近代国家の日本を揺るがせる天皇暗殺の陰謀が発覚したのである。首謀者たちは秘密裏に裁判にかけられ、その一部は即座に処刑される。森鷗外の庇護者である政治的な黒幕が、若者の間に拡がる「危険思想」を緩和するにふさわしい小説を書くことを彼に要請し、それに応えたのが『かのやうに』だとする解釈が広まり、ほぼ定着したといってよい。「意識した嘘」という概念が作者森鷗外自身の思想であるかのように受けとめられ、この作品は森鷗外による社会的な葛藤逃避の勧めとして解釈され、否定的な評価が一般化されてしまったのである。

いうまでもなく、小説の作中人物の言葉を作者の思想と捉えることは、「フィクション」の読み方としては避けるべき態度である。では、『かのやうに』を「フィクション」にふさわしく読むにはどうすればよいか。ここで注目すべきは、この作品にはほとんど言葉を発することのない第三の人物が登場していることである。それは、少壮歴史家の家につかえる若い小間使の女性である。しかも、この作品が「朝小間使の雪が火鉢に火を入れに来た時」という一行で始まっているように、その小間使の主要な役割は暖房に「火を点すこと」なのである。早朝に歴史家の寝室を訪れ、主人が眠っている間に、「ガスの暖炉」に点火することもそのつとめなのだが、彼女は、ある朝、暗闇の中に葉巻の火の「赤さ」を認め、はっとして立ち去る。明け方までファイヒンゲルの書物に読みふけっていた歴史家は、まだ寝ていなかったのである。そのとき、『かのやうに』は「赤」の主題とともに読まれるべき作品であることが明らかになる。

小間使は、歴史家と画家とがファイヒンゲルの哲学を熱心に論じあう応接間にも姿を見せる。まず、友人の来訪をつげるために彼の部屋の扉のすみに身を置くと、画家の「赤い手」がその肩を押しのけ、小間使が主人に見とれていては駄目だと冗談をいう。彼女は「真っ赤」になって退散する。友人の冗談を不快に思う歴史家は、この小間使が、彼の自説「意識した嘘」にはおさまりがつかぬエロチックな存在であることを否定しきれずにいる。「かのように」の哲学を論じ続けている画家もまた、小間使が運んできた紅茶をすすりながら、「雪――小間使の名前である――と云う、証拠立てられる事実が間へ這入って来ると、考えがこんがらかって来る」とつぶやかざるをえない。小間使は、男たちの「かのやうに」をめぐる抽象的な議論を混乱させる存在なのだ。そのことからも明らかなように、『かのやうに』はたんに「意識した嘘」を擁護しているのではなく、「意識した嘘」と「証拠立てられる事実」との解消しがたい「葛藤」を主題とした「フィクション」として読まれねばならない。

「証拠立てられる事実」としての小間使は、「火を点す女」として議論する男たちを「赤」によって扇動する。実際、「真っ赤」になって退散した彼女の頬を染めあげる「赤さ」は「かのように」の哲学を論じ合う男たちにも着実に感染する。「かのようにを尊敬する、僕の立場より外に、立場はない」といきる歴史家の「蒼い顔の目の縁がぼっと赤くなって、その目の奥にはファナチスムの火に似た、一種の光がある」。その言葉を「駄目だ」と否定する画家の「目は一刹那鋼鉄の様に光った」。それを見て、歴史家は「又目の縁を赤くした」というのだから、小間使はまぎれもなく「赤さ」によって「火を点す女」なのだ。

こうして、『かのやうに』は、暗闇の中の葉巻の火の「赤」の誘惑で始まり、それに応えるように「赤」の扇動によって終わる「赤」の「テーマ」系の中で読まれるべき虚構であることが明らかとなる。では、一九一二年の東京の子爵邸に氾濫していた「赤」の語彙は、「赤い怪物」とどのように響応しあうのだろうか。それを論じるには、森鷗外の中編『かのやうに』の批判的な解読から始まる新たな「フィクション」論が構想されねばならない。私はいまそれを『「赤」の誘惑——フィクション論序説』として執筆中であり、ここに披露したのはそのほんの一部である。

スピーチを終えるにあたり、ロラン・バルトが『テクストの快楽』（沢崎浩平訳、みすず書房）の中で「赤」

に言及している素晴らしい断章を読ませていただく。

われわれは、蝿が部屋一杯に飛び廻るように、(快楽の)テクストを読む。不意に、決定的であるかのように、せわしなく、用もないのに、方向を変えながら。イデオロギーは、頬の赤らみのように、テクストとその読書をよぎる(情事の際、この赤らみをエロティックに味わう者もいる)。快楽の作家は、皆、この愚劣な赤らみを持っている(バルザック、ゾラ、フローベール、プルースト。おそらく、マラルメだけが自分の肌を自由にできた)。(六〇頁)

「フィクション」が読むものをとらえてやまないのは、この「愚劣な赤らみ」としての「赤さ」にほかならないが、それから顔をそむければたちどころに「フィクション」は消滅するしかあるまい。だが、マラルメによる完璧な肌の統御は、「フィクション」の「ゼロ地帯」へと人を導く恐るべき誘惑にほかならない。その「ゼロ地帯」を、人は、まだ目にしたことがない。

後記

ここに《『赤』の誘惑」をめぐって》として読まれた文章は、雑誌『新潮』(二〇〇五年七月号)の『「赤」の誘惑』に手直しを加えたものだが、二〇〇五年五月二四日から二六日までソウルで開催された第二回「世界文学フォーラム」(大山財団主催)において読み上げられた英文のテクスト《The Temptation of Red — Reflections on Fiction》の日本語訳である。この《『赤』の誘惑」をめぐって——フィクションについてのソウルでの考察》は二〇〇二年十一月の北京大学での国際コロキウムでフランス語で読み上げられた《Séduction du "rouge" — altérations de sens dans les discours de fiction》を原型としている。起源となった『「赤」の誘惑——北京ヴァージョン』、その後、季刊誌『考える人』に『「赤」の誘惑』として連載された文章の原型ともなったものである。それぞれかさなりあう部分を含んでいるが、いずれも独立した構成を持つ異なるヴァージョンとして書きあげられたものであることを書き添えておく。

バルトとフィクション

『彼自身によるロラン・バルト』を《リメイク》する試み

消費

長いこと、バルトについて語ることを自粛していた。パリ街頭での自動車事故で呆気なく他界してから、その名前を主語とする文章をあえて書くまいとしてきたのである。いきなり視界にうがたれた不在を前にしての当惑というより、彼自身の死をその言葉にふさわしい領域への越境として羨むかのような文書を綴ったのが一九八〇年のことだから、もう二五年の余も、バルトを論じることなくすごしていたことになる。とはいえ、その抑制はあくまで書くことの水準にとどまり、バルトを読むことの意欲が衰えたことなどあろうはずもない。

二〇歳ほどの年齢差にもかかわらず彼との同時代を生きえたわたくしにとって、ロラン・バルトは語の最良の意味における「批評家＝エッセイスト」と呼ぶべき存在にほかならない。彼は、「現在」というとりとめのない瞬間に、そのつどほんの思いつきといった身軽さで、しかも、これしかないという鮮やかな身振りで触れてみせる希有の才能に恵まれていた。そのとき、言葉とともにあろうとする彼の身振りのえもいわれぬものやわらかさを、その場で気持ちよく「消費」していればよかった。彼のテクストは、大衆消費社会が奇蹟のようにもたらす贅沢きわまりない「消費」の対象だったとさえいえる。その言葉を心地よく「消費」しようとする姿勢を、彼自身なら「くつろぎ」《aise》という言葉で肯定してくれることだろう。

さいわいなことに、この「批評家＝エッセイスト」は、あくまで「消費」されることをこばむ「芸術家」などではついぞなかった。読まれることの「現在」と「永遠」との修正しがたいひずみにどこまでも無頓着な「理論家」でもなかった。バルトは、あくまで「現在」に生きるジャーナリスティックな「批評家＝エッセイスト」だったのであり、それは、プロに徹した純粋なアマチュアともいうべきすぐれて矛盾した存在だったといってよい。その姿勢は、コレージュ・ド・フランスの教授として「文学記号論」を講じ始めてからも変わることがない。実際、「形容詞は一つの商品である」といった言葉で「中性」的なものを位置づけようとするそのディスクールは、講壇批評の厳密さとはおよそ異なる自在さにおさまっていた。

そうしたバルトのテクストが、死のもたらすだろう「永遠」の時間と触れあうための配慮をあれこれ身にまとっていたとはとても思えない。「永遠」という概念ほど、この「批評家＝エッセイスト」にふさわしからぬものも想像しがたいからだ。つかの間の移ろいやすさと真摯に触れあうこと。それが、プロに徹したアマチュアとしてのバルトの決定的な「新しさ」だったはずである。新しい「芸術家」も新しい「理論家」も存在しがたい二〇世紀後半におけるバルトの貴重さは、そこにあったとさえいえる。その死を願ってもない好機ととらえたかのように、さまざまな地域の——とりわけ合衆国の——大学がやってのけるバルトの学術的な「カノン」化には、ただただ呆気にとられたというのが正直なところだ。「永遠」の時間とは容易に折り合いをつけがたい彼にふさわしい「くつろぎ」の維持に、人々は率先して目をつむっているかにみえたからだ。

死後出版というかたちで流通しはじめたバルトの「新刊」のいくつかには、何よりもまず、その場で「消費」されることへの心遣いが影をひそめており、そのほとんどを読んでも心は揺れなかった。何にもまして、そこに「くつろぎ」にふさわしい配慮を見いだしえなかったからだ。『全集』にいたっては、心もとない撒布状態を生きることで初めて意味を持つそのテクストに惹かれていたわたくしに、「可哀想なバルト……」とつぶやかせるのがせいぜいだった。「伝記」と呼ばれるものを目にしても、読む意識をバルトのテクストへと向かわせる刺激が徹頭徹尾欠けていることに、うんざりするほかはなかった。コレージュ・ド・フランスの「講義録」の新たな刊行に対しては、いまなお態度を決めかねている。『全集』も「伝記」も「講義録」も、書物としては、バルトのおぼつかない「現在」におよそふさわしからぬもので、それと向かい合うには、バルトが嫌ったあの「厚顔無恥」《arrogance》に陥るほかはないという危惧の念を捨てきれぬからである。この四文字の漢語を「はしたなさ」という和語に置き換えた方がよかろうとは思うが、いずれにせよ、そうしたことが、わたくしに、四半世紀にもおよぶ短くはない沈黙を選ばせたのかもしれない。「はしたなさ」ばかりが跳梁跋扈する世紀末から二一世紀にかけての「文学理論」や「批評」がもたらす苛立ちも、沈黙を破らせることにはならなかった。いま、その無言状態からふとぬけだそうとすることに、深い理由があるわけではない。あたりにはりつめていた禁止の力学が、ようやくときほぐれ始めたというのでもない。バルトをめぐってたち騒ぐあたりの饒舌を、雄弁な沈黙によっておきかえようと思いたったのでもない。そもそも、雑駁きわまりない呼び方で「現代思想」——または、店晒しにされた「厚顔無恥」——などと分類されたりもするフランスの他の作家たちにくらべてみれば、バルトに対して、人は、あまりにも少なく饒舌だったというべきだろう。

何かを書くというあてもないままの無言状態の中で、わたくしは、好みのテクストにひたすら読み耽っていた。それは、『ミシュレ』であり、『ラシーヌ論』であり、『サド、フーリエ、ロヨラ』であり、『テクストの快楽』であり、『彼自身によるロラン・バルト』であり、『明るい部屋』でもあったりしたのだが、それらを、ちょうどプルーストを読むバルト自身のように、これという確かな方法もなく、一冊のモノグラフィーにも仕立てあげるというひそかな野心もいだかぬまま、読了するという「はしたなさ」をもおのれに禁じつつ、もっぱら贅沢な暇つぶしとして「消費」していただけなのである。暇つぶしとして「消費」しえないことがその価値を高める書物など、現在の地球に、また歴史的にいっても、ごくまれにしか存在しない。

バルトにとってのプルーストが「永遠」の作家ではなく、とだえることのない永続的な「消費」の対象だったように、わたくしにとってのバルトもまた、とだえることのない永続的な「消費」の対象だった。ごく個人的なものにとどまるその「消費」は、あるとき、間違っても刊行されるあてのない不在の書物の構想へとゆきつく。「消費」する者として気ままに思い描いていたわたくしなりのコンテクストにしたがって、この「批評家＝エッセイスト」の声のいくつかをよみがえらせてみたいというとりとめもない思いへと誘われたのである。それは、『彼自身によるロラン・バルト』を自在に「リメイク」するという映画のようなフィクションとして、漠たる輪郭におさまることになる。バルトの「全体像」には背を向け、ある任意の一点でバルトを横切るとき、そこにはバルトが書いたわけではないが、バルトの「くつろいだ」声が低く聞きとれるかに錯覚されるフィクションとしての「リメイク」が切りとられるはずだ。

ここに読まれようとしているのは、その「リメイク」の書かれるあてのないシナリオのほんの一部――どこかに隠匿されているかもしれない全体の一部ではなく、一部としてしかありえない――にすぎず、生前のバルトが、ことあるごとに「中性」的な領域に描きだしていた「病気」、「失敗」、「倦怠」という三つの光景をとりあえずの舞台装置として語られることになろう。その「シナリオ」は「批評」として読まれることがあってはならず、アマチュアの言葉としてもっぱら「消費」されることのみを願っている。

病気

そこで、まず「病気」から始める。「病気」といっても、結核の療養施設に身をおいていたことのあるバルトの伝記的な事実からの安易な連想で、むしばまれた肉体を長らくベッドに横たえるといった事態がのっけから話題になるわけではない。いま、わたくしの視線をとりわけ惹きつけるのは、世間的な意味からするなら、バルトにとっての「生涯の輝ける日」にほかならぬコレージュ・ド・フランス教授就任の日の儀式である。そこでの彼は、伝統にのっとった開講講義を多くの聴衆を前にして口にするのだが、「講義」（邦訳題名は『文学の記号学——コレージュ・ド・フランス開講講義』）という題名で公刊された書物の中で、バルトは、新たな同僚となる著名な学者や研究者たちに対して、自分自身の存在様態を「不確かな主体」《sujet incertain》と名付けている。この言葉に魅せられたわたくしは、それに類する語彙を「開講講義」のテクストから芸もなく拾いあげずにはいられなくなる。

すぐさま目にとまるのは、「曖昧な」《ambigu》という言葉だ。「充分に自覚せざるをえないのですが、私は、エッセイと呼ばれるもののみを刊行してきました。エッセイとは、書くことが主体を分析と競わせる曖昧なジャンルにほかなりません」。ここでのバルトは、「エッセイ」という「曖昧なジャンル」ばかりにかまけてきたがゆえに、みずからを「不確かな」存在とみなしている。それを期に、おのれの存在を貶めるものともとれる形容詞や、否定的な色合いの言辞ばかりが彼の口からもれることになる。「私は、通常、この地位へと人を向かわせるにふさわしい学位を持ってはおりません」、「私が、早い時期から、記号論と呼ばれるものの発生とその発展に自分の探求を結びつけてきたのはたしかであります。とはいえ、私が、それを代表する権利をほとんど持っていないのも確かな事実であります」、等々。そして、彼はこう結論づける。

それゆえ、科学と、知と、厳密さと、規律のとれた学問的創意が支配しているこの家に迎え入れ

られたのは、まぎれもなく、一つの不純な主体なのであります。(「開講講義」六頁)

すぐさまいいそえておかねばなるまいが、この「不確か」で「不純な」《impur》主体や、「曖昧なジャンル」という言葉の中には、いかなる謙虚さもこめられてはいない。これらの形容詞は、いささかも主体の相対的な劣性を意味するものではなく、主体に「作家」としての身分を保証する絶対的な何かのありかを示唆しているのである。

実際、「曖昧なジャンル」にほかならぬエッセイの作者としてのバルトは、いたるところで「確か」で「純粋」な存在たることをこばみ、「不確か」で「不純」な状態への執着を隠そうとはしない。彼の開講講義の冒頭に読まれるこうした言葉は、コレージュ・ド・フランスという権威ある制度的な空間に教授として迎えられた以上、「不確か」で「不純」で「曖昧」であることを今後は自粛するつもりだなどとこれっぽちも断言していない。それればかりか、あなた方は、「曖昧さ」からはほど遠い「不確か」で「不純」でさえある存在を同僚として迎え入れたのだから、私としては、それにふさわしく、あくまで言葉とのそうした関係を維持し続けるだろうという寡黙な態度表明として、その言葉は読まれるべきものなのだ。

そこには、ひたすら快癒することをこばむ患者の頑固な病的光学ともいうべきものが認められる。「確か」でも「純粋」でもなく、もっぱら「不確か」で「不純」な存在たろうとして言葉の「曖昧」な配置に執着するという状態こそ、彼の中に批評的な言説を生起せしめる潜在的な母胎にほかならないからである。このフィクションめいた装置の中では、あらゆる意味での衰退——失望、苦難、失敗、不快感、器官の不調ぶり、等々——が、書くことにふさわしい状況へとひたすら彼を誘うことになる。

実際、一九五四年のジュール・ミシュレにおける「偏頭痛」の主題のみごとな解読いらい一九七八年の「中性」的なるものをめぐるコレージュ・ド・フランスの講義にいたるまで、バルトのエクリチュールは、「衰退」という主題体系の周辺をたえず旋回しており、晩年の講義録『小説の準備Ⅰ、Ⅱ』は、いわばその集大成といってよい。統合の力学も分析の力学も機能することのないやわらかなまとまりとしてあるという意味では、「集」でも「大成」でもないというべきだが、いずれにせよ、彼にとっては、「病的」な状態にある存在の衰退ぶりこそが、「作家」としての仕事を始動せしめる条件だとさえいえる。

まだ三九歳だったバルトが、『フランス大革命史』の著者ミシュレについて書き記した言葉に耳を傾けてみよう。「ミシュレの病気は偏頭痛である。偏頭痛、すなわち、あの眩暈と嘔吐の混交状態なのである」。なぜ、彼は、この歴史家が患っていた肉体的な障害を描写することから始めようとするのか。なぜ、その慢性化した衰弱という視点からミシュレを不意打ちするのだろうか。バルトの答えはこうだ。

すべてが彼にとっては偏頭痛である。寒さ、雷雨、春、風、そして彼が語る「歴史」までが偏頭痛なのだ。六〇巻にもおよぶ間断のない言説からなる百科全書ともいうべき作品を残したこの男は、ことあるごとに、自分は「眩暈に襲われ、体調が悪く、病弱で、むなしいかぎりだ」と宣言している。彼は、たえず（成人してからの五六年ものあいだ）執筆生活を行ったのだが、それはいつでも完璧な脅えの中でおこなわれたのである。（『ミシュレ』十七頁）

ここで、三つのことを指摘しておきたい。最初の指摘は、冒頭の「すべて」《tout》という言葉の使用にかかわるものだ。何かにつけて「すべて」といわずにはいられないのは、一九六〇年代においては、「ヌーヴェル・クリティック」の陥りがちな病的徴候とみなされていたものだからである。その論敵であったレイモン・ピカールは、『ヌーヴェル・クリティックまたは新たな詐術』の中で、バルトの『ラシーヌ論』における「必ず《toujours》、絶対に《jamais》といった断定的な言葉にいらだち、こう宣言している。「彼（バルト）は決断し、一刀両断に解決し、果敢に肯定する。神秘すらが、彼には神秘を欠いている。彼は、すべてを洞察し、すべてを説明し、すべてを知っているのである」。ソルボンヌにおけるラシーヌ学の権威たるピカールにとって、この「すべて」こそ、「必ず、絶対に」とともにバルト的な詐術の種にほかならず、思考の健全さからはほど遠いものと思われたのだろう。

こうした病状判断が、バルトの批評的な企てにふさわしいものか否かは問わずにおくが、ひとことといいそえておきたいのは、「決断」、「一刀両断」、「果敢」といったピカールの言葉遣いが、必ずしも適切とはいいがたいという点である。いずれにせよ、『ミシュレ』に、「これらの推移を記述することは、それらを愛撫するのに似ている」と書かれているように、「すべて」を「決断」したり、「一刀両断」したり、「果敢」に肯定したりといった大胆さを想起させがちな語彙は、少なくとも、この『彼自身によるロラン・バルト』の「リメイク」という文脈にあっては、ことごとく反＝バルト的なものだと見なされるほかはない。バルトとは、何にもまして、「愛撫」のようにおずおずと軽く言葉に触れる主体にほかならず、「果敢」な「決断」の人ではない。

二つ目の指摘は、ミシュレの「病気」を記述するバルトによって選ばれた「偏頭痛」《migraine》という語彙にかかわるものだ。彼は、この言葉が、病的な主体の社会的な状態を明らかにするものだということにいたって意識的である。実際、「頭痛を意味するのに、私は偏頭痛という習慣を持ってしまった(おそらくは偏頭痛のほうが綺麗な言葉だからだろう)」と『彼自身によるロラン・バルト』に書かれている。

この不適切な語(私が苦しんでいるのは、私の頭の半分ではないからだ)は、社会的には正しい語なのである。ブルジョワジーの女性や文人にとっての神話的な属性として、偏頭痛は階級的な事実なのである。プロレタリアや零細商店主が偏頭痛に悩んだりするのをみたことなどあるだろうか。社会的な分割が私の肉体を貫いている。私の身体そのものが社会的なのだ。(『彼自身』一九二―一九三頁)

「偏頭痛」という言葉を口にする者は、美学的、かつ階級的な特権者にほかならない。『ミシュレ』を「偏頭痛」によって語り始めることで、二〇世紀の「批評家=エッセイスト」は、十九世紀の歴史家とひそかな共謀関係に入ろうとしているかにみえる。ミシュレと同様、バルトもまた、「偏頭痛」への権利を主張しているからだ。

こうして、この「批評家=エッセイスト」における「病気」は二重化する。「頭痛」がするというのがその第一段階であり、これはいうまでもなく生理学的な側面である。その病的な状態を「偏頭痛」と名指すことがその第二段階となり、それがこの病気の社会的な側面をきわだたせているのである。こうして、一つの語彙を、みずからの病気を軸に二重化してみせるという微妙な社会性の実践意識において、バルトは近代的な「作家」たる資格を手に入れることになる。

第三の指摘は、バルトによるミシュレとの共謀関係をめぐるものだが、それはのぞまれはしながら、成就することなく終わる。『彼自身によるロラン・バルト』で、「なぜ、地方（フランス南西部）で、私の偏頭痛はいっそう激しく、いっそう頻繁になるのだろう」と自問自答しているバルトは、「私は何かを抑圧しているのか。都会を惜しむ心か。バイヨンヌで過ごした私の過去の再発現か。幼い頃の退屈さか」と言葉をついでから、これという正当な理由もないまま、休暇を楽しみ、外気に身をさらしているときに頻発しがちな「偏頭痛」の原因について、問題を知的＝精神分析的な水準に設定する。

> 私の偏頭痛は、どのような転位現象の痕跡なのか。というより、ことによると、偏頭痛は、一種の倒錯ではないのか。そうだとすれば、頭が痛いとき、あたかも私はある部分的な欲望に捉えられ、私の身体のある特定の一点、私の頭の内部をフェティッシュ化しているということになりそうだ。したがって、私は自分の仕事に対して、不幸な／愛しているという関係に立っていることになるのではないか。自分を分割すること、自分の仕事を欲望すること、それに恐怖をいだくこと、という関係を同時に成立させるかかわり方の一種ではないか。（『彼自身』一九三頁）

バルト的なエクリチュールを始動せしめるものは、この「不幸な／愛している」というそれ自体として「幸福」とは呼びがたい関係にほかならない。自分の肉体が「英雄的でない」ことを充分に自覚しているという『ミシュレ』の著者は、「偏頭痛もまた、時に私のすごす一日を『愛撫する』ことがある」

と書いているように、この「部分的な欲望」を超越することは不可能なのである。バルトは、ミシュレのように、統合の資質には恵まれていないからだ。「眩暈に襲われ、体調が悪く、病的で、むなしいかぎりだ」という言葉でミシュレの「偏頭痛」を記述するとき、あたかも彼自身の不快感を語っているかのようなバルトは、それに続いてこう書くことを忘れていない。「今にも死にそうで、もうこれが最後かと思われながら、彼(ミシュレ)は甘美なまでに蘇生するのである」。さらに、五一歳で二〇歳の娘と結婚するミシュレについて、バルトはこう書く。

そればかりではない。「女性」につづいて、自然の要素が彼を蘇生させる。ミシュレは、さらに三度の蘇生を体験するのである。大地(トリノ近郊のアクイでの泥治療)があり、水(五七歳での初めての海水浴)があり、太陽(イエールでの)があるのである。(「ミシュレ」十七頁)

ミシュレの歴史学的な著作を生気づけているのは、死と再生とのこの交代現象にほかならないとバルトはいう。では、このような再生がバルトを活気づけたりすることがあるだろうか。いささか驚くべきことだが、おそらくは彼自身の病気体験に触れる目的で、その『開講講義』の最後で、トーマス・マンの『魔の山』に言及している。

ところで、私が経験した結核は、ほんのわずかな点をのぞけば、『魔の山』の結核とそっくり同じものでした。私固有の現在からはともに距てられていた二つの時期が一つに混じり合ってゆきました。私は、そのとき、深い驚きとともに理解しました（明証的な事実だけが、人を深く驚かしうるのです）、私の固有の身体が歴史的だということを。（「開講講義」五六頁）

この啓示は、バルトを次のような問題へと導く。それは、この「歴史的な身体」とともに、どのようにして「現在」を生きればよいのかという問題である。「というわけで、私が現在を生きようとするなら、私の身体が歴史的だということを忘れねばならない。私が、私の過ぎ去った身体ではなく、現在の若い身体と同時代的であるという錯覚に身を投じねばならない」と彼は考える。だが、二〇年以上も前にミシュレについて書いたことを想起することで、はたしてそんなことは可能なのか。コレージュ・ド・フランスの教授に就任したばかりの六二歳のバルトが下す結論は次のようなものだ。

要するに、私は周期的に再生しなければなりません。いまある自分よりも若くあらねばなりません。五一歳の時、ミシュレはその『新たなる生』《Vita Nuova》を生き始めました。新たなる作品と、新たな愛であります。彼より高い年齢で（この比較が敬愛の念から来ていることは、ご理解いただけると思います）、私もまた『新たなる生』へと足を踏み入れます。それは、今日、新たな場所と、新たな歓待によって記しづけられております。かくして私は、活力ある生の力、すなわち忘却によって運ばれるがままにしたいと思っているところです。（「開講講義」五七頁）

忘却の語とともにいささか唐突に口にされる周期的な再生なるものが幻想にすぎないことを、バルトは隠そうとしていない。彼にとりつく病としての「偏頭痛」が、ミシュレのそれとは異質のものであることを、充分すぎるほど承知しているからだ。事実、『彼自身によるロラン・バルト』には、こう書かれている。

「眩暈と吐き気の入り交じった」ミシュレの偏頭痛とはかなり異なり、私の偏頭痛は光沢を欠いている。頭痛がするということ（まず激痛であったためしはないが）は、私にとって、自分の身体を不透明《opaque》で、頑固一徹《têtu》で、凝固《tassé》し、見捨てられたもの《*chu*》にすること、すなわち、いいつめるなら中性的なもの（ふたたび見いだされた重大なテーマである）にするための手段にほかならない。（『彼自身』一九三頁）

「不確か」で「不純」な主体であるバルトは、こうして、「光沢を欠き」《mat》、「中性的」《neutre》な偏頭痛に悩まされ、同時にそれを愛撫のように受け入れる。「光沢を欠き」を「色艶の鈍い」といいかえ、「中性的な」を「生彩の乏しい」といいかえるなら、そうした鈍い光線にさらされたやや病的な風土こそが、バルトの思考を刺激し、言葉へと向かわせるのだということが明らかになろうかと思う。ときに「くつろぎ」と呼ぶ個人的な安楽が彼に許されるのは、そうした光学に照らし出されたときにかぎられている。

「私たちは、形式主義に対して距離をとるにはおよばない。ただ、くつろぎを維持していればよいのである」というとき、バルトは、その「くつろぎ」に「倫理的な力」がそなわっていることを意識している。「くつろぎ」とは、「ありとあらゆるヒロイズムを進んで失うこと」にほかならず、それこそ「倫理的なカテゴリー」としての「中性的」なものなのだ。すなわち「威圧的な意味」の支配からは遠い「生彩の乏し」さなのである。言語的な「ヒロイズム」を放棄するためにも、バルトは病気でなければならない。

失敗

たえず病気とともにあらねばならないバルトが、みずからの蘇生など信じていないことは、すぐさま理解できる。自分はいま回復しつつあるという確かな実感こそ、彼には我慢ならないものなのだ。快方に向かうとは、まさしく病気であった自分自身の身体の否定につながりかねないからである。彼自身の言葉にしたがうなら、回復の自覚とは主体にとって「厚顔無恥」のきわみにほかならず、「くつろぎ」からは思いきり遠い概念というほかない。それは、「色艶が鈍く」、「生彩の乏しい」バルト的な環境とは思い切り疎遠になること以外の何ものでもなく、そのへだたりの行程は、「不確か」で「不純」な主体を脅かす場違いな英雄的勝利——言語的な「ヒロイズム」——のイメージをきわだたせかねない。それが、倫理的に彼が忌み嫌う「厚顔無恥」というものなのだ。

そのようなバルトがとりわけ危惧しているのは、みずからの恒常的な存在様態である病気が、一九世紀ヨーロッパ文学のロマン主義的な世紀病を患う主人公たちの存在の崩壊ぶりと安易に混同されることである。現代的な「作家」として、彼は、何やら例外的なできごとが、「色艶が鈍く」、「生彩の乏しい」彼の存在を乱すことだけは避けねばならない。

バルトが、自分自身を変化させようと試みなかったわけではない。だが、そのことを語るのとほぼ同じ頻度で、彼は、その変貌の試みのみじめな失敗にしばしば言及している。例えば、一九七七年のスリジー・ラ・サルにおけるロラン・バルトをめぐるシンポジウムで、アラン・ロブ＝グリエの挑発に答えて、彼はこう宣言している。「私はいかなるテクストも暗記できません。いうまでもなく、自分自身のテクストさえ、暗記できないのです」。高校時代の朗読の試験がどれほど彼を脅えさせたかを語ったあとで、それでも、そんな自分を修正してみようとはしたのだという。

私は思い出すのですが、ある日、バイヨンヌからの自動車での帰途、私はひとりぼっちだったし、距離もかなり長かったので（私はそっくりそらんじている道路を、十二時間もの時間をかけて走破するのです）、自分自身にこういいきかせました。よし、何かを暗記することで時間をやりすごしてやろう、と。私は、紙切れにラシーヌのある段落を書き写しておきました。フェードルの死の場面だったと思います。こうして、十二時間の間、私はこのフェードルの死を暗記しようと試みました。ところが、うまく行かなかったのです。パリに着いたとき、私は、このフェードルの死をすっかり忘れていました。（「スリジー」二七七—二七八頁）

旅程となる道筋をすっかり「そらんじて」いたというバルトは、文学的なテクストとなると、これを一行も「そらんじる」ことができなかったというのである。この挿話が、習慣を変えてみようとする試みのむなしい失敗の証言として読めることはいうまでもない。その失敗の試みを、深い悔恨の情も見せることなく、ごく自然なものとして語っているところをみると、コレージュ・ド・フランスの新たな同僚の前で、自分自身をあえて「不確か」で「不純」な存在と語ってみせたときのように、「そらんじる」ことが不得意な自分を変化させる意志のないことを公言していることになるのだろう。『言語のざわめき』（花輪光訳、みすず書房）におさめられた一九七七年八月十三日の日記にみられる自転車事故もまた、同じ証言たりうる挿話といえる。

今朝、八時頃のことだ。天候は申し分なかった。私は、パン屋まで行くのに、ミルの自転車に乗ってみようと思った。（……）私の身体は、この自転車の操作をとても風変わりな、とても厄介なものだと思っている。そして、私は（乗ったり降りたりするのが）怖い。そうしたことをパン屋の女性に話し、――店からでて、自転車に乗ろうとして、当然のことのように、転倒する。一瞬、私は、両足を宙にさしあげ、これ以上ないというほど滑稽な姿勢で、極端きわまりない倒れ方をするにまかせた。そして、私を（過度の怪我から）救ってくれたものが、この滑稽さなのだと理解する。（「言語」〔原著〕四〇八頁）

バルトは、この「滑稽な」挿話を、明らかに「成功」した「失敗」の例として語っている。「極端きわまりない」倒れ方をすることで、あえて落下のショックをやわらげたというのがそれである。この日記の記述の興味は、「失敗」したにもかかわらず、あるいはその失敗に「成功」したがゆえに、自転車をよりよく乗りこなすための努力など、彼が間違ってもしないだろうと読むものに理解させる点にある。そもそも日記というものが、彼にとっては、書きつづけることに失敗するためのむなしい試練にほかならない。こまめに日記を書きつけるという習慣はないというバルトは、「ときどき、私は日記を書き始める」という。「それから、すぐに、それを放棄する。それでいて、しばらくすると、また書き始める」。日記をつけるということは、彼にとって、決まって「失敗」にゆきつくことで書く主体を安堵せしめる病気なのである。

それは、軽くて、間歇的で、重大さも理論的な根拠も持たぬ欲求である。この日記という「病気」を、次のように診断することができると思う。そこに書かれていることの価値に対する解決しがたい疑念だ、と。（「言語」〔原著〕三〇九頁）

バルトが、後世に読まれることを意識して日記を書いたゴンクール兄弟の十九世紀的な律儀さを共有しなかったことを、人々はほっとした思いでうけとめる。わたくしとしては、かりにそれがバルトの手になるものであろうと、むしろ、「そこに書かれていることの価値に対する解決しがたい疑念」を彼とともに共有したい気持だ。とはいえ、「軽くて、間歇的」な「欲求」だという理由で、書いたり書かなかったりする彼の日記を無視するのも無意味である。否定するのでもなく肯定するのでもない彼と日記執筆との関係は、「くつろぎ」という姿勢に近く、それは、文字通り「不確か」で「不純」な主体にふさわしいいかにも「色艶が鈍く」、「生彩の乏しい」いとなみにほかならない。

「彼には、ものごとを深く掘り下げることができない」と書く『彼自身によるロラン・バルト』の彼自身は、しかるべき言語の形式を好んで反復しはするが、そのことで「自分が何を言おうとしているのか、という点について、めったにそれ以上反省してみようとはしない」と口にしている。だとするなら、自分自身の言葉についてさえ「反省」する気がないという主体にとって、日記の効用はどこにあるのか。文頭に書きつけられる日付に何らかの意味——忘備録としての心覚え？ まさか——があるのだろうか。あるいは、それと「想起記述」と呼ばれるものとの関係はどうか。

おそらく、『彼自身によるロラン・バルト』の中で、読む者をとりわけ惹きつけてやまないのは、「中断：想起記述」*Pause: anamnèses* と呼ばれる断章だろう。そこでは活字がいきなりイタリック体に変わり、遙かな記憶のきれぎれの情景と思われるものが、年月も日付も記されぬまま、ごく短い文章として綴られている。「想起記述」なるものについては、イタリック体を離れた著者自身による説明らしきものがそえられており、「私が想起記述と呼ぶものは、主体が、希薄な思い出を、拡大もせず、振動させることもなく、ふたたび見いだすために行う作業——享楽と努力の混合——である」というのが定義である。そこには十七ほどの断片が順不同で列挙されているのだが、「これのいくつかの想起記述は、程度の差はあるがともかく、みな艶消しである」と書きそえられている。ここでの「艶消し」とは、これまで「色艶が鈍く」と訳してきた語彙にほかならない。それはまず、現像された写真を紙焼きにする場合の「艶消し」を思わせるが、さらには、バルト自身の言葉によれば、「意味作用を発揮していない、すなわち意味を免除されている」ということでもある。その「色艶が鈍く」、「生彩の乏しい」情景の一つに、次のような文章がある。

手紙で借りる話をまとめておいた家具つきアパルトマンが、ふさがっていた。彼らは、パリの十一月のある朝、ド・ラ・グラシエール街で、トランクと手荷物をかかえて途方に暮れる羽目となった。近所の乳製品屋のおかみさんが、うちへ入れて、あついショコラとクロワッサンをご馳走してくれた。（「彼自身」一六五頁）

ここでの「彼ら」が誰と誰であるかはあえて明らかにされていないし、また、その詳細を知る必要もないという書き方がされている。これをバルト自身の幼い日の記憶とするなら、父親が戦死している以上、借家の交渉をまとめたのは母親かその家族だろうが、女親だけの家庭として、交渉中に足元を見られたことに由来する行き違いだったのかもしれない。だが、『彼自身によるロラン・バルト』のありえない中心に位置するかのようなこの文章が浮かびあがらせるのは、夜行でたどりついたのだろう初冬のパリの街頭に途方に暮れて立ちつくす輪郭も定かならざる背丈の違う人影と、見慣れぬ調度品にかこまれて湯気をたてるショコラの陶製のカップにそえられていただろう幼い手ばかりだ。交わされたはずの会話も、初めて目にする好人物らしい商店主の女性や母親の容貌も、まったく記述されてはいない。読む者を心理主義的な納得へと誘う仕掛けもこの文章にはほどこされていない。それでいて、読む意識を戸惑わせることもなく、バルトの身にいつ起こっても不思議でない挿話として納得させてしまうこの光景は、主観的とも客観的ともきめがたい、文字通り「中性」的な記述におさまっている。

「光沢を欠いた」古い写真のようにおぼろげなこの情景が問題にしているものが「失敗」の主題にほか

ならぬということに、人はすぐさま気づく。そこで落ちつくつもりでいたアパルトマンで夜行に疲れも癒せぬまま路上に立ちつくしながら（裏切られた「期待」）、見ず知らずの他人からの思いもかけぬ歓待（本質的な「解決」ではないにしても、とりあえずは「失敗」の意識を先送りできる）に立ち会いえたという点からすれば、これもまた「失敗」に「成功」するというバルト的な身振りの例だといえるからだ。それは、家族的な領域にとどまるはずの失策行為がいきなり社会性をおびる挿話として読めるかも知れない。いずれにせよ、「失敗」でしかないたんなる失敗は、「成功」でしかないたんなる成功がそうであるように、バルトの思考をいささかも揺るがせることがない。

ここで、わたくしは、「好きなものを語ることに、人は決まって失敗する」と題されたバルトの日記風の文章があることをごく自然に思い出す。そこでは、未知なるものへのロマンティックとも呼べそうな飛躍への夢が、ごく唐突に語られている。交通事故で他界することになる彼の生涯からすれば晩年と呼ぶべき時期の文章だが、イタリア旅行の途中で、変化することへのいつもとは異なる欲求がふと彼をつきうごかしているかにみえる。

夕暮れである。場所はミラノ駅。寒い。霧がかかっている。汚らしい。ある列車がホームを離れようとしていた。それぞれの客車には、「ミラノ－レッチェ」という文字の書かれた黄色の標識がかけられている。そのとき、私は夢想する。この列車に乗り込み、一晩中旅を続け、翌朝には、イタリア半島の突端の町の光と、暖かさと、静寂の中に自分を見いだすという夢想である。少なくとも、それが私の想像していたことであり、それが、私が行ったことのない現実のレッチェであるかどう

かは、ほとんど重要ではない。（「言語」〔原著〕三三三頁）

イタリアの未知の都市をめぐる夢想を語るバルトの言葉の軽やかさは、ことによると、それがスタンダールについての文章の冒頭に置かれていることからきているのかもしれない。確かに、この夢は、スタンダールのロマン主義的な想像力と何らかの関係がありそうだ。実際、バルトはこう書いている。「スタンダールのパロディとして、私は『あの美しいイタリアが見られるのだ。頭がおかしいのかもしれない、この年齢で』といえたのかもしれない。だが、麗しきイタリアは、決まってさらに遠くにある。別の場所に」。この「別の場所」が、真の意味でバルトを惹きつけているとはにわかには想像しがたい。では、彼が夢見ているのは何なのか。あらかじめ決まっていた旅程の不意の変更だろうか。未知の光線の中の快適な目覚めだろうか。無名性を心おきなく享受しうる土地への亡命だろうか。それとも、スタンダールに触発されたイタリアをめぐる間テクスト性の遊戯だろうか。

ふとおのれを変化させることへの誘惑をあらかじめ自粛するために書かれているかのようなこの文章になにがしか確実なものがあるとするなら、この実現されるあてのない夢想が、「寒」くて、「霧がかかって」おり、「汚らしい」というミラノ駅で彼をとらえていることだ。バルトは、駅という公共空間のみじめでうらさびれた要素を好んで列挙する。それを思わせる日記として、わたくしは、「むなしい夕べ。昨夜、七時頃、汚らしい春の冷たい雨が降っている」で始まる一九七九年四月二五日付けの文章をごく自然に想起する。

「むなしい夕べ」という言葉がすでに「失敗」の主題を引き寄せているこの日記で、バルトは、写真展のオープニング・パーティのために、パリのあるギャラリーまで「なぜか老人しか乗っていない」バスで赴いたときのことを語っている。やや時刻が早かったのでバスを降り、彼は、メグリッスリー河岸を散歩する。そこに描かれている公共空間の陰鬱な雰囲気が、ミラノ駅の光景を思い起こさせる。見たこともないレッチェまでの列車に飛び乗ることを夢想したように、雨に湿った夕暮れのセーヌ沿いの街路でペット・ショップのショウ・ウィンドウの明るさに惹きつけられた彼は、いきなり小犬を飼ってみたいという夢をいだく。

あたりの店舗は店じまいをしていた。戸口ごしに、私は、二匹の犬を見た。一匹が、ふざけてもう一匹を苛立たせていた。その犬は、まるで人間のようなやりかたで、もう一匹の犬を追い返していた。またしても、私は犬を飼いたくなった。苛立ちながら、そのことを、冷淡とまではいうまいが、威厳にみちたやりかたで示していた犬（フォックステリアの一種）が買いたくてならなかった。

（「言語」〔原著〕四〇八—四〇九頁）

ミラノ駅での記述からセーヌ河岸でのそれにいたるまで、スタンダールをめぐるエッセイと内面の日記というジャンルの違いにもかかわらず、ここには、彼の筆を導いている同じモチーフが見てとれる。現実にはするあてもない旅への夢であり、するはずもない買い物である。バルトは、なぜ、ことによったらすることができたかも知れないのに実際にはしなかったことに執着するのか。それらが実行に移された場合の「失敗」にあらかじめ意識的だからだろうか。夜行でたどりついたレッチェの街で、グラシエール街でのように路頭に迷いかねぬと思ったからだろうか。買い求めた小犬のかたわらで、何かのはずみに、自転車からの転倒のようなあやうい身振りを演じかねぬと思ったからだろうか。

この二つの文章から読みとれるのは、何にもまして主体の希薄さである。主語が「私」と律儀に記されていながら、「色艶の鈍い」、彼の「偏頭痛」のように、「私」そのものの存在はあくまで「生彩に乏しく」、述語部分への権利の主張がきわめて弱い。レッチェ行きの夜行列車に乗りこむという夢が語られていながら、その文章そのものは、ごく自然に、旅程外の夜行列車などには乗らないだろうと理解されてしまうからであり、犬の買い物についてもほぼ同じことがいえる。それは、バルト的な「中性」化の戦略がみごとに功を奏していることになるのだろうか。

いずれにせよ、犬など買おうが買うまいが、一九七九年四月二五日の夕べが失敗に終わるだろうことは、読む者にはっきり予感できる。「オープニング・パーティの凍りついたような雰囲気」と書かれているように、写真展に赴いたことそのものがバルトの目には「失敗」と映る。「年齢をかさねるにつれて、私はますます自分の気に入ったことだけをする勇気を持っているので、急ぎ足で二度目にぐるりと見て回ってから（ゆっくりと眺めても、何一つうることはなかろうから）、誰に挨拶することもなくその場を退去する」。ところが、「ますます自分の気に入ったことだけをする勇気」に恵まれているはずの彼は、バスというバスを乗りつぎ、映画館という映画館をはしごしてまわるという、何の役にもたたぬ「滑稽芝居」へとのめりこんでゆくのみである。サン＝ジェルマン・デ・プレのカフェ・フロールに戻り、「無味乾燥で厚顔無恥な」客にまじって、「卵料理と一杯のボルドーで」冷えた身体をむなしくあたためようとする彼は、「むなしい夕べ」に次のような結論をくだすのである。

この夕べの嘆かわしい失敗によって、私は、しばらく前から頭にあった生活の改善を実行に移すべく決意した。これは、生活の改善の最初の記述の痕跡である。（『言語』〔原著〕四〇九頁）

本当だろうか。バルトが、真の意味で「生活の改善」を夢見たりするものだろうか。「厚顔無恥」な主体となることなく、自分の生活に確かな変化を導入することなどできるのだろうか。それとも、「失敗」を約束された「生活の改善」を周期的に語ることが、この「批評家＝エッセイスト」にとっての日常的な「病者の光学」をきわだたせるのだろうか。

倦怠

『明るい部屋』の冒頭で、ジェローム・ナポレオンが被写体となった写真を前にしたときの反応を、バルトはこう書き記している。

そのとき、今日にいたるも軽減しえないほどの驚きとともに、私はこうつぶやいた。「私は、皇帝大ナポレオンを見たことのある目を、いま見ているのだ」、と。私は、この驚きをときに人々に語ってみた。だが、誰一人それを共有してくれそうになかったし、その意味さえ理解してくれそうになかったので（生きるということは、こうしたいくつもの小さな孤独からなっているのだ）、私はそれ

を忘れてしまった。（「部屋」七頁）

ここで、バルトが写真について語っているかどうかはきわめて疑わしい。例の「ストゥディウム」と「プンクトゥム」という二元論が写真をめぐる言説にどれほど有効な視点をもたらすかどうかも、主要な話題とはなりがたい。わたくしの目をとりわけ惹きつけるのは、「生きるということは、こうしたいくつもの小さな孤独からなっているのだ」というごく短い挿入句である。だからといって、それが格言としてとりわけ気がきいているといいたいのではない。さりげなく括弧にくくられたこの文章は、社会的な拡がりをおびることなく、もっぱらその言表の主体のみを拘束するものだからである。

実際、そう書きつけるバルト自身は、自分の驚きが誰によっても共有されなかったことに、深く傷ついてはいいない。終始一貫したものというほかはない彼の失望は、その終始一貫性によって、ある種の保護機能をおびた風土を彼の周辺に招きよせているかのようにさえ見える。実際、彼はジェローム・ナポレオンの目を見たときの驚きをいつしか忘れてしまう。それのみならず、それをめぐる周囲の無理解を悔いているようにもみえないし、恨みがましく振る舞っているようでもない。むしろ、「小さな孤独」の累積にゆっくり慣れてゆくことが、ロラン・バルトという名の「批評家＝エッセイスト」をつくりあげたのだといってもよい。

それが、間違っても「大きな孤独」でなかったことを見落とさずにおこう。バルトは、家庭内でも社会においても、他者とのとりかえしのつかぬほどの葛藤を演じたことはなく――少くともそうしたことはどこにも記述されていない――たえず孤立無援の状況に陥っていながら、決定的な挫折だけは回避しているかに見える。彼にとって、おのれの挫折を大袈裟にふれてまわることより、挫折を味わうことそのものが、ごく「はしたない」振る舞いに見えてしまうからだろう。むしろ、周期的な「偏頭痛」を思わせる「小さな孤独」に保護されることで、「色艶が鈍く」、「生彩の乏しい」主体たりうる彼は、周囲の無理解をことごとく甘美に「中性」化する術を身につけていたのかもしれない。「倦怠」にも、そうした保護機能はそなわっていそうなことが、『彼自身によるロラン・バルト』から読みとることができる。

子どもの頃、私はしょっちゅう、しかもひどく退屈していた。あきらかに、それはきわめて早期にはじまり、私のこれまでの生涯を通じて間歇的につづいた（次第にまれになって来たのは事実だが、それは仕事と友だちのおかげである）、そして、その退屈はいつも外面にあらわれてしまうのだった。それは恐慌のように襲う倦怠であり、よるべない苦しみにまで進む。たとえば、討論会、講演会、なじみのない夜の席、集団的な娯楽などで私が味わうような倦怠である。倦怠が外にあらわれ、《見られてしまう可能性のある》場所では、どこでもそれが生ずる。とすると、倦怠は私のヒステリーなのだろうか。（「彼自身」二八頁）

いやけがさしてうんざりすること。しかも、そのありさまが他人の目にもはっきりと見えてしまうこと。それこそ、バルトが長い年月をかけて飼い慣らした独特の「病気」である。とはいえ、十九世紀特有の疾患である「ヒステリー」が、ミシュレの時代と異なり治癒可能な病状であることを彼は知っているはずだし、「偏頭痛」にしても、アスピリンなりしかるべき鎮痛剤なりを摂取すればしらぬまに治癒するはずである。にもかかわらず、それに陥らずにいる方法を、彼は模索しようとさえしていない。それは、そうした状態を改善するためのあらゆる努力が、自転車を乗りこなそうとする試みのように、みじめな失敗として、社会的な可視性におさまるほかはないことを知っているからだろうか。

では、バルトは、なぜ、「シンポジウムや、講演会や、なじみのない夜の席」への勧誘を断らないのだろうか。だが、「悲嘆にくれるしかない状況」に行きつくまでこうした倦怠に寄り添うことの好きな主体に対して、それは誤った疑問だというべきだろう。ある依頼を断るということは、彼の目には、「厚顔無恥」に等しい無用なまでに攻撃的な身振りと映るからだ。この攻撃性を自粛しようとするバルトは、しばしば孤立無援の窮地に陥る。「偏見からか、慣れていなかったからか、消化器官がうけつけないからか、腐敗したバター料理が好きになれない」という彼が、腐敗したバターを使うことが伝統のクスクス料理に招待された場合がそれである。

二五年前の文章でも触れたことだが、『サド、フーリエ、ロヨラ』で語られているこの挿話は、社会的な儀礼と料理をめぐる個人的な嗜好との間で動きがとれなくなるバルトの「悲嘆にくれるしかない状況」を痛いまでに描きだしている。招待してくれた人の手前、せめて食べるふりを装わねばならないが、嚥下することはためらわれるという状態を、「フーリエなら救ってくれたかも知れない」と彼はいうのだが、フーリエではないバルトは、腐敗した、バターが嫌いだとは口にしえず、そのため、彼の「疲労」はつのるしかない。

コレージュ・ド・フランスにおける『「中性」的なるもの』をめぐる講義の「疲労」の章で、バルトは、「疲労」が社会的にコード化されがたいものであることに言及してから、講演などを断るにふさわしい口実のリストの作成を提案する。

あなたが講演なり、知的な任務なりを断ろうとする。不信感をいだかせないような口実はどんなものでしょうか。答えずにおくことでしょうか。疲労しているといえばよいのか。間違いなく、これはだめだ。流感はどうか。まずい。平凡である。外科手術というのはどうか。そのほうがましかもしれない。だが、偶然にその嘘がばれることがあるから、注意せねばなるまい。社会が、喪中を口実として受け入れるためのコードがあるから、それを見ること。数週間もすれば、社会はその権利を回復し、喪中であることを例外的な状態とは受け入れてくれなくなるでしょう。(「N」三六—三七頁)

かくして、「疲労」は、社会に「場所を持たない」《sans place》ものであることが明らかになる。だが、それにしても、「年齢をかさねるにつれて、(……) ますます自分の気に入ったことだけをする勇気を持っている」はずのバルトが、あれこれ口実を想定したりすることもなく、あっけらかんとした風情で講演や執筆の依頼を断れないのはいったいなぜなのか。

いうまでもなかろうが、バルトは、あらゆる依頼を断りきれずにひたすら鬱々としていたわけではない。例えば、『レットル・フランセーズ』紙の「ジャック・デリダ」特集への寄稿を断るジャン・リスタ宛の手紙のように、それ自体がすぐれてジャーナリスティックな「デリダ論」となっている文章を彼は書き残している。そこでの彼が、「時間と疲労という物質的な理由によって」協力しかねるという、「間違いなく、これは駄目だ」と断じられることになる口実を使っているのは、相手がごく親しい存在だからだろう。だが、仔細に読んでみるまでもなく、一九七二年三月二一日付けの「ジャン・リスタへの手紙」は、その企画には協力しかねると述べられてはいながら、執筆依頼をすげなく断るものとして書かれてはいない。事実、その手紙が「デリダ特集号」に掲載されているように、バルトは、ごく短いものながら、みごとな「デリダ論」を書いてしまったのである。

そこで何よりわたくしを驚かせるのは、バルトの言葉が、デリダを、快い「消費」の対象へと巧みに仕立てあげていることだ。「構造を不均衡化」し、「記号」を開き、「新しい単語、能動的な単語」を教えてくれたというデリダは、「われわれの知的な安住性を不断に破損」したのだと述べてから、「彼の仕事には、言葉にはされていない何かがある。彼の孤独は、彼がこれからいうだろうことに由来している」と手紙を結ぶとき、そこには、「現在」というとりとめのない瞬間に触れる「批評家＝エッセイスト」の鮮やかな身振りが演じられている。しかも、ほとんど感知されがたいかたちで、そこに「疲労」の主題が導入されていることを見のがしてはなるまい。

デリダの哲学は、バルトのいうほど単純なものではないし、ましてやそれは「消費」の対象ではない、などとつぶやかずにおこう。「消費」とは、何よりもまずアマチュアの特権であり、バルトは、デリダに対してアマチュア以外のものたろうとしていない。A－J・グレマスがプロの記号学者であり、ジェラール・ジュネットがプロの詩学＝修辞学者だとするなら、記号学や修辞学へのバルトのかかわり方はまぎれもないアマチュアのそれである。そのことにあくまで自覚的なバルトは、そのアマチュア性をプロの域に高めるために疲労困憊したのである。

あえて断りの手紙をしたためながら、現実には執筆依頼に応じてしまうという身振りは、バルトに、アマチュアであることを離れて本格的なデリダ論を書く以上の疲労感をもたらさずにはおくまい。それは、幼少期からの疲労や倦怠をひきずっている彼が、老境にいたるもなおそれに同伴しており、したがって、依頼を断ることは、自分自身の過去と現在とをともに否定することにつながりかねないからなのだろう。依頼を断るための確かな口実を見いだせないことが明らかでありながら、それをあえて『「中性」的なるもの』をめぐる講義で論じるというバルトの姿勢は、いわば、「病気」と「失敗」と「倦怠」とをとめどもなく精錬するためのほとんど無償の試みであるかにみえる。そのさまは、一見したところ、「疲労」や「衰退」を、アレクサンドル・コジェーヴが『ヘーゲル読解入門』で日本人について語った「純粋状態のスノビスム」へと還元しようとする身振りを想起させぬでもない。

だが、バルトは、アマチュアではあるが、知的なディレッタンティズムに陥ることはない。実際、それを「純粋状態のスノビスム」の儀式的な洗練では終わらせないために、バルトは、『「中性」的なるもの』をめぐる講義で、「継起的なタッチを通して、さまざまな参照を行いながら、(……)自由に脇道にそれつつ」も「疲労」に触れ、『中性』的なるものが、強義の、能動的な価値を構成すること」を示そうとする。その場合、他者は「疲労」を知らない主体となり、社会は、「疲労」を知らない存在の不特定多数の集積となる。何しろ、鈴木大拙の禅についての書物からギリシャの懐疑哲学者ピュロンへ、さらにはアンドレ・ジッドからモーリス・ブランショまでが参照されているのだから、ここでの「自由に脇道にそれつつ」という言葉に誇張はないが、参照すべきテクストの一つとして、バルトは自分自身の日記の一部さえ読みあげてみせる。母親のもとを訪れたある人物が、となりの部屋でくりひろげるのべつまくなしの饒舌を、扉もしめずにたえてみせねばならないときの疲労感を語った日記である。「私はしばしば他者たちの疲労を知らぬ性格に驚かされる（唖然とするしかない）」と述べてから、彼はこう続ける。「エネルギー――とりわけ言語的なエネルギー――は、私を唖然とさせる。それは、私には、狂気の徴候としか思えない。他者とは、疲れを知らぬ存在なのだ」。そのとき、とりわけ「私」を疲労させるのは、他者の疲れを知らぬ言語運用に対する「位置どり」《position》にあることが明らかとなる。「マルキシズムに対して、フロイディズムに対して、ご自分をどう位置づけられますか」といった問いに含まれる「位置どり」の強要にうんざりさせられずにはいられないのである。

「他者たちの疲労を知らぬ性格」が、言語的に、形容詞をめぐる専横としてあらわれていることは、『「中性」的なるもの』をめぐる講義の一つの主題だとさえいうことができる。

私の外見からくる形容詞は、そこに私の静寂を見いだしている「中性」的なるものを乱す。私は、形容され、述語化されることで疲労困憊する。形容されないときに、私は休息する。（……）主観的にいって、主体としての私は、自分自身をかつて形容詞の対象と感じたことはない。私の中に「中性」的なるものの希求を基礎づけているのは、この種の形容詞的な無感覚にほかならない。（「N」一〇一頁）

こうしたとき、「疲労は、不幸のうちでももっともつつましいもので、中性的なものの中でももっとも中性的なものだ。それは、選択することが許されるなら、誰もが虚栄心から選択することのなかろう体験である。（……）疲労とは、所有的な状態ではなく、問題視することなく吸収する状態にほかならぬ」というブランショの言葉をバルトは想起せざるをえない。そして、それをほぼ完璧な記述だといいつつ、「疲労」とは「厚顔無恥であるまいとして人が支払わねばならぬ対価」にほかならないといいそえざるをえないのが、「批評家＝エッセイスト」としてのバルトなのである。

「厚顔無恥であるまいとして人が支払わねばならぬ対価」としての「疲労」。この言葉こそ、すぐれてバルト的なものだといわねばなるまい。そして、その「疲労」ゆえに、ピュロンは「ピュロニズム」というドグマを作らずにすんだのだし、そこから新たな何ものかを創造しさえしえたのだと彼はいう。

> 彼（ピュロン）は、ソフィストどもの口上にすっかり疲れはて、いくぶんジッドを思わせるやりかたで、ほっておいてほしいという。そのようにして、みずからの疲労を引き受けながら——その疲労とは、過度で疲労困憊させる他者たちの言葉にほかならぬ——、彼は何かを創造する。本当のところ、それは哲学でもシステムでもないから、それが何だとは私にはいえない。あるいは、こういえるのかも知れない。彼は、あたかもブランショを読んでいたかのように——「中性」的なものを創造したのだ、と。おそらく、人々が疲労の諸秩序を受け入れる瞬間に、疲労は創造的なものとなる。疲労への権利（健康保険の問題ではない）は、新しさの一部となる。倦怠から——うんざりした気分から——新しいものが生まれるのである。（「N」四二—四三頁）

「疲労への権利」。その「権利」を、「厚顔無恥」に陥ることなく行使し続けること。これこそ『彼自身によるロラン・バルト』の「リメイク」にふさわしい振る舞いにほかならない。では、「新しさの一部」である「中性」的なものとは何か。「新たなる生」だ。バルトは、それをファンタスムとしての「小説」として思い描き、そのため、一九七八年から七九年、七九年から八〇年の二年間にもわたり、コレージュ・ド・フランスの講義の主題とすることになるだろう。『小説の準備Ⅰ、Ⅱ』として刊行された「講義録」がそれである。

小説とは、彼にとって、何よりもまず、「厚顔無恥」を欠いた言説を意味する。それを支えるのは、「疲労への権利」にほかならない。「欲望とは、横断である。私は『中性』的なるものを横断する」という言葉は、その「横断」が「疲労」なくしては達成しがたいものであることを示唆している。つまり、「中性」的なるものを構造化するのでもなく分析するのでもなく、ただ「横断」することの「疲労」を代償として維持されるエクリチュール、それが「小説」なのである。

だからといって、ある年齢にさしかかったこの「批評家＝エッセイスト」が、不意に「小説家」への変貌をとげようとしているのではない。あくまで「消費」されることをこばむ「芸術家」などではついぞあったためしのないバルトが、やおら「永遠」の時間と触れあうための配慮など身にまとったりするはずもないからである。では、「小説」とバルトとの関係は、どんなものたらざるをえないのか。

変化

『小説の準備Ⅰ、Ⅱ』と題されたコレージュ・ド・フランスの「講義録」を詳細にたどることは、『彼自身によるロラン・バルト』の自在な「リメイク」として始められたこのテクストのめざすところではない。ただ、この「講義録」の冒頭から、『ミシュレ』で語られていた「新たなる生」《Vita Nova》がダンテの「新生」《Vita Nova》とともに話題となり、それと同時に「年齢が『私は死すべき存在である』という明証性を導き寄せる」という自覚が語られていることには、誰も無関心ではいられない。

バルトは、「書く者にとって、書くことを選択した者にとって、すなわち書くことの快楽と幸福を享受したことのある者にとって（……）、新たなエクリチュールの実践を発見することなしに、『新たなる生』はありえない（そう私には思えるのだが）」と述べたあと、前年度の『「中性」的なるもの』をめぐる講義録をあえて出版しない理由を説明する。理由は二つあり、「生きるという活動には、『つかの間のもの』への分け前を必ず残しておくべきだ」ということと、「講義を出版するということは、過去を管理することになりかねない」というのがそれである。『小説の準備Ⅰ、Ⅱ』のバルトは、「つかの間のもの」を見失わずに、前への歩みを選択したというのである。

だとするなら、わたくしは、バルトが「つかの間のもの」として放置していたはずの「講義録」を、その死後、他者の手によって整理され、注釈され、出版された言葉として読むという「厚顔無恥」な振る舞いを演じていることになる。わたくしとしては、できればその「つかの間のもの」にふさわしく、彼の言葉を「講義録」の文脈からはときほぐし、コンテクストを見失った断片として自在に読んでみたいと思う。とはいえ、『小説の準備Ⅰ、Ⅱ』の導入部で、一九七八年四月十五日のカサブランカで書かれた日記を読みあげているバルトの姿勢には、いやでも注目せざるをえない。二度目のモロッコ滞在のおりに、複数の友人たちと車をつらねてラバト近郊の滝を見に行ったあとでの記述である。

悲しみ。ある種の倦怠感。自分がしたり、思ったりするすべてのことにまつわるとぎれることのない（最近、喪に服していらいの）、同じ倦怠感（心的エネルギーの備給の不在）。帰宅。空虚な午後。あの困難な瞬間。午後（のちに語る）。たった一人。悲しみ。塩漬けのような状態。私は、かなりの強度で思考する。あるアイディアが不意にわきあがる。文学的な回心のようなもの――古くさい二つの単語が心によみがえる。文学に踏み込むこと。エクリチュールに踏み込むこと。これまで自分がやったことのないようなやり方で、書くこと。もう、それしかやらないこと。まず、エクリチュールによる生を統一するために、コレージュをやめること（講義は、しばしば書くことと葛藤状態に陥るから）。続いて、講義と仕事とを同じ企て（文学的な）へと投入し、主体の分割を停止せしめ、たった一つの計画、偉大なる計画を優先させること。（「PR」十二―十三頁）

母親を失ったばかりの時に書かれたものだとはいえ、またしても、「悲しみ」と「倦怠」のさなかに「新たなる生」が意識されているこの日記に耳を傾けるわたくしは、かりにここでのバルトが「真実」を語っているとするなら、『小説の準備Ⅰ、Ⅱ』という二年がかりの講義が、異国の地での「文学的な回心」を起源としているものとひとまず理解せざるをえない。だが、『彼自身によるロラン・バルト』の「リメイク」という文脈からすると、「文学的な回心」として語られている変化への意志が、あくまで変化しまいとするバルト像を矛盾なく視界に浮きあがらせているように思えてならない。

変化するために変化をこばむバルト。あるいは、変化せずにおくために、変化を模索し続けるバルト。実際、この「批評家＝エッセイスト」は、これまでにいったい何度「倦怠」する主体と「新たなる生」を夢想する主体とを、同じ一つの文脈におさめて語ってきたことだろう。「暗記」するほど慣れ親しんだバイヨンヌからパリへの行程を、ラシーヌの詩句を「暗記」しようとして走り抜けたり、寒くてみすぼらしいミラノ駅でいきなりレッチェ行きの列車に乗りたくなったり、雨のセーヌ河岸で不意に小犬を飼いたくなったりするバルトを親しく視線におさめてきた者としては、「これまで自分がやったことのないようなやり方で、書くこと」への目覚めが、その言葉の予感させているほどに切実なものとは思えない。実際、そこには、あくまでもいつもと変わらぬバルトがいるという印象を否定するのはむつかしい。

カサブランカでの「文学的な回心」を伝える日記から一年後の写真展のオープニングの晩の「むなしい夕べ」（それは、カサブランカの日記から正確に一年と一〇日後のできごとであり、事故死までは一年足らずしか残されていない）に、「もう、それしかやらないこと」とまでいっていたはずの彼が、湿ったパリの夜をバスからバスを乗りつぎながら横切り、映画館から映画館へとはしごして歩いたはてに、いつものサン＝ジェルマンで夜食をとりながら、どうして改めて「生活の改善」を口にしたりすることがあるのだろうか。ラシーヌの暗記や、夜汽車や、小犬にくらべて、「文学に踏み込むこと」は、より緊急の課題とでもいうのだろうか。それに馴れるのに一年余の時間が必要なものを、はたして「回心」と呼べるのだろうか。

『小説の準備I、II』の講義録で、「この四月十五日をドラマティックに考えるのをやめねばならない」と口にしているように、ことによると、それはバルトにとって決定的な日付ではないのかもしれない。

にもかかわらず、人は、『全集』によって、「新たなる生」*Vita Nova*という題名の「小説」の未完の下書きの草稿の中に、その日付が何度も登場していることを知っている。また、その下書きの執筆が、一九七九年の夏から初冬にかけてのものであることも、知ってしまっている。さらには、『小説の準備I、II』の終わりに近いページから、「この講義の結論は、『作品』の実際の刊行と同時的なものたりえた」はずでありながら、「不幸にして、私については、それは問題とはなりがたい」と口にしていることをも知っているといわざるをえない。

だが、バルトをめぐるその種の知識を身につけることは、およそ非＝バルト的というほかはない「厚顔無恥」な振る舞いだというべきだろう。実際、できればそんなことは知りたくなかったし、また、知ってしまった自分を「色艶が鈍く」、「生彩の乏しい」主体へと変容させるべく、『全集』を遠ざけ、心もとない撒布状態を生きることで初めて意味を持つ彼のテクストに立ち戻りたいとさえ思う。

だが、『彼自身によるロラン・バルト』のリメイクとしてよみがえるバルトの声は、あえて『全集』を遠ざけるにはおよばないとつぶやいているかにみえる。「形式主義に対して距離をとるにはおよびません。ただ、くつろぎを維持していればよい（くつろぎというのは欲望の秩序に属し、検閲の秩序に属する距離より、遥かに危険なものなのです）」というギー・スカルペッタとの対話の一句を思い起こすなら、『全集』に対しても、ひたすらくつろぎを維持していればよいのだろう。あるいは、あたかも「永遠」の時間と触れあっているかに見える『全集』をひたすら「つかの間」の「現在」として「消費」していればよいのかも知れない。

すると、「消費」する主体はにわかに「中性」的な色合いをおび、そこに新たな何かが生まれる。「リメイク」としての『彼自身によるロラン・バルト』がそれである。そこでのバルトは、ああ、またしてもやってしまったとつぶやいているかにみえる。私は、またしても「失敗」に「成功」した。『小説の準備I、II』は講義として完結しており、その終わり近くで、『『結論』するのではなく、『終わりにする』ため」の言葉を、誰にも聞きとどけられる言葉として明瞭に口にしている。だが、「結論」としての「書物」、「その準備を分析しようとしたあの『小説』」を誰にも読みうるものとして書き終えることはなかった。

そのつぶやきが、いささかの「疲労」の影をとどめてはいても、深く傷ついてはいないことに、わたくしはほっと胸をなでおろす。あたかもそれが、累積する「小さな孤独」の一つにすぎないというかのように、「色艶が鈍く」、「生彩の乏しい」主体は、何かを悔いているようにはみえない。そのとき、どこにも存在していない『彼自身によるロラン・バルト』の「リメイク」は、書かれることのなかったロラン・バルトの「小説」*Vita Nova* と遥かに響応しつつ、声としては耳に聞こえぬ共鳴音を低く響かせることになる。

後記

以上のテクストは、国際シンポジウム《Barthes — Résonances des sens》（「バルト——意味の響応」）におけるフランス語の口頭発表《Roland Barthes et le fictif》（二〇〇三年十一月二九日、東京大学）の草稿の翻訳に大幅に手を加えたものである。引用部分の出典は、以下の略号で示されている。日本語の翻訳が存在するものについても、文脈の関係でそれに手を加え、全文を蓮實が翻訳したケースもある。

ロラン・バルトの著作翻訳

「ミシュレ」（一九五四）：『ミシュレ』（藤本治訳、みすず書房）
「彼自身」（一九七五）：『彼自身によるロラン・バルト』（佐藤信夫訳、みすず書房）
「開講講義」（一九七八）：『文学の記号学——コレージュ・ド・フランス開講講義』（花輪光訳、みすず書房）
「部屋」（一九八〇）：『明るい部屋——写真についての覚書』（花輪光訳、みすず書房）
「言語」（一九八四）：『言語のざわめき』（花輪光訳、みすず書房）。撰文集であるこの邦訳版に収録されなかった原著 *Le bruissement de la langue*（1984）からの引用は、括弧で〔原著〕とした。

「講義録」

「N」：『「中性」的なるもの』（『〈中性〉について』塚本昌利訳、筑摩書房）*Le Neutre — Cours au Collège de France (1977-1978)*, Seuil IMEC, 2002.
「PR」：『小説の準備Ⅰ、Ⅱ』（『小説の準備』石井洋二郎訳、筑摩書房）*La Préparation du Roman I, II — Cours et séminaires au Collège de France(1978-1979 et 1979-1980)*, Seuil IMEC, 2003.

その他

「スリジー」：*Prétexte: Roland Barthes — Colloque de Cerisy* (Sous la direction d'Antoine Compagnon), Union générale d'éditions, 1978. Réédition, Christian Bourgois, 2003.

あとがき

ロラン・バルトの追悼で始まり、その二五年後に改めてロラン・バルトを論じることで終わっている『表象の奈落――フィクションと思考の動体視力』は、いくつもの異なる他者の言説を対象としてはいるが、そこでの批評家バルトの位置にもみられるように、あくまで一冊の「批評」論集たろうとする文章からなっている。

「批評」ができれば触れずにおきたいもの、それは、バルト追悼においては「好奇心」と呼ばれ、バルト再論においては「厚顔無恥」と呼ばれるものだ。その二つの語彙が何を意味しているかは、ここで改めてくり返さずにおく。ただ、「好奇心」あふれた「厚顔無恥」――つつしみの徹底した不在――がしばしば「表象」の「不可能性」とやらに触れずにいられぬことぐらい、誰もが漠然とながら気づいているだろう。いうまでもなく、「表象」には、できないこととできることとがある。だが、それができないことについて語ることは、どうやら、それとともにあることより遥かに魅力的なものらしい。二〇世紀後半の一群の作家たち――とりわけジャック・デリダ――が、「現代思想」などという粗雑な言葉で一括りにされがちだったのも、その種の魅力と無縁ではあるまい。『表象の奈落――フィクションと思考の動体視力』は、そんな魅力だけには屈せずにおくというスタンスで書かれた書物である。「批評」とは、その抵抗の身振りにふさわしい言葉だといえようか。

「批評」は、本質的に言い換えの作業にほかならない。翻訳とも呼べるその作業は、言い換えるべき対象としての他者の言説の中でまどろんでいるしかるべき記号に触れ、それを目覚めさせることから始まる。数ある記号のどれに触れて目覚めさせるかで、読む主体の「動体視力」が問われることにもなろうが、それは、読むことで、潜在的なものを顕在化させる作業だといってよい。その覚醒によって、他者の言説は、誰のものでもない言説へと変容する。その変容は、できごととして生起し、「批評」の主体をもいくぶんか変容させずにはおくまい。言い換えは、その二重の変容を通して、とりあえずの翻訳におさまるのだが、「批評」は、それがあくまでとりあえずのものでしかないことを知っている。また、それを知らねば、たんなる「厚顔無恥」に陥るほかはない。

決定的な翻訳にたどりつくことなく、「厚顔無恥」に陥ることも避けながら、とりあえずの翻訳にとどまるしかない「批評」は、あるとき、その宿命として、「表象の奈落」を目にする。そこには、もはや、他者の言説など存在せず、覚醒すべき記号さえ見あたらない。

その視界ゼロの世界で、とりあえずのものでしかないにせよ、主体にこの不断の翻訳をうながすものは何か、どんな力に導かれて「批評」は記号の覚醒を目指したりするのか、それが物として生みだされるのではなく、事件として起こることを許すものは何か、等々、いくつもの声として響かぬ疑問を前にして、人は言葉を失う。「批評」が「批評」を超えた何かに触れることで陥る失語に言葉を与えるものは、もはや「批評」ではない。だからといって、それが「哲学」かといえば、それは大いに疑わしい。「批評」論集としての『表象の奈落――フィクションと思考の動体視力』のテクストは、もはや「批評」ではない何やら不気味なものかに向けて綴られた言葉ではない。だが、「表象の奈落」で気配を察知したその不気味なものなどなかったことにして書かれた言葉でもない。人が「フィクション」と出会うのも、そうした場合にかぎられている。なお、「フィクション」をめぐっては、来年二月に刊行予定の『「赤」の誘惑――フィクション論序説』(新潮社)により詳細な議論が展開されることになるだろう。

この書物におさめられたテクストは、ほぼ二五年の歳月のへだたりを生きつつ、「批評」と「フィクション」という主題の周辺を旋回しながら、一冊の書物におさまることを希求していたかに見える。書かれた日付とはかかわりなく、必要に応じて大幅な加筆訂正が行なわれている。それぞれのテクストの執筆を可能にしたさまざまな雑誌の編集者の方々に、お礼の気持を捧げたいと思う。すでに故人となられた方も複数おられるが、彼らの導きと励ましなしには、この書物はありえなかったといってよい。また、ここにおさめられた文章のいくつかは、さまざまな外国の編集者の求めに応じて外国語でかかれたものの日本語への翻訳という形態をとっており、いずれも全面的に書き換えられているとはいえ、翻訳にかかわった方々にも改めて謝辞を述べたい。一冊の書物としてまとめるにあたっては、『スポーツ批評宣言　あるいは運動の擁護』に続いて、若い友人である編集者の前田晃一さんの献身的な努力に多くを負っており、感謝を超えた深い思いを捧げずにはいられない。

最後になってしまったが、本書の校正作業中に他界したダニエル・シュミットのもとに、ここに書かれていることのほんのわずかな言葉でもとどけばと祈っている。とりわけ、バルト論のフランス語版を彼に送らずにいたことが、惜しまれてならない。いずれ出会ったときになどと思っていたのだが、その機会は永遠に失われてしまった。

二〇〇六年十月

著者

新装版あとがき

ここにおさめられた論考のかなりの部分は外国語のテクストを原典としているが、その一つを敬愛するフランスのさる女性研究者に送ったところ、思いもかけぬ反応が返ってきた。あなたの文章には、最近のフランス人が忘れてしまったことがしっかりと息づいているという意味の言葉が、便箋——当時は文通がごく普通のコミュニケーション手段だった——に優雅な文字で書きつけられていたのである。「最近のフランス人が忘れてしまったこと」とは、「読むこと」にほかならないとそこには書かれていた。そのとき、この種の論文贈呈の儀式にありがちな社交辞令とは異なる語調に触れえてひたすら嬉しかったことを、二十数年後のいま、懐かしさにいろどられた微笑みとともに思い出す。そう、ここでは、文字通り「読むこと」だけが律儀に実践されていたからである。

ここで「読むこと」と呼ばれているものは、二〇〇六年版の「あとがき」に「批評」と書かれていたものとほぼそっくりかさなりあう。『批評』は、本質的に言い換えの作業にほかならない。翻訳とも呼べるその作業は、言い換えるべき対象として他者の言説の中でまどろんでいるしかるべき記号に触れ、それを目覚めさせることから始まる」と述べられているように、「読むこと」もまた、あるとき、誰もが言葉を失うしかない「表象の奈落」を目にするだろう困難な試みとして始まる。実際、その「困難さ」を意識することなしに、「読むこと」など始まろうはずもない。終わりの瞬間もまた、「読むこと」にとって、「批評」と同様、とりあえずのものでしかないだろう。「批評」と「読むこと」をめぐるこの曖昧さにいっときも背を向けてはならない。それが、『表象の奈落――フィクションと思考の動体視力』のとりあえずの結論だったのであり、それに修正を加えるいかなる理由も存在していない。

思えば、この書物の二〇〇六年版が刊行される六ヶ月ほど前のこと、フローベールの『ボヴァリー夫人』の出版百周年を記念する国際的な集まりがスリジー・ラ・サルで行われ、その最終日に、開催責任者でもある盟友ジャック・ネーフとともに、やや長めの発表をする機会に恵まれた。『「ボヴァリー夫人」とフィクション』と題されたそのフランス語によるテクストをこの書物に収めるべきか否かをめぐって、当時の編集者だった前田晃一氏とあれこれ討論したことを思い出す。それは、執筆の準備が始っていた『「ボヴァリー夫人」論』につながるものだという理由で収録せずにおいたのだが、この書物が書物としてのかたちをとるきっかけをつくりだして下さった前田氏には、感謝の一語にはおさまりきれぬ深い思いを捧げたい。また、『ユリイカ』の臨時増刊号「蓮實重彥」の刊行に尽力され、「新装版」の刊行にたおやかな力を発揮された横山芙美さん——この方とは、現在、別の企画も進行中である——にも、同じ思いを贈らせていただく。

二〇一八年四月十八日

著者

初出一覧

（本書収録にあたりいずれも大幅な加筆訂正が行われた）

I

倦怠する彼自身のいたわり――ロラン・バルト追悼
初出＝「海」、一九八〇年六月号

ジル・ドゥルーズと「恩寵」――あたかも、ギリシャ人のように
初出＝「批評空間」II―10、一九九六年

「本質」、「宿命」、「起源」――ジャック・デリダによる「文学と／の批評」
初出＝「新潮」二〇〇五年一月号（初出時タイトル＝「本質」と「宿命」――ジャック・デリダによる「文学の批評」）

II

フーコーと《十九世紀》――われわれにとって、なお、同時代的な

初出＝国際シンポジウム《Le Siècle de Michel Foucault》（「ミシェル・フーコーの世紀」）におけるフランス語の口頭発表《Foucault et le XIXe siècle》（一九九一年十月四日、東京大学）。後に根本美作子訳で蓮實重彦・渡辺守章編『ミシェル・フーコーの世紀』（筑摩書房、一九九三年）に「フーコーと十九世紀」として収められ、さらにその後、著者がフランス語で改稿を行ない *Magazine Littéraire: Foucault aujourd'hui*, n°325, Octobre 1994.に収録された。本書収録にあたり *Magazine Littéraire* 版を元に再度著者自身により翻訳と改稿がなされた。

視線のテクノロジー――フーコーの「矛盾」

初出＝「第二次エピステーメー創刊〇号」一九八四年

聡明なる猿の挑発――ミシェル・フーコーのインタヴュー「権力と知」のあとがきとして

初出＝「海」一九七七年十二月号

III

「魂」の唯物論的擁護にむけて――ソシュールの記号概念をめぐって

初出＝「ルプレザンタシオン」第五号、一九九三年

視線、物語、断片――ボッティチェルリの『春』と『ヴィーナスの誕生』

初出＝三浦印刷株式会社創業五〇周年記念出版 VENUS〈URANIA・PANDEMOS〉『天上のヴィーナ

ス・地上のヴィーナス』、作品解説、編者＝杉浦康平、発行人＝三浦印刷株式会社、一九八二年。

命名の儀式――サルトル『嘔吐』にたどりつくまで

初出＝「第二次エピステーメーⅡ1号」一九八四年（「差異と誘惑」と題された連載の序章。雑誌休刊にともない序章のみが発表された）

Ⅳ

『ブヴァールとペキュシェ』論――固有名詞と人称について

初出＝「社会史研究」第四号、一九八四年

曖昧さの均衡――セリーヌ著『北』を読む

初出＝「日本読書新聞」一九八二年二月十五日、二二日号

小説の構造――ヨーロッパと散文の物語

初出＝「國文学」一九七八年十二月号（初出時タイトル＝小説の構造――ヨーロッパと小説）

Ⅴ

エンマ・ボヴァリーとリチャード・ニクソン――『ボヴァリー夫人』とフィクション

本書初出、書き下ろし

『赤』の誘惑」をめぐって――フィクションについてのソウルでの考察

初出＝二〇〇五年五月二四日から二六日までソウルで開催された第二回「世界文学フォーラム」（大山

財団主催）において読み上げられた英文のテクスト《The Temptation of Red — Reflections on Fiction》。後に *Writing for Peace: Proceeding of the 2nd Seoul International Forum for Literature 2005*(edited by Kim Uchang, Seoul Selection, 2006)に所収。著者による日本語訳は「新潮」二〇〇五年七月号に初出。このテクストの起源とその後のヴァージョンの変遷、関連テクストについては本文中の「後記」も参照のこと。

バルトとフィクション——『彼自身によるロラン・バルト』を《リメイク》する試み

初出＝国際シンポジウム《Barthes — Résonances des sens》（「バルト——意味の響応」）におけるフランス語の口頭発表《Roland Barthes et le fictif》（二〇〇三年十一月二九日、東京大学）。後に *UTCP Bulletin Vol.2*, 2004.に所収。著者による日本語訳は「文學界」二〇〇六年一月号に初出。本文中の「後記」も参照のこと。

表象の奈落　新装版
フィクションと思考の動体視力

2018年 6 月 1 日　第 1 刷印刷
2018年 6 月 11 日　第 1 刷発行

著者――蓮實重彦
発行者――清水一人
発行所――青土社
東京都千代田区神田神保町 1-29　市瀬ビル　〒 101-0051
［電話］03-3294-7829（営業）　03-3291-9831（編集）
［振替］00190-7-192955

印刷・製本――ディグ

装幀――戸田ツトム

ISBN978-4-7917-7068-7　Printed in Japan